中等职业教育教材

智慧仓配运营

李如姣　主编

康琳琳　陈基臣　副主编

化学工业出版社

·北京·

内容简介

《智慧仓配运营》是"现代物流服务与管理"专业新课标下的核心专业教材。全书分为"理论篇"和"技能篇","理论篇"包括六个模块,"技能篇"包括六个技能训练。"理论篇"系统地阐述了智慧仓配管理的基本概念、仓储规划与布局、仓储设施与设备、出入库作业、在库管理和配送作业等理论知识点,为学生做好了相应知识储备。"技能篇"通过融合虚拟仿真实训平台深入体验、实践收货、入库、云分拣、出库、补货、移库、盘点、发运等业务流程,使学生了解业务对应的场景和数据变化,掌握智慧仓配运营全流程,实现人人可以同时实操,解决了仓配长期以来实训工位不足的问题。

"理论篇"和"技能篇"中的各个模块都是相对独立的,学校在使用时可根据自己学校专业的具体情况进行教学内容选用。

《智慧仓配运营》可作为应用型学校物流服务与管理专业、国际货运代理专业、市场营销专业、电子商务专业及其他相关专业的教材,也可以作为物流行业和相关人员培训学习的参考用书。

图书在版编目(CIP)数据

智慧仓配运营/李如姣主编;康琳琳、陈基臣副主编. —北京:化学工业出版社,2024.7(2025.5重印)
中等职业教育教材
ISBN 978-7-122-45530-7

Ⅰ. ①智… Ⅱ. ①李…②康…③陈… Ⅲ. ①智能技术-应用-仓库管理-中等专业学校-教材②智能技术-应用-物流管理-中等专业学校-教材 Ⅳ. ①F25-39

中国国家版本馆 CIP 数据核字(2024)第 084805 号

责任编辑:王淑燕　　　　　　　　装帧设计:关　飞
责任校对:田睿涵

出版发行:化学工业出版社
　　　　(北京市东城区青年湖南街 13 号　邮政编码 100011)
印　　装:中煤(北京)印务有限公司
787mm×1092mm　1/16　印张 21¾　字数 436 千字
2025 年 5 月北京第 1 版第 2 次印刷

购书咨询:010-64518888　　　　　售后服务:010-64518899
网　　址:http://www.cip.com.cn
凡购买本书,如有缺损质量问题,本社销售中心负责调换。

定　价:65.00 元　　　　　　　　　　　　版权所有　违者必究

《智慧仓配运营》
课程开发小组成员

院校代表：

广州市财经商贸职业学校	李如姣　邓　兰　周　峰
	郭禧珍　李志华　黄国菲
	张文静
广州市番禺区职业技术学校	谢燕青　易君丽
深圳市宝安职业技术学校	陈基臣　余金定
广州市交通运输职业学校	余丽凡　马　榕

企业代表：

广东翰智科技有限公司	康琳琳
北京京东乾石科技有限公司	陈俊达

前 言

党的二十大报告提出，构建优质高效的服务业新体系，推动现代服务业同先进制造业、现代农业深度融合。加快发展物联网，建设高效顺畅的流通体系，降低物流成本。加快发展数字经济，促进数字经济和实体经济深度融合，打造具有国际竞争力的数字产业集群。优化基础设施布局、结构、功能和系统集成，构建现代化基础设施体系。

物流业是融合运输、仓储、货代、信息等产业的复合型服务业，随着全球和区域经济一体化的深度推进，以及互联网信息技术的广泛运用，物流业的发展经历了深刻的变革并获得越来越多的关注，物流行业迎来爆发式发展，随着新模式、新技术的不断涌入，物流业正逐步向智能化、数字化迈进。在物流各环节中，仓储的智能化尤为明显，AGV、自动化立体库、机械臂等技术正在逐渐改变着仓储行业。仓储是物流的核心节点，也是院校培养物流人才时需要搭建的核心专业课程。智能化仓配中心的关键在于对库存管理形式的革新，如通过RFID传感器可实时跟踪库存，追踪商品从进入仓库到发货的全过程，通过机器人控制系统、智能自动化设备、物联网交互设备等实现简单操作由机器完成，实时数据信息流与物流的混合作业逻辑，由此产生了对岗位能力的新要求。《智慧仓配运营》是"现代物流服务与管理"专业新课标下的核心专业课程之一。为了满足教学和人才培养的需求，广州市财经商贸职业学校物流专业教师借高水平专业群建设的契机，联合广东翰智科技有限公司、北京京东乾石科技有限公司和广州市番禺区职业技术学校、深圳市宝安职业技术学校、广州市交通运输职业学校，校企合作、校校合作共同开发了这门课程并编写了教材，教材主要体现了以下特点：

一、校企合作，内容实现岗课赛证

课程以"企业岗位（群）任职要求、职业标准、职业技能证书、职业技能大赛，企业工作过程"作为主体内容，按照课程对岗位、对证书、对大赛，课程任务对项目，项目对工作任务的要求，编写教材内容。将物流管理职业技能等级认证的仓配核心知识点和物流专业职业技能大赛的核心内容融入教材，在系统地阐述专业理论和专业技能的同时，为职业院校"1+X"证书、技能大赛提供了理论依据和技能操作。"理论篇"由院校负责编写，"技能篇"由企业主导、院校参与共同编写。

二、形式活泼，解决传统实训工位不足

教材分为"理论篇"和"技能篇"，"理论篇"包括六个模块，"技能篇"包括六个技能训练。

"理论篇"每个模块包含了【学习背景】【学习目标】【案例导读】【知识任务】【模块测评】等内容，每个模块利用二维码形式储存了相应的技能操作视频，师生用手机扫码就可以观看仓配技能操作。"技能篇"的每一个技能训练都由若干个虚拟仿真实训任务构成，每个学生可以利用自己的账号登录实训平台进行技能操作，解决了物流仓配长期以来实训工位不足的难题。"理论篇"和"技能篇"中的各个模块都是相对独立的，学校在使用时可根据自己学校专业的具体情况进行教学内容选用。

教材内容形式多样，引入企业的岗位手册、培训教材、工作规范、典型案例等，增强了内容的实用性。利用好行业资源，使用各种资格标准、动画图片丰富教材的内容。在编排方式上，采用项目化、任务式的结构，遵循行动导向或任务驱动教学模式的需求，工作手册式为主要形式，把学生应知应会的概念、状态等融入项目实施过程中。通过 AR&VR 技术虚拟仿真构建一个虚拟仓配中心，实现"人、物、场景"三者实时连通，将企业真实场景、实体设备、真实业务融入教学设计与课堂活动，以虚促实，增加学生的体验感和沉浸感，提升课堂教学和学习效率。

三、目标明确，思政全面落地

教材将教育目标、知识目标和技能目标很好地结合起来。

1. 教育目标：落实立德树人，践行社会主义核心价值观的根本任务，将职业道德、岗位规范、安全责任、工匠精神、相关法规等内容要素融入教材，培育和传承工匠精神，引导学生养成严谨专注、敬业专业、精益求精和追求卓越的品质。注重价值塑造、知识传授与能力培养相统一。科学设计课程目标和教案课件，将思政教育融入课程教学，达到润物无声的育人效果，很好地践行了为国育才、为党育人的教育使命。

2. 知识目标：教材系统地阐述了智慧仓配管理的基本概念、仓储规划与布局、仓储设施与设备、出入库作业、在库管理和配送作业等理论知识点，为学生做好知识储备。

3. 技能目标：通过教材融合虚拟仿真实训平台深入体验、实践收货、入库、云分拣、出库、补货、移库、盘点、发运等业务流程，实时了解业务对应的场景和数据变化，掌握智慧仓配运营全流程。

四、符合学生认知规律和升学要求

教材开发采用任务驱动、项目导向等教学模式，灵活运用案例分析、分组讨论、角色扮演、启发引导、实战体验等教学方法，内容选择上按照图文并茂的要求组织，重要知识点和技能点通过二维码形式呈现动画等信息化资源，使学生直观感受工作过程和运作规律。做到在做中学、学中做，以求达到最好的教学效果，训练学生运用智慧仓配理论和技能的能力，为升学和将来就业做好知识和素养的储备。

教材由广州市财经商贸职业学校李如姣担任主编，广东翰智科技有限公司康琳琳和深圳市宝安职业技术学校陈基臣担任副主编。具体分工如下：

"理论篇"的模块一由广州市财经商贸职业学校李如姣和郭禧珍编写，模块二由广州市财经商贸职业学校邓兰编写，模块三由广州市番禺区职业技术学校谢燕青、易君丽和广州市财经商贸职业学校黄国菲编写，模块四由广州市交通运输职业学校余丽凡和马榕编写，模块五由深圳市宝安职业技术学校陈基臣和余金定编写，模块六由广州市财经商贸职业学校李如姣、周峰和张文静编写。

"技能篇"各技能训练任务由企业组织编写，学校辅助完成。具体由广东翰智科技有限公司康琳琳、广州市财经商贸职业学校李如姣、邓兰和李志华编写，北京京东乾石科技有限公司陈俊达提供了相应的企业真实案例和素材。

教材给教师教学和学生学习提供了大量的信息化资源，二维码中储存的视频可利用手机扫码直接观看，教学课件和教学设计可登录 www.cipedu.com.cn 获得，智慧仓配实训平台的账号发送邮件至 cipedu@163.com 获取。

同时，本书在编写的过程中参阅了国内外相关的论著和资料，吸收了部分专家、学者的观点或成果，在此一并深表谢忱。

物流技术日新月异，仓储技术也在高速发展，由于我们水平有限，书中难免有不足之处，敬请各位专家、读者提出宝贵的意见和修改建议，以便今后进一步修订与完善。

编者
2024 年 3 月

目 录

理论篇 / 001

模块一　走进智慧仓配 / 003

【学习背景】/ 003
【学习目标】/ 003
【案例导读】/ 004
【知识任务】/ 004
任务一　认知智慧仓配 / 005
任务二　认知智慧仓配企业 / 014
任务三　仓库规划与设计 / 020
【模块测评】/ 030

模块二　智慧仓配入库 / 037

【学习背景】/ 037
【学习目标】/ 037
【案例导读】/ 038
【知识任务】/ 038
任务一　到货预约 / 039
任务二　安排货位 / 042
任务三　验收货物 / 045
任务四　入库上架 / 052
【模块测评】/ 057

模块三　智慧仓配在库管理 / 063

【学习背景】/ 063
【学习目标】/ 063
【案例导读】/ 064
【知识任务】/ 064
任务一　仓库的温湿度、安全管理和养护 / 065
任务二　仓库的移库和补货 / 073
任务三　库存商品的盘点 / 085

【模块测评】/ 090

模块四　智慧仓配出库 / 099

【学习背景】/ 099
【学习目标】/ 099
【案例导读】/ 100
【知识任务】/ 100
任务一　库存管理及订单分析 / 101
任务二　出库拣货 / 124
【模块测评】/ 146

模块五　智慧仓配配送作业 / 151

【学习背景】/ 151
【学习目标】/ 151
【案例导读】/ 152
【知识任务】/ 152
任务一　认知配送 / 153
任务二　认知配送中心 / 161
任务三　配送计划的制订与运行 / 165
【模块测评】/ 178

模块六　库存管理的方法 / 185

【学习背景】/ 185
【学习目标】/ 185
【案例导读】/ 186
【知识任务】/ 186
任务一　定量订购控制法 / 187
任务二　ABC 分类法 / 190
任务三　经济订货批量法 / 213
任务四　ERP 与企业物流 / 216

技能篇 / 229

技能训练一 认知智慧仓配实训平台 / 231

任务一 登录实训平台 / 232
任务二 智慧物流企业组织介绍 / 234
任务三 仓库规划与设计 / 236

技能训练二 智慧仓配入库 / 237

任务一 到货预约 / 238
任务二 仓库收货 / 244
任务三 入库上架 / 257

技能训练三 智慧仓配出库 / 273

任务一 出库拣货 / 274
任务二 立体仓拣货发货 / 280
任务三 波次拣货 / 287

任务四 复核打包 / 299

技能训练四 线体平衡人力配置 / 305

技能训练五 TOB 订单业务认知 / 307

任务 TOB 订单业务认知 / 308

技能训练六 仓库盘点 / 317

任务一 月度动碰盘点 / 318
任务二 食品效期盘点 / 324
任务三 服装 RFID 盘点 / 330
任务四 盘点差异处理 / 335

参考文献 / 337

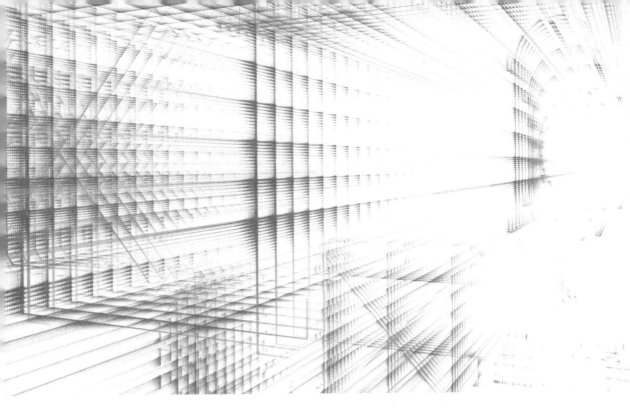

理论篇

跟骨痛

模块一
走进智慧仓配

【学习背景】 >>>

　　某物流公司智慧仓配是集立体仓库、AGV 仓库、声光拣选仓库、人工拣选仓库为一体的综合型智慧仓配企业。仓库布局包含收货区、立体仓、声光拣选仓、人工拣选仓、AGV 仓、发货区及运营办公区。仓库储存商品涉及品类丰富，包含家用电器、电子设备、计算机外部设备、益智玩具、服饰等。立体仓主要储存大件商品及大包装商品，如家电类商品；声光拣选仓和人工拣选仓主要储存服饰及运动类小件商品；AGV 仓主要储存小件电子商品。该物流公司智慧仓配主要岗位包含：物流总监、客服主管、收货主管、理货主管、发货主管、财务主管，仓库整体运营由总经理主导。企业采用的是订单驱动的物流策略，企业的主要业务流程包括：入库流程即预约、收货、质检、上架；出库流程即订单处理、拣货、分拣、复核、包装、发货；库存管理即理货、补货、盘点。

【学习目标】 >>>

　　通过本章的学习，学生能够掌握物流企业的业务流程，通过了解物流产业发展情况，让学生对最新的产业发展、技术应用、岗位需求有充分认识。通过仓库的规划与设计操作，了解仓库布局的多样性和灵活性，在对仓库规划设计分析的过程中，掌握合理的仓库规划可提升库存使用率，提高各环节操作效率，降低运营成本。在学习过程中培养学生对物流产业的整体认知，提升综合管理能力，增强民族自豪感和培养专业情怀。

❖ 知识目标

　　1. 掌握仓储的定义、功能和仓库的作业流程；
　　2. 理解物流企业的业务流程、工作场景、岗位需求；
　　3. 掌握仓库的面积、五距、通道、区域的划分、8S 的内涵，仓库布局地标线的使用标准；
　　4. 了解智慧物流和智慧仓配的内涵。

◆ 能力目标

1. 能够根据理论知识结合实操模块学会注册登录实训平台，独立操作平台相关内容；

2. 根据所学知识能对仓库进行简单的规划与设计，并进行简单的分析。

◆ 素养目标

1. 让学生建立职业和专业的荣誉感，激发学习动力；

2. 培养学生道路自信、理论自信、制度自信和文化自信。

【案例导读】

智慧物流（Intelligent Logistics System，ILS）。智慧物流就是以条形码、射频识别、传感器、全球定位系统等先进的物联网技术，通过信息处理和网络通信技术平台应用于物流业运输、仓储、配送、包装、装卸等基本活动环节，实现各物流环节的自动化运作和高效率优化管理，提高物流行业的服务水平，降低成本，减少自然资源和社会资源消耗。

2020年5月，国内首个5G智慧仓配落地苏州，5G＋工业互联网融合迸发新动能，这次智慧仓配解决方案是5G＋智慧仓配领域的一次突破，对于仓储行业的数字化转型具有标杆意义。智慧仓配解决方案主要聚焦物流多仓AGV密集作业、多AGV协同以及5G机器视觉三大应用场景，填补了国内AGV领域多项空白。

党的二十大报告指出，建设现代化产业体系。坚持把发展经济的着力点放在实体经济上，推进新型工业化，加快建设制造强国、质量强国、航天强国、交通强国、网络强国、数字中国。推动战略性新兴产业融合集群发展，构建新一代信息技术、人工智能、生物技术、新能源、新材料、高端装备、绿色环保等一批新的增长引擎。

这给我们物流行业在数字化时代的发展指明了方向，配合物流枢纽建设需求，着力推动智慧物流建设。提供基于5G、物联网、大数据、北斗定位等信息技术的平台化产品，打造网络货运平台、数字化仓储、智能配送、运营大数据分析、物流园区管理等一站式解决方案，助力物流行业数字化转型升级。

【知识任务】

任务一　认知智慧仓配

仓储业是物流行业的重要组成部分，在物流系统中起着至关重要的作用，高效合理的仓储能帮助企业加快物资流动的速度，降低成本，保障生产的顺利进行，实现对资源的有效控制和管理。

一、仓储的相关概念

仓储是物流活动中不可缺少的重要环节，对于整个物流系统具有重要的意义。仓储作为物流活动中重要物流节点，在物流系统中起着非常重要的作用。

1. 仓储的定义和功能

仓储就是利用仓库及相关设施设备进行物品的入库、存储、出库的活动。它的内容不仅包括静态的仓库及其设施设备，还包括了动态商品或物品的入库、出库和在库的管理等。

仓储可以创造"时间效用"，是社会物质生产必不可少的条件，仓储在物流中的作用主要体现在：

（1）仓储是物质生产过程中的必要环节和支撑条件，能够创造产品的价值。
（2）仓储是流通的重要支撑。
（3）仓储为保持物资原有的使用价值和合理地使用物资提供保证。
（4）仓储对加速商品周转、加快流通起着保证作用。
（5）仓储具有调节商品价格的作用。
（6）仓储可以直接起到调节运输工具载运能力不平衡的作用。

2. 与仓储类似的几个概念

（1）储备，指储存起来以备急需的物品。是有目的地、能动和主动储存起来的物品，分为当年储备、长期储备和战略储备。
（2）库存，指处在储存状态的物品，广义的库存还包括处于制造加工状态和运输状态的物品。库存包含了储备。
（3）保管，对物品进行储存，并对其进行物理性管理的活动。

3. 仓库的类型

学习仓储业务，当然离不开仓库。传统的仓库是当前应用最广泛的仓库，主要是指仓储作业人员基于仓储管理系统（Warehouse Management System，WMS）系统，应用 PDA 等传统设备完成仓库内相关作业的仓库。人工仓库相对于自动化立体仓库和 AGV 智能仓库作业效率低，但是前期投入成本低，主要有以下类型，见图 1-1-1 所示。

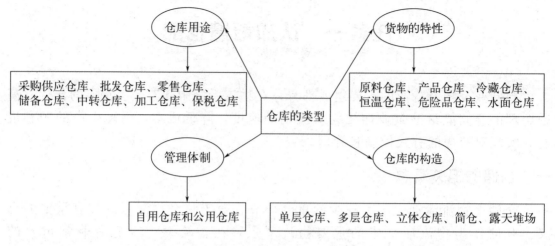

图 1-1-1 传统仓库的类型

(1) 按仓库用途来分类。

① 采购供应仓库，主要用于集中储存从生产部门收购的和供国际进出口的商品，一般这一类的仓库库场设在商品生产比较集中的大、中城市，或商品运输枢纽的所在地。

② 批发仓库，批发仓库主要是用于储存从采购供应库场调进或在当地收购的商品，这一类仓库一般贴近商品销售市场，规模同采购供应仓库相比一般要小一些，它既从事批发供货，也从事拆零供货业务。

③ 零售仓库，零售仓库主要用于为商业零售业做短期储货，一般会提供店面销售，零售仓库的规模较小，所储存物资周转快。

④ 储备仓库，这类仓库一般由国家设置，以保管国家应急的储备物资和战备物资。货物在这类仓库中储存时间一般比较长，并且储存的物资会定期更新，以保证物资的质量。

⑤ 中转仓库，中转仓库处于货物运输系统的中间环节，存放那些等待转运的货物，一般货物在此仅做临时停放，这一类仓库一般设置在公路、铁路的场站和水路运输的港口码头附近，以方便货物在此等待装运。

⑥ 加工仓库，一般具有产品加工能力的仓库被称为加工仓库。

⑦ 保税仓库，保税仓库是指为国际贸易的需要，设置在一国国土之上，但在海关关境以外的仓库。外国企业的货物可以免税进出这类仓库而办理海关申报手续，而且经过批准后，可以在保税仓库内对货物进行加工、存储等作业。

(2) 按保管货物的特性分类。

① 原料仓库，原料仓库是用来储存生产所用的原材料，这类仓库一般比较大。

② 产品仓库，产品仓库的作用是存放已经生产完成的产品，但这些产品还没有进入流通区域，这种仓库一般是附属于产品生产工厂。

③ 冷藏仓库，它是用来储藏那些需要进行冷藏储存的货物，一般多是农副产品、药品等对于储存温度有要求的产品。

④ 恒温仓库，恒温仓库和冷藏仓库一样也是用来储存对于储藏温度有要求的产品。

⑤ 危险品仓库，危险品仓库用于储存危险品，危险品由于可能对于人体以及环境造成危险，因此在此类物品的储存方面一般会有特定的要求，例如许多化学用品就是危险品，它们的储存有特定要求。

⑥ 水面仓库，像圆木、竹排等能够在水面上漂浮的物品来说，它们可以储存在水面。

(3) 按照仓库的构造来分类。

① 单层仓库，单层仓库是最常见的，也是使用最广泛的一种仓库建筑类型，这种仓库只有一层，也就当然地不需要设置楼梯，它的主要特点是：单层仓库设计简单，所需投资较少；由于仓库只有一层，因此在仓库内搬运、装卸货物比较方便；各种附属设备（例如通风设备、供水设备、供电设备等）的安装，使用和维护都比较方便；由于只有一层，仓库全部的地面承压能力都比较强。

② 多层仓库，有单层仓库，必然对应的有多层仓库，多层仓库一般占地面积较小，它一般建在人口稠密、土地使用价格较高的地区，由于是多层结构，所以货物一般是使用垂直输送设备来搬运货物，总结起来，多层仓库有以下几个特点：多层仓库可适用于各种不同的使用要求，例如可以将办公室和库房分处两层，整个仓库布局方面比较灵活；分层结构将库房和其他部门自然地进行隔离，有利于库房的安全和防火；多层仓库作业需要的垂直运输重物技术已经日趋成熟；多层仓库一般建在靠近市区的地方，因为它的占地面积较小，建筑成本可以控制在有效范围内，所以多层仓库一般经常用来储存城市日常用的高附加值的小型商品。使用多层仓库存在的问题在于建筑和使用中的维护费用较大，一般商品的存放成本较高。

③ 立体仓库，立体仓库又被称为高架仓库，它也是一种单层仓库，但同一般的单层仓库的不同在于它利用高层货架来储存货物，而不是简单地将货物堆积在库房地面上，在立体仓库中，由于货架一般比较高，所以货物的存取需要采用与之配套的机械化、自动化设备，一般在存取设备自动化程度较高时也将这样的仓库称为自动化仓库。

④ 筒仓，筒仓就是用于存放散装的小颗粒或粉末状货物的封闭式仓库。例如筒仓经常用来存储粮食、水泥和化肥等。

⑤ 露天堆场，露天堆场是用于在露天堆放货物的场所，一般堆放大宗原材料，或者不怕受潮的货物。

(4) 按仓库的管理体制分类。根据仓库隶属关系的不同，可以分为以下几类。

① 自用仓库，自用仓库就是指某个企业建立的供自己使用的仓库，这种仓

库一般由企业自己进行管理。

② 公用仓库，这是一种专业从事仓储经营管理的、面向社会的、独立于其他企业的仓库。一般自用仓库称为第一或第二方物流仓库，而公用仓库被称为第三方物流仓库。

 知识小栏目

> 仓储在中国可以追溯到大约 5000 年前，母系氏族的原始社会里就出现了"窖穴库"。在西安半坡村的仰韶遗址可以看到仓库的雏形。而西汉时建立的"常平仓"是我国历史上最早由国家经营的仓储。

4. 仓储的作业流程

仓储的作业流程主要包括入库作业、在库作业和出库作业三大部分。

（1）入库作业主要包括到货入库、验收作业和上架作业等。

（2）在库作业包括补货作业、移库作业、盘点作业、维护保养和库存控制等。

（3）出库作业包括出库准备、拣货作业、货物发运和退货作业等。

5. 仓储管理的 8S 原则

8S 管理原则就是在仓储管理过程中坚持整理（Seiri）、整顿（Seiton）、清扫（Seiso）、清洁（Seiketsu）、素养（Shitsuke）、安全（Safety）、节约（Save）和学习（Study）这八个要求，因它们均以"S"开头，简称为 8S。

整理，区分要用和不要用的，不要用的清除掉，把"空间"腾出来存放其他产品。

整顿，仓库中的设备和物资特别多，要用的东西按规定定位、定量摆放整齐，明确标示，不用浪费时间寻找。

清扫，清除仓库内的脏污，并防止污染的发生，消除"脏污"，保持仓库干干净净、明明亮亮。

清洁，将上面 3S 实施的做法制度化、规范化，并维持成果，通过制度化来维持成果，并显现"异常"之所在。

素养，人人依规定行事，从心态上养成好习惯，养成工作时认真的习惯。

安全，仓储作业的流程性非常强，货物和设备多，管理上制定正确作业流程，配置适当的工作人员监督指示功能，对不合安全规定的因素及时举报消除，加强作业人员安全意识教育，签订安全责任书，预知危险，防患于未然。

节约，减少企业的人力、成本、空间、时间、库存、物料消耗等因素，养成降低成本习惯，加强作业人员减少浪费意识教育。

学习，深入学习仓储作业的专业技术知识，从实践和书本中获取知识，同时不断地向同事及上级主管学习，学习长处从而达到完善自我、提升自己综合素质的目的。

在仓储管理中坚持 8S 管理的目的，是使仓储企业在现场管理的基础上，通过创建学习型组织不断提升企业文化素养，消除安全隐患，节约成本和时间。使企业在激烈的竞争中，永远立于不败之地。随着智慧仓配的产生，8S 仓储管理原则就显得更为重要了。

二、智慧仓配的相关概念

1. 智慧仓配产生的背景

物流业是融合运输、仓储、货代、信息等产业的复合型服务业，随着全球和区域经济一体化的深度推进，以及互联网信息技术的广泛运用，物流业的发展经历了深刻的变革并获得越来越多的关注。物流行业迎来爆发式发展，随着新模式、新技术的不断涌入，物流业正逐步向智能化、数字化迈进。物流各环节从拆分来看，仓储的智能化尤为明显，AGV、自动化立体仓库、机械臂等技术正在逐渐被仓储业广泛运用。

2. 智慧仓配产生的必然性

随着"互联网＋"行动计划的推进，"互联网＋物流"正从技术、设备、商业模式等诸多方面改变传统物流业的运作方式和效率水平，促进物流业飞速发展，同时，智能制造业的崛起、电子商务的蓬勃发展、新零售的兴起，都对物流表现出较大的需求，并对物流业的发展提出了新要求，在这样的时代大背景下，智能交通、智慧仓配、智能配送就顺应而生。

仓库是商品简易加工、分拣、包装、售后服务的场所，在这里发生物权转换和交接，同时也是订单数据的处理，在产业链中承担着商品路由器和数据路由器的功能，基于数字化供应链中心服务的基础，基于"互联网＋"、物联网技术等形成新的产业路由。基于订单驱动和全局视野的设备智能调度系统，通过物联网技术应用、模拟器试算、运筹学优化和人工智能深度学习，实现设备的自动接入、协同调度和业务智能监控，满足订单的低成本分拣和高时效响应，助力仓储分拣系统提升核心竞争力。

由于智能化仓配中心的关键在于对库存管理形式的革新，如通过 RFID 传感器可实时跟踪库存，追踪商品从进入仓库到发货的全过程，通过机器人控制系统、智能自动化设备、物联网交互设备等实现简单操作由机器完成，实时数据信息流与物流的混合作业逻辑，产生了对岗位能力的新要求。

3. 智慧仓配的定义

智慧仓配就是以实用、高效、便捷、经济、数字和系统的建设方式为原则，集成智能化技术，使仓储系统能模仿人的智能，具有思维、感知、学习、推理判断和自行解决仓储中某些问题的能力，实现仓储管理各种自动化功能，实现人机互动，完成准确和高效的订单处理、收货、库存管理、分拣、出库和配送控制及门店物流联动的现代化物流活动。

随着智慧仓配的发展，在传统仓库的基础上又出现了几种新型的仓库，主要包括自动化立体仓库、AGV智能仓库和声光拣选仓库。

4．智能仓库的分类

（1）自动化立体仓库。自动化立体仓库简称立库，也称为自动存取系统（Automated Storage and Retrieval System，AS/RS），是由高层货架、巷道堆垛机、入出库输送系统、自动化控制系统、计算机仓库管理系统及其周边设备组成的，可对集装单元货物实现自动化保管和计算机管理的仓库。利用立体仓库设备可实现仓库高层合理化、存取自动化、操作简便化的目的。

自动化立体仓库（见图1-1-2）是机械和电气、强电控制和弱电控制相结合的产品。它主要由货物储存系统、货物存取和输送系统、管理和控制系统三大系统组成，还有与之配套的建筑设施、供电系统、空调系统、消防报警系统、称重计量系统、信息通信系统等土建工程和辅助设施。

图1-1-2　自动化立体仓库

（2）AGV智能仓库。AGV智能仓库（见图1-1-3）通过多设备组合应用，充分提高仓库利用率，提升库内操作效率及准确率，实现了仓储管理精细化、智能化、柔性化，实现从货架区到出入库台的无人化自动搬运。AGV智慧仓配作为现代物流系统的重要组成部分，一般由高层货架、AGV小车、堆垛机、输送搬运系统、分拣系统、管理系统组成，实现搬运和存取机械化、自动化以及储存管理系统的信息化。

（3）声光拣选仓库。声光拣选仓库（见图1-1-4）通常是指同时使用语音技

图 1-1-3　AGV 智能仓库

术和灯光技术进行拣选的仓库。语音拣选技术是作业系统将任务指令转化为语音播报给操作员,并采用电子技术将操作员与系统的信息交流转化为实际操作的一种先进技术。灯光拣选技术是作业系统通过控制电子货架标签,使作业员借助系统灯光提示进行集配拣选作业。

图 1-1-4　声光拣选仓库

① 声光拣选的优势是无须固定,与其他物流设备互不干涉;可随物流布局进行调整,柔性大;提高拣选准确率;无须打印拣选单据,绿色环保。

② 声光拣选的劣势是设备及软件开发投资较高;因语音指令需逐条播报,拣选效率一般;目前任意一个时间段内 1 个作业人员只能在一个区域拣选一个订单。

知识小栏目

西周初期,战事连连,仓储成了国家之根本。《礼记·王制》中论述:"国无九年之蓄,曰不足;无六年之蓄,曰急;无三年之蓄,曰国非其国也"。义仓起源于汉代,发展于北齐,盛行于隋唐。公元 585 年,隋文帝劝令民间每年秋天由每户出粟一石以下,根据贫富分等储之里巷,以备荒年,名曰义仓。中国人民在古代已经意识到了仓储能够起到调节供需的重要作用,在中国的封建社会重农抑商大环境的影响下,仓储更重要的是承担了社会救济和保障的功能。

三、物流管理信息系统

由于智慧智能物流的高速发展,物流管理的信息化程度也越来越高,各种专业的管理信息平台和系统在我国的物流业也得到了前所未有的发展。

1. 物流管理信息系统的定义

物流管理信息系统也称物流信息系统（Logistics Information System，LIS）：由人员、计算机硬件、软件、网络通信设备及其他办公设备组成的人机交互系统。它的主要功能是从事数据收集、信息存储、信息传输和信息处理。

2. 物流活动中常用的信息系统

物流活动中常用的信息系统有仓储管理系统、物流运输管理系统、订单管理系统、电子订货系统和电子数据交换系统。

（1）仓储管理系统，英文缩写为"WMS"，它关注的核心理念是高效的任务执行和流程规划策略，是建立在成熟的物流理念的基础之上的，高性能的WMS、高效的管理流程、先进的设备共同铸造成功的仓储管理。

（2）运输管理系统，英文缩写为"TMS"，是一种"供应链"分组下的（基于网络的）操作软件。包括管理装运单位，制订企业内、国内和国外的发货计划，管理运输模型、基准和费用，维护运输数据，生成提单，优化运输计划，选择承运人及服务方式，招标和投标，审计、支付货运账单和管理第三方物流。包含调度管理、车辆管理、配件管理、油耗管理、费用结算、人员管理、资源管理、财务核算、绩效考核、车辆跟踪、业务跟踪、业务统计、白卡管理、监控中心系统、账单查询等单元。

（3）订单管理系统，英文缩写为"OMS"，是物流管理系统的一部分，通过对客户下达的订单进行管理及跟踪，动态掌握订单的进展和完成情况，提升物流过程中的作业效率，从而节省运作时间和作业成本，提高物流企业的市场竞争力。

订单管理系统的主要功能是通过统一订单提供用户整合的一站式供应链服务，订单管理以及订单跟踪管理能够使用户的物流服务得到全程的满足。订单管理系统是物流管理链条中不可或缺的部分，通过对订单的管理和分配，使仓储管理和运输管理实现有机的结合，稳定有效地使物流管理中各个环节充分发挥作用，使仓储、运输、订单成为一个有机整体，满足物流系统信息化的需求。

订单管理是对商户下达的各种指令进行管理、查询、修改、打印等功能，同时将业务部门的处理信息反馈至商户。订单管理系统一般包括：订单处理、订单确认、订单状态管理（包括取消、付款、发货等多种状态，以及出库和查询）等。

（4）电子订货系统（Electronic Ordering System，EOS），是指将批发、零售商场所产生的订货数据输入计算机，即通过计算机通信网络连接的方式将资料传送至总公司、批发商、商品供货商或制造商处。因此，EOS能处理从新商品资料的说明直到会计结算等所有商品交易过程中的作业，可以说EOS涵盖了整个物流。在寸土寸金的情况下，零售业已没有许多空间用于存放货物，在要求供货商及时补足售出商品的数量且不能有缺货的前提下，更必须采用 EOS 系统。EOS 因内含了许多先进的管理手段，因此在国际上使用非常广泛，并且越来越受到商业界的青睐。

（5）电子数据交换（Electronic Data Interchange，EDI）系统是指按照同一规定的一套通用标准格式，将标准的经济信息通过通信网络传输在贸易伙伴的电子计算机系统之间进行数据交换和自动处理。由于使用 EDI 能有效地减少直到最终消除贸易过程中的纸面单证，因而 EDI 也被俗称为"无纸交易"。

四、智慧仓配平台

本书在实操篇会介绍智慧仓配平台，智慧仓配平台（见图 1-1-5）通过 AR&VR 技术虚拟仿真构建一个虚拟仓配中心，通过人机交互的方式，融入真实场景，完成实际业务。实际教学时，既可与传统实验一致，一人一机，独立完成实验任务，也可采取分组教学和学习，分别模拟客服主管、收货主管、理货主管、发货主管、财务主管、物流总监等相关岗位，深入体验、实践收货、入库、云分拣、出库、补货、移库、盘点、发运等业务流程，实时了解业务对应的场景和数据变化，实现"知识＋图像""业务＋情境""宏观＋微观"的场景化情境新模式。通过实践使学生能够掌握智慧仓配的各项作业环节，提高物流学生在数字化时代利用物流智能工具从事仓储活动的能力。有条件的学校可以借助本平台进行实操，没有条件的学校也不用担心，平台里涉及的相关内容理论篇进行了详细的介绍，大家可以根据自己学校的条件因地制宜地进行实务操作。

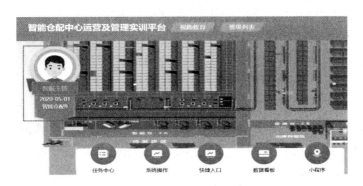

图 1-1-5　智慧仓配平台页面

任务二　认知智慧仓配企业

一、物流产业

物流产业是指物流资源产业化而形成的一种复合型或聚合型产业。将运输、储存、装卸、搬运、包装、流通加工、配送、物流信息处理等资源产业化就形成了运输业、仓储业、装卸搬运业、包装业、加工配送业、物流信息业等，这些物流资源也分散在制造业、农业、流通业等多个领域，把这些产业化的物流资源再加以整合，就形成了一种新的服务业即物流服务业，整合后的所有物流资源，可以发挥更大的功效。物流产业从大的方面来说主要由货运业、储运业、货代业和配送业构成。

二、物流企业

我国国家标准《物流术语》（GB/T 18354—2021）对物流企业的解释是，物流企业指从事物流基本功能范围内的物流业务设计及系统运作，具有与自身业务相适应的信息管理系统，实行独立核算、独立承担民事责任的经济组织。

现代物流企业能够提供组织社会资源、商品供应、运输、储存、装卸、搬运、包装、流通加工、配送、物流信息处理等基本服务，甚至还能进行需求预测、物流系统设计咨询、物流结算、物流教育培训等方面的工作。现代物流企业以物流作为主体功能同时伴随着商流、资金流和信息流，它涉及仓储、运输、商业、外贸等多个行业和领域，担负着促进、引导生产，组织进货，满足市场需求，加速商品流转，缩短流通时间，实现商品实物上节约的基本任务。

三、仓储型物流企业

仓储型物流企业是以从事仓储业务为主，为客户提供货品储存、保管、中转等仓储服务，也为客户提供配送、商品经销、流通加工等其他服务，运用信息系统对货物进行查询、监控等。

四、智慧物流企业

物流发展方式和商业模式发生重大转型，效率驱动、数字驱动、体验驱动、消费者驱动更加明显，物流企业只有做到技术快速进步、服务快速迭代，才能使自身极大提升市场竞争力。IBM 于 2009 年提出，建立一个面向未来的具有先进、互联和智能三大特征的供应链，通过感应器、RFIP 标签、制动器、GPS 和其他设备及系统生成实时信息的"智慧供应链"概念，紧接着"智慧物流"的概念由此延伸而出。与智能物流强调构建一个虚拟的物流动态信息化的互联网管理体系不同，"智慧物流"更重视将物联网、传感网与现有的互联网整合起来，通过精细、动态、科学地管理，实现物流的自动化、可视化、可控化、智能化、网络化，从而提高资源利用率和生产力水平，创造更丰富的社会价值。

智慧物流就是通过传感器、移动通信技术等使物流系统能模仿人的智能，具有思维、感知、学习、推理判断和自行解决某些物流问题的能力，从而让仓储、运输、配送等物流活动自动化、信息化和智能化。即在物流过程中获取信息从而分析信息做出决策，使商品从源头开始被实施跟踪与管理，实现信息流快于实物流。智慧物流使得物流服务模式发生了变化，组织化、集约化、品质化程度较大提高，供需匹配程度大大提高，资源配置效率大大提升。在大数据、"互联网+"和物联网技术应用加快发展的大背景下，智能交通、智慧仓配、智能配送等应用领域快速发展。

五、物流企业岗位

1. 物流企业的岗位设置

物流企业岗位的设置往往取决于物流企业的业务类型、规模和管理模式，不同类型的物流企业、同一类型但不同规模的物流企业以及同类型同规模但不同管理模式的物流企业对同一类岗位的设置和岗位的要求都不一样。物流行业在我国还处于快速发展过程中，新技术的应用和新业务领域的快速发展使得物流企业的岗位设置不断发展变化。因此，在现阶段物流企业岗位设置并没有形成统一的规定，但也形成了一些通用的岗位，现将物流企业中常见的岗位归纳如表1-1-1所示。

表1-1-1 物流企业岗位汇总表

岗位层次	物流企业类型	具体岗位		
物流操作人员	仓储企业	仓管员、收货员、安全员、质量控制员、装卸搬运员、拣货员、配送员等	叉车司机、货车司机、单证员	信息员、客户服务员、系统维护人员、财务人员
	运输企业	调度员、理赔员、在途跟车员等		
	货代企业	业务员、操作员、商务员、跑单员、国际货运代理岗位、物流报关报检岗位、国际多式联运运营办理岗位、集装箱办理岗位等	—	
	快递和第三方物流企业	快递员、物流投诉处理员、分拣员、报关员、货运操作员、海运操作员、采购员、仓管员、单证员、销售人员等	—	
中层物流管理人员	物流操作主管(仓储主管、调度主管、运输主管)、物流培训师、生产物流管理工程师、物流主管/总调、供应链主管、物流经理、物流运营经理等			
高层物流管理人员	专业物流公司的总经理、副总经理。高级物流策划师、高级行政管理人员、物流总监、运营总监、主管物流的企业副总经理等			

2. 仓储企业组织架构

一般来说，不同的物流企业由于其规模、业务范围，组织架构会有不同，图 1-1-6 是某仓储型物流企业的组织架构图。

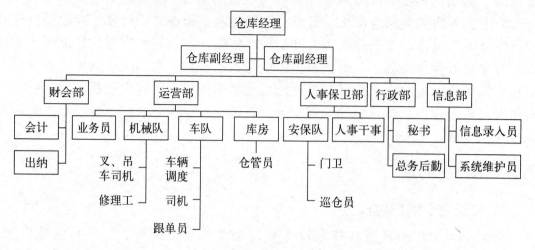

图 1-1-6 仓储型物流企业组织结构

 知识小栏目

仓库五无：无老鼠、无变质、无损坏丢失、无隐患、无杂物积尘。
仓库七防：防潮、防压、防倒置、防腐、防白蚁、防火、防盗。
仓库三清：数量清、规格清、质量清。

六、智慧物流企业介绍

本书的实操模块构建了一个智慧智能仓配运营中心，我们可以深入地学习智慧物流企业的真实业务流程。

1. 企业介绍

（1）岗位设置（见图 1-1-7），本平台的该物流中心由总经理主导。日常运营包括物流总监、客服主管、收货主管、理货主管、发货主管、财务主管共 6 个岗位，所有主管共同协作完成物流仓储的运营与管理任务。

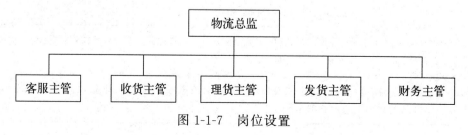

图 1-1-7 岗位设置

(2) 岗位分工。

物流总监：负责组织物流团队实施物流仓储工作计划，并监督实施与绩效考核。

客服主管：负责日常与客户及供应商的收货与发货的安排协作，跟进出入货的进度。

收货主管：负责收货、退货、换货业务流程的执行，确保每一笔客户的业务按时、按质执行到位。

理货主管：保障库存商品的销售供应，及时清理满架、堆头和货架并补充货源。

发货主管：回应客户的订货请求，按时、按质完成发货流程。

财务主管：及时收集业务单据，并完成相应的资金监督与业务核算。

(3) 岗位职责和工作流程。

① 客服主管岗位职责：接收业务部门或客户发送的订单，及时确认客户订单；对订货单进行处理，做好订单分类工作，以便对其区别处理；根据订货单进行存货查询，并根据查询结果进行库存分配；计算拣取时间，并估算和确定出库时间，根据订单妥善安排出货顺序；优先满足紧急订单，并保证库存货物的先进先出将处理结果打印输出为拣货单或出货单。客服主管的工作流程如图 1-1-8 所示。

图 1-1-8　客服主管的工作流程

② 收货主管岗位职责：根据入库通知，做好入库准备工作；并按照仓库货物规则合理安排货位；根据运输单对货物数量、种类进行核对；验收货物外观、质量是否完好，并及时上报不合格情况；将已通过验收的货物进行堆垛和码放，并做好防损准备；与相关人员办理入库交接手续；入库工作完毕，及时、准确地登记货物入库台账。收货主管的工作流程如图 1-1-9 所示。

图 1-1-9　收货主管的工作流程

③ 理货主管岗位职责：核对拟出库物资的品种、数量、规格、等级和型号等是否与出库凭单相符；按照出库凭单提取物资，并进行复核；对出库待运物资进行包装、拼装、改装或加固包装；填写装箱单，并在物资外包装上写好收货人；按物资的运输方式、流向和收货地点将出库物资分类集中；鉴定物资运输质量，分析货物残损原因，划分事故责任。理货主管的工作流程如图 1-1-10 所示。

④ 发货主管岗位职责：在出库过程中合理选用机械设备和工具；及时调派

图 1-1-10　理货主管的工作流程

装卸搬运人员，并做好工作时间、地点和班次等的各项安排；对出库货物进行检查，确保出库货物完好；根据具体情况，核对出库货物与出库凭证，以确保相符；为出库货物贴好标签或单据，确保收货地址准确；合理安排装货顺序，监督装车数量和装车质量，确保在装车过程中无毁损现象；根据发货需要，合理向运输部门提出车辆需求申请。发货主管的工作流程如图 1-1-11 所示。

图 1-1-11　发货主管的工作流程

⑤ 财务主管岗位职责：负责收集各部门资金计划，并根据销售回款计划编制资金计划平衡表；依据日常业务，及时制作记账凭证，并登记入账；负责资金收支和薪资发放；负责出具资产负债表、利润表、现金流量表；负责采购发票的登记、记账，及销售发票的开具、记账。财务主管的工作流程如图 1-1-12 所示。

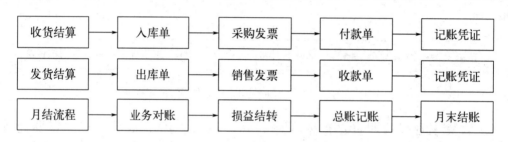

图 1-1-12　财务主管的工作流程

⑥ 物流总监岗位职责：制订仓储部工作计划和业务发展计划；制定库房管理、出入库管理等各项仓储制度并贯彻实施；监督并检查货物配送和运输工作，保证配送与运输过程的安全、规范；做好团队的建设工作，协助人力资源做好员工的选拔、配备、培训和绩效考核；负责仓储部各岗位的沟通与协调。物流总监的工作流程如图 1-1-13 所示。

图 1-1-13　物流总监的工作流程

2. 仓库类型和经营的产品

（1）仓库类型

主要是自动化立体仓库，AGV 智能仓库和声光拣选仓库。

（2）仓库存储货品

① 自动化立体仓库存储大件家电。

② 低层货架仓库存储货品为鞋帽，分为人工拣选区与声光拣选区，订单先经过人工拣选，然后通过流水线进行声光拣选，订单箱完成后进入发货流水线。

③ AGV 智能仓库存储货品为小件电子产品，订单经过 AGV 系统推送给 AGV 小车运送至 AGV 拣货区，拣货员扫描二维码生成拣货单，进行拣货，拣货完成将订单箱放入发货流水线。

智慧仓配平台介绍

3. 仓库的业务流程

该企业采用的是订单驱动的物流策略，企业的主要业务流程简要地说，包括订单处理、收货处理、上架、人工拣货、声光拣货、AGV 拣货、补货、理货、发货等业务环节。

任务三　仓库规划与设计

一、仓库规划与设计的定义和内容

1. 仓库的规划与设计的定义

仓库的规划与设计就是将库房、货架、货场等储放场所的数量和比例与储存物资的数量和保管要求相适应，要保证库内物资流动方向合理，运输距离最短，作业环节和次数最少，仓库面积利用率最高，并能做到运输通畅，方便保管，最大范围内适应仓储生产的作业流程。

2. 仓库的规划与设计的内容

仓库的规划与设计包括很多方面，例如仓库的选址、面积大小、仓库的布局、区域的划分和货位的规划、智能化水平等，都要进行综合考虑。仓库选址合理与否对仓库发展有至关重要的影响，但它是一个非常复杂的运筹学范畴，我们在这里不进行探讨，本书讲解的内容是假设建立在仓库已选择了合理地址的基础上，侧重探讨仓库的内部规划和设计。

知识小栏目

党的二十大报告指出，加快发展物联网，建设高效顺畅的流通体系，降低物流成本。加快发展数字经济，促进数字经济和实体经济深度融合，打造具有国际竞争力的数字产业集群。优化基础设施布局、结构、功能和系统集成，构建现代化基础设施体系。

二、仓库的面积

1. 仓库面积的类型

① 仓库总面积，仓库外墙线算起，整个围墙内所占的全部面积。

② 仓库建筑面积，对仓容指标而言，指生产性建筑面积，即库房、货场货棚所占的面积之和。

③ 仓库使用面积，仓库内可用来存放商品的面积之和，即库房、货棚、货场的使用面积之和，通俗地来讲仓库的使用面积为仓库建筑面积减去外墙、内柱、间隔墙及固定设施等所占的面积。

④ 仓库有效面积，库房、货棚、货场内计划用来存放商品的面积之和，也

就是仓库的使用面积减去必要的走道、墙距、柱距、垛距以及待检区、待处理区、备料区之后所剩余的面积。

⑤ 仓库实用面积，在仓库使用面积中实际用来堆放各种商品所占用的面积之和。

⑥ 仓库面积有效率，仓库面积有效率＝（仓库有效面积/仓库使用面积）×100％。

2. 计算面积要注意的原则

① 计算时不要重复计算和遗漏面积。

② 若主道面积与支道面积相交叉，我们一般将交叉面积算在主道面积中。

③ 若通道面积与墙距面积相交叉，我们一般将交叉面积算在墙距面积中。

④ 若外墙距面积与内墙距相交叉，我们一般将交叉面积算在内墙距面积中。

当然算在什么面积中并不十分重要，关键是要区别开来，避免重复计算。

3. 仓库面积计算的应用

现假设丈量到某平面仓库的占地资料为：长51m，宽41m，外墙厚度0.5m，两条主走道宽度各4m，两条支走道宽度各2m，外墙距为0.5m，内墙距0.3m，若库房内无柱子、无扶梯、无固定设施，但有一道间隔内墙壁，厚度为0.3m。如图1-1-14所示：

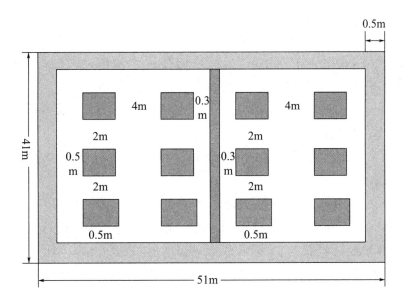

图1-1-14　某平面仓库的占地资料示意图

请计算以下面积：仓库建筑面积、仓库使用面积、主走道面积、支道面积、外墙距面积、内墙距面积、仓库的有效面积和仓库面积有效率。

① 仓库建筑面积＝51×41＝2091（m²）；

② 仓库使用面积＝2091－0.5×51×2－0.5×(41－2×0.5)×2－0.3×

$(41-2\times0.5)=1988(m^2)$;

③ 主走道面积 $=4\times[(41-2\times0.5)-0.5\times2]\times2=312(m^2)$;

④ 支道面积 $=[51-0.5\times(41-2\times0.5)-0.3-0.3\times2-4\times2]\times2\times2=160.4(m^2)$;

⑤ 外墙距面积 $=0.5\times(41-2\times0.5)\times2+0.5\times(51-0.5\times4-0.3\times3)\times2=40+68.1=88.1(m^2)$;

⑥ 内墙距面积 $=0.3\times(41-2\times0.5)\times2=24(m^2)$;

⑦ 仓库有效面积＝仓库使用面积－主走道面积－支道面积－外墙距面积－内墙距面积 $=1988-312-160.4-88.1-24=1403.5(m^2)$;

⑧ 库房面积有效率＝（库房有效面积/库房使用面积）$\times100\%=(1403.5/1988)\times100\%\approx70.6\%$。

三、仓库区域的划分

1. 库区的定义

库区是指由一个或若干个仓库及配套设施组成的相对独立管理的区域。

2. 库区的区域划分

不同的库区由于经营产品或物流模式不同，区域的划分也有不同。一般来说库区主要包括的区域有：

① 月台，一般有收货月台和发货月台两种。

② 收货区，货物入库的场所，进行货物卸货、验收、搬运和交接。

③ 发货区，货物出库的场所，进行货物出库验收和交接。

④ 检验区，暂时放置处于检验过程中的货物，一般设置在仓库入口附近、便于货物的卸载和检验。

⑤ 储存区，包括货物储存区和设备储存区，仓库的主要存储区域是货物储存区。

⑥ 分拣区，对不同需求的货物进行分类的区域。例如按订单、品类，数量，大小等不同对货物进行分类的区域，目前最频繁的是按订单进行分拣。

⑦ 流通加工区，货物进入流通领域时进行包装、分割、计量、分拣、刷标志、贴标准、组装等简单作业的场所。有的仓库有设置，有的仓库没有这种业务就不需要设置。

> **知识小栏目**
>
> 《中华人民共和国国家标准物流术语》中指出，流通加工是为了提高物流速度和物品的利用率，在物品进入流通领域后，按客户的要求进

> 行的加工活动,即在物品从生产者向消费者流动的过程中,为了促进销售、维护商品质量和提高物流效率,对物品进行一定程度的加工。流通加工通过改变或完善流通对象的形态来实现"桥梁和纽带"的作用,因此流通加工是流通中的一种特殊形式。随着经济增长,国民收入增多,消费者的需求出现多样化,促使在流通领域开展流通加工。目前,我国的物流中心或仓库经营中都大量存在流通加工业务。

⑧ 办公区,该区是行政管理机构办公和职工生活的区域,包括办公楼、警卫室、化验室、宿舍和食堂等。为了便于业务接洽和管理,行政管理机构一般布置在仓库的主要出入口,并与生产作业区用隔离墙分开。职工生活区一般应与生产作业区保持一定距离,既能充分保证仓库的作业安全又能确保生活区的安宁。

⑨ 暂存区,暂时存放待验收与理货或质量未确认的货物或公司规定的相关货物的区域。

⑩ 异常区,暂时放置质量不合格的和有其他异常的货物的区域。

⑪ 补货区,进行货物补货交接的区域。

⑫ 回收区,回收废弃纸箱和物料等的区域。

3. 仓库通道

一般来说,业内对仓库通道的设计有各种标准,类别也有很多,根据主次不同,可分为主道和支道,主道设计时应正对仓库大门,根据物品大小可留宽度为 1.5~2m,如果需叉车等机械作业,可扩宽至 2.5~3m。支道的宽度为 1.2~1.5m,另外库内周边预留 0.5m 以上的墙距(物品与墙体的距离),也可以作支道使用。根据功能不同可分为出入库通道、消防通道、生产通道、人行通道等。

仓库货架之间通道的设计是很重要的,通道如果太窄了,后期工作的时候就会有很多问题,相反地如果通道太大就会造成多余的空间浪费。通道会有一些大型的机械设备通过,比如叉车这类的机械设备,随着仓储的智能化水平的提高,许多机器人的应用,设计时更要充分考虑设备的尺寸性能等,保证能够顺利地在通道中通行,通道的大小必须要大于机械设备的尺寸。

4. 仓库五距

仓库是存放物品的重要场所,负责物品保管和存放,然而货物众多,在规划时也有一定的要求,业内人士对于物品堆放有着多种标准,最为常见的是安全五距标准(见表1-1-2)。

① 顶距,指堆货的顶面与仓库屋顶平面之间的距离。一般的平顶楼房,顶距为 50cm 以上;人字形屋顶,堆货顶面以不超过横梁为准。

② 灯距，指仓库内固定的照明灯与商品之间的距离。灯距不应小于50cm以防止照明灯过于接近商品（灯光产生热量）而发生火灾。

③ 墙距，指墙壁与堆货之间的距离。墙距又分外墙距与内墙距。一般外墙距在20~50cm，内墙距在10~30cm。以便通风散潮和防火，一旦发生火灾，可供消防人员出入。

④ 柱距，指货堆与屋柱的距离一般为10~20cm。柱距的作用是防止柱散发的潮气使商品受潮，并保护柱脚，以免损坏建筑物。

⑤ 堆距，指货堆与货堆之间的距离，通常为100cm，堆距的作用是使货堆与货堆之间，间隔清楚，防止货物混淆，也便于通风检查，一旦发生火灾，还便于抢救，疏散物资。

表 1-1-2　货物堆放的安全五距标准

距别		距离	目的
堆/垛距(货垛与货垛间)	库房	100cm	防止货物混淆,通风,便于检查和抢救
墙距(货垛与墙壁间)	内墙	10~30cm	通风散潮,防火
	外墙	20~50cm	
顶距(货垛顶面与屋顶间)	平顶楼	50~90cm	通风
	人字形屋顶	不超过横梁	
柱距(货垛与柱子间)		10~20cm	隔离潮湿,保护柱脚
灯距(货垛与照明灯间)		>50cm	隔离热量,防火

四、仓库布局和 8S 地标线使用标准

1. 仓库布局的定义

仓库布局是指对仓库的各个组成部分，如通道、收货区、暂存区、发货区、存储区、办公区和五距等在规定的范围内进行平面和立体的合理安排和整体设计，对整个仓库既有设施进行全面规划。

进行库区和仓库规划时就要充分考虑各个区域、主道和通道的宽度以及仓库五距，使仓库作业实现安全有保障，效率最大化。在进行规划时不是说以上每个区域都要面面俱到，而是根据公司业务的特点进行综合性的总体布局。图 1-1-15 是某公司的仓库布局图，图 1-1-16 是"智慧物流作业"赛项国赛实操赛场平面布局图，图 1-1-17 是近五年来中职物流专业"现代物流综合作业"赛项国赛实操赛场平面布局图，供参考。

2. 仓库布局的方式

在仓库作业区布局中考虑的优先原则是货物的快速移动原则。货物在仓库中移动时，一般要经过4个步骤：收货、储存、拣货和发货。依据货物流动方式有

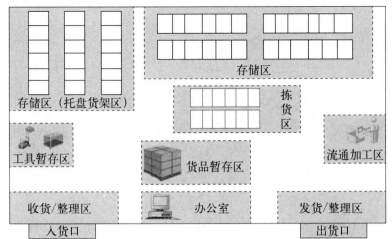

图 1-1-15　某公司的仓库布局图

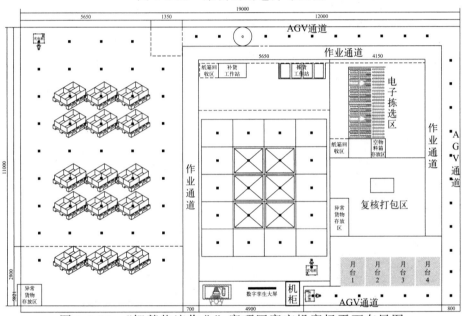

图 1-1-16　"智慧物流作业"赛项国赛实操赛场平面布局图

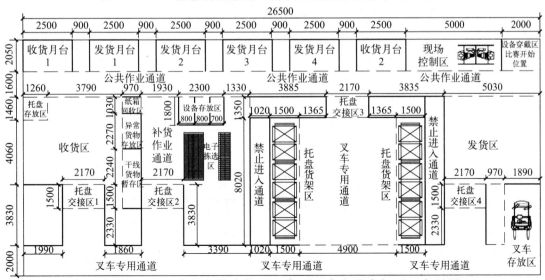

图 1-1-17　"现代物流综合作业"赛项国赛实操赛场平面布局图

理论篇　025

4种布局方式：I型、L型、U型、S型。

（1）I型动线（见图1-1-18），收货和出货区域在仓库相对立的两个方向。

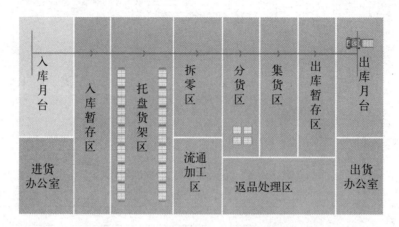

图1-1-18　仓库布局I型动线图

I型动线的优点，适合需快速流转的物流中心，或用不同类型的车辆来进货和发货，运作流向是呈直线型的，各运作动线平行性进行，可降低操作人员和物流搬运车相撞的可能性。

I型动线的不足，出、入货台相距甚远，增加货物的整体运输路线，降低效率。需两组人员负责两个货台的监管，增加了人员投入及运作成本。

（2）L型动线（见图1-1-19），与I型动线一样拥有两个独立货台、较少碰撞交叉点，能处理快速流转货物的动线形式。

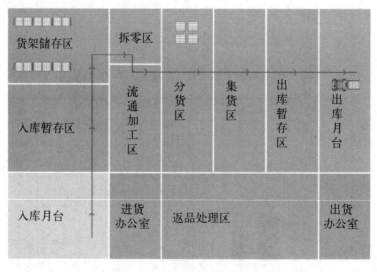

图1-1-19　仓库布局L型动线图

L型动线的优点，第一把货物出入仓库的途径缩至最短，能快速处理流转的货物。第二可同时处理"快流"及"慢流"的货物，除L型流向范围内的货物外，其他功能区的货物的出入效率会相对地降低。因此，把"快流"的货物储存在L型流向范围内，把"慢流"的货物储存在L型流向范围外，按货物的搬运频率有效利用物流中心内的各功能区。

（3）U型动线（见图1-1-20），在仓库的一侧有相邻的入库和出库月台。

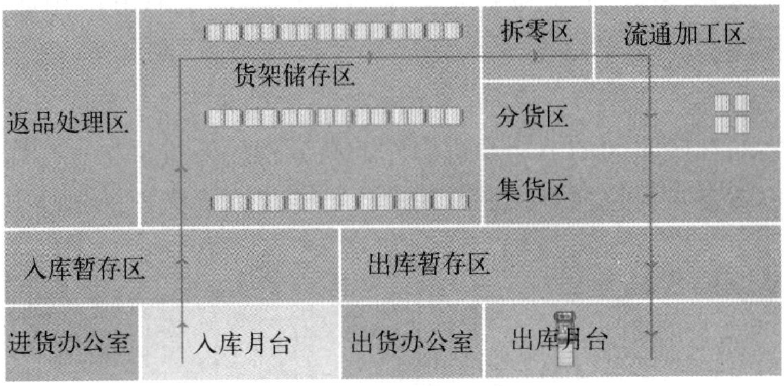

图1-1-20　仓库布局U型动线图

U型动线的优点：使用同一通道供车辆出入，更有效利用物流中心外围空间，可以集中货台管理，减少货台监管人员数目，易于控制和安全防范。

U型动线的缺点：容易造成混淆，特别是在繁忙时段及处理类似货物的情况下容易出错。

（4）S型动线（见图1-1-21），货物在仓库的动线形式呈S型。

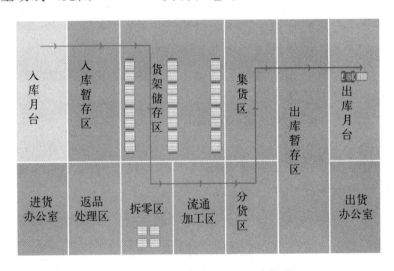

图1-1-21　仓库布局S型动线图

S型动线的特点：能够满足多种流通加工处理工序的需要，适合在仓库宽度不足的时候进行作业，可与I型动线结合在一起使用。

3. 仓储货位布局的方式

仓储的货位布局是指货垛或货架摆放的方式，一般来说分为垂直式布局和倾斜式布局。

（1）垂直式布局，指货垛或货架的长度方向与库墙垂直或平行的方式。

① 横列式布局（见图1-1-22），货垛或货架的长度方向与仓库的侧墙互相垂直。主要优点有：主通道长且宽，副通道短，整齐美观，便于存取、查点，如果用于库房布局，还有利于通风和采光。主要缺点是：主通道占用面积多，仓库面积利用率受到影响。

② 纵列式布局（见图1-1-23），指货垛或货架的长度方向与仓库侧墙平行。可以根据库存物品在库时间的不同和进出库的频繁程度安排货位；在库时间短、进出库频繁的物品放置在主通道两侧；在库时间长、进出库不频繁的物品放置在里侧。

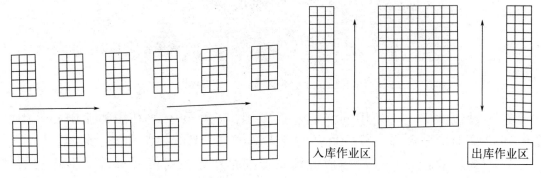

图1-1-22　仓储货位横列式布局　　　　图1-1-23　仓储货位纵列式布局

③ 纵横式布局，在同一保管场所内，横列式布局和纵列式布局兼而有之，可以综合利用两种布局的优点。

（2）倾斜式布局，指货垛或货架与仓库侧墙或主通道成60°、45°或30°夹角。具体包括货垛倾斜式布局和通道倾斜式布局。倾斜式布置方式的使用条件有很大的局限性，它只适用于品种单一、批量大、用托盘单元装载、就地码放、使用叉车搬运的货物，对于一般的仓库不宜采用。

① 货垛倾斜式布局（见图1-1-24），货垛倾斜式布局是横列式布局的变形，它是为了便于叉车作业、缩小叉车的回转度、提高作业效率而采用的布局方式。其最大的缺点是造成不少死角，不能充分利用仓库面积。

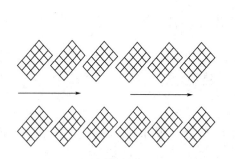 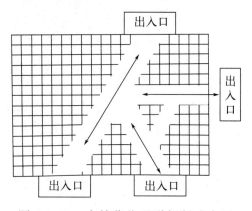

图1-1-24　仓储货位货垛倾斜式布局　　　图1-1-25　仓储货位通道倾斜式布局

② 通道倾斜式布局（见图1-1-25），通道倾斜式布局是指仓库的通道斜穿储存区，把仓库划分为具有不同作业特点区域，如大量储存和少量储存的储存区等，以便进行综合利用。在这种方式下，仓库形式复杂，货位和进出库路径会较多。

4. 仓库布局时8S地标线使用标准

（1）地标线概述

地标线主要用于规范车间仓库通道和区域的警示画线操作使用，便于车间仓库的8S管理。常用地标线分单色、双色两种。单色地标线主要有绿、橙、白、蓝、红、黄等；双色地标线主要有黄黑和红白等。

① 绿色地标线，宽度为5~10cm，主要用于步行通过主通道线，人行和电动叉车共用通道，安检等待区域通道结束封口处或隔离。绿色地标线靠通道内侧。

② 橙色地标线，宽度为5~10cm，主要用于电动地牛作业区，通道标示线，行人需特别注意。

③ 白色地标线，宽度为5~10cm，主要用于电动地牛充电区及停放区、地标线、8S活动"红标签"物品或不要物存放区域，需要移走或者临时存放的设备等物品需转移至白色地标线区域。

④ 蓝色地标线，宽度为5~10cm（地面标识）、0.5~1cm（工作台面），主要用于商品、批量低耗、载满商品的托帕、小车、拣货车存放区域地标线（包括掉落商品筐位置）；工作台面物品及工具定置标识；工位区域，以及工作区域工具存放位置（包括抗疲劳垫、扫描器充电及存放位置）；安检站立位置框；库房内码头卷帘门附近保安工作台区域等。

⑤ 红色地标线，宽度为5~10cm，主要用于消防和紧急情况处理设施存放地标线，例如：灭火器、消防栓、逃生指示灯。需注意切勿阻挡；禁止供应商进入区域界限。

⑥ 黄色地标线，宽度为5~10cm，主要用于垃圾箱存放处地标线；8S活动工具柜、工具影子板；衣架、围裙和水杯存放柜、文件柜、现场白板、看板、库内办公区等辅助用品固定区域地标线；空推车，空平板车，空容器、空托盘，空料盒等库内空容器、空载具定点集中存放处地标线；落地风扇、取暖器；饮水机、满水桶、空水桶；手动地牛、垛口车挡。

⑦ 黄黑地标线，宽度为5~10cm，主要用于无阻挡区域地标线。此区域内不允许放置任何其他物品造成阻碍。例如：卷帘门，电动传送带正下方投影区域，配电箱；提醒防磕碰、撞击角落区域，物体表面的包扎警示，例如通道中伸出的斜立柱表面；洗眼器、紧急救护工作台前方区域。

⑧ 红白地标线，宽度为5~10cm，主要用于传送带转变节点处区域的标示；其他属于禁止自由进出的区域，且不允许临时停留。

（2）地标线设定标准及要求

仓库里进行区域布局时，一般用各种地标线进行标识，对于什么区域用什么样的地标线，行业上没有特别强制性的规定，长期以来行业形成的较为统一的标准如表 1-1-3 地标线设定标准及要求。

表 1-1-3　地标线设定标准及要求

类别	作用	颜色	幅宽/cm	间隔/cm	线型	示例
通道线	标识通道、作业区的线，禁止踩踏、跨越	黄色	8	—	实线	
	人行道	绿色	8	—	实线	
通行线	标识通道左侧通行或右侧通行的线，用以指明行进方向，要有一定的间隔或划在转角附近	黄色	根据需要	根据需要	箭头	
虎斑线	标识危险地点、区域的线，如移载平台、转盘、吊钩、卷帘门下沿 20cm、配电盘区域、试验平台区域、压力容器区域等的区域划线	黄黑相间	8	10	实线	
放置场线	标识在制品放置场所与作业平台的线	白色	5	—	实线	
作业区	饮水区、作业区域划线	绿色	5	—	实线	
消防区	废品区、消防区域划线	红色	8	—	实线	
暂存区	等处理区，暂存区域划线	蓝色	5	—	实线	

【模块测评】

一、单项选择题（以下各题有且只有一个正确答案，请将正确答案的代号填在括号里）

1. 利用仓库及相关设施设备进行物品的入库、存储、出库的活动（　　）。
   A. 仓储　　　　　B. 存储　　　　　C. 储备　　　　　D. 保管

2. 外国企业的货物可以免税进出这类仓库而办理海关申报手续，而且经过批准后，可以在仓库内对货物进行加工、存储等作业的仓库是（　　）。
   A. 加工仓库　　　B. 批发仓库　　　C. 储备仓库　　　D. 保税仓库

3. （　　）处于货物运输系统的中间环节，存放那些等待转运的货物，一般货物在此仅做临时停放,这一类仓库一般设置在公路、铁路的场站和水路运输的港口码头附近,以方便货物在此等待装运。

A. 中转仓库　　　B. 批发仓库　　　C. 零售仓库　　　D. 采购供应仓库

4. 圆木、竹排等能够在水面上漂浮的物品,它们可以储存在(　　)。

A. 冷藏仓库　　　B. 危险品仓库　　C. 水面仓库　　　D. 恒温仓库

5. 一般大宗原材料,或者不怕受潮的货物适宜堆放在(　　)。

A. 露天堆场　　　B. 立体仓库　　　C. 自动化仓库　　D. 筒仓

6. 自动化立体仓简称(　　),也称为自动存取系统。

A. 立库　　　　　B. 筒仓　　　　　C. 智库　　　　　D. 多层库

7. (　　)是机械和电气、强电控制和弱电控制相结合的产品。它主要由货物储存系统、货物存取和输送系统、管理和控制系统三大系统组成,还有与之配套的建筑设施、供电系统、空调系统、消防报警系统、称重计量系统、信息通信系统等土建工程和辅助设施。

A. AGV 智能仓库　　　　　　　　B. 声光拣选仓库
C. 机械化仓库　　　　　　　　　D. 自动化立体仓库

8. (　　)是清除仓库内的脏污,并防止污染的发生,消除"脏污",保持仓库干干净净、明明亮亮。

A. 清扫　　　　　B. 整理　　　　　C. 整顿　　　　　D. 清洁

9. 以下不属于仓储管理 8S 管理目的的是(　　)。

A. 提升企业文化素养　　　　　　B. 消除安全隐患
C. 节约成本和时间　　　　　　　D. 提高运输的效益

10. 以实用、高效、便捷、经济、数字和系统的建设方式为原则,集成智能化技术,使仓储系统能模仿人的智能,具有思维、感知、学习、推理判断和自行解决仓储中某些问题的能力,实现仓储管理各种自动化功能,实现人机互动,完成准确和高效的订单处理、收货、库存管理、分拣、出库和配送控制及门店物流联动的现代化物流活动称之为(　　)。

A. 智慧物流　　　B. 智慧仓配　　　C. 智慧配送　　　D. 智慧储备

11. 库房的使用面积为库房建筑面积减去外墙、内柱、间隔墙及固定设施等所占的面积称之为(　　)。

A. 仓库建筑面积　　　　　　　　B. 仓库使用面积
C. 仓库有效面积　　　　　　　　D. 仓库实用面积

12. 仓库布局时 8S 地标线的宽度一般为(　　)。

A. 3～5cm　　　B. 6～10cm　　　C. 5～8cm　　　D. 5～10cm

13. 绿色地标线一般靠通道(　　)。

A. 内侧　　　　　B. 外侧　　　　　C. 中间　　　　　D. 两端

14. 主要用于消防和紧急情况处理设施存放的地标线是(　　)。

A. 绿色地标线　　B. 黄色地标线　　C. 红色地标线　　D. 白色地标线

15. 能够满足多种流通加工处理工序的需要，适合在仓库宽度不足的时候进行作业，可与I型动线结合在一起使用称之为（　　）。

  A. I型　　　　　B. L型　　　　　C. U型　　　　　D. S型

16. 使用同一通道供车辆出入，更有效利用物流中心外围空间，可以集中货台管理，减少货台监管人员数目，易于控制和安全防范的动线是（　　）。

  A. I型　　　　　B. L型　　　　　C. U型　　　　　D. S型

17. 货垛或货架的长度方向与仓库的侧墙互相垂直称之为（　　）。

  A. 横列式布局　　B. 纵横式布局　　C. 倾斜式布局　　D. 纵列式布局

18. 用于品种单一、批量大、用托盘单元装载、就地码放、使用叉车搬运的货物的货垛布局方式称之为（　　）。

  A. 横列式布局　　B. 纵横式布局　　C. 倾斜式布局　　D. 纵列式布局

19. 货物进入流通领域时进行包装、分割、计量、分拣、刷标志、贴标准、组装等简单作业的场所称为（　　）。

  A. 流通加工区　　　　　　　　　　B. 分拣区
  C. 收货区　　　　　　　　　　　　D. 检验区

20. 地标线主要用于规范车间仓库通道和区域的警示画线操作使用，便于车间仓库的8S管理，它的宽度一般为（　　）。

  A. 5～10cm　　　B. 10～15cm　　　C. 6～8cm　　　D. 3～5cm

二、多项选择题（以下各题，有2个或2个以上的答案，请将正确答案的代号填在括号里）

1. 按仓库用途来分类，仓库可分为（　　）。

  A. 采购供应仓库　　　　　　　　B. 批发仓库和零售仓库
  C. 加工仓库和保税仓库　　　　　D. 储备仓库和中转仓库

2. 按保管货物的特性分类，仓库可分为（　　）。

  A. 原料仓库和产品仓库　　　　　B. 冷藏仓库和恒温仓库
  C. 危险品仓库　　　　　　　　　D. 水面仓库

3. 按照仓库的构造来分类，仓库可分为（　　）。

  A. 单层仓库和多层仓库　　　　　B. 简仓
  C. 立体仓库　　　　　　　　　　D. 露天堆场

4. 按仓库的管理体制分类，根据仓库隶属关系的不同，仓库可以分为（　　）。

  A. 自用仓库　　B. 集体仓库　　C. 企业仓库　　D. 公用仓库

5. 以下货物适宜储存在简仓的有（　　）。

  A. 粮食　　　　B. 水泥　　　　C. 化肥　　　　D. 大豆

6. 以下货物适宜储存在冷藏仓库的有（　　）。

  A. 药品　　　　B. 农副产品　　C. 服装　　　　D. 电器

7. 以下（　　）可以设置中转仓库。

  A. 公路场站　　　　　　　　　　B. 铁路场站

C. 水路运输的港口　　　　　　　　D. 高速公路路口

8. 仓储的作业流程主要包括（　　）。
A. 入库作业　　B. 在库作业　　C. 出库作业　　D. 配送作业

9. 以下属于入库作业的是（　　）。
A. 到货入库　　B. 验收作业　　C. 库存管理　　D. 上架作业

10. 以下属于在库作业的是（　　）。
A. 补货作业　　B. 移库作业　　C. 盘点作业　　D. 维护保养

11. 以下属于出库作业的是（　　）。
A. 出库准备　　B. 拣货作业　　C. 货物发运　　D. 退货作业

12. 仓储管理的8S原则的内容包括（　　）。
A. 整理和整顿　　B. 清扫和清洁　　C. 素养安全　　D. 节约和学习

13. 以下属于物流活动中常用的信息系统的是（　　）。
A. 仓储管理信息系统　　　　　　B. 物流运输管理信息系统
C. 订单管理信息系统　　　　　　D. 电子订货系统和电子数据交换系统

14. 物流产业从大的方面来说主要由（　　）构成。
A. 货运业　　B. 储运业　　C. 货代业　　D. 配送业

15. 仓库使用面积也就是仓库内可用来存放商品的面积之和，以下属于仓库使用面积的是（　　）。
A. 库房面积　　B. 货棚面积　　C. 货场面积　　D. 外墙面积

16. 业内对仓库通道的设计有各种标准，类别也有很多，根据主次不同，可分为主道和支道。根据功能不同可分为（　　）。
A. 出入库通道　　B. 消防通道　　C. 生产通道　　D. 人行通道

17. 地标线主要用于规范车间仓库通道和区域的警示画线操作使用，便于车间仓库的8S管理。常用地标线分单色、双色两种。单色地标线主要有绿、橙、白、蓝、红、黄等。双色地标线主要有（　　）。
A. 黄黑　　B. 白蓝　　C. 红白　　D. 红黄

18. 按照仓储作业的功能特点以及ISO 9000国际质量体系认证的要求。库房存储区域可划分为（　　）。
A. 待检区　　　　　　　　　　　B. 待处理区
C. 不合格品隔离区　　　　　　　D. 合格品存储

19. 在仓库作业区布局中考虑的优先原则是货物的快速移动原则，以下属于货物在仓库中移动时的步骤的是（　　）。
A. 收货　　B. 储存　　C. 拣货　　D. 发货

20. 仓库作业区布局依据货物流动方式有4种布局方式，分别是（　　）。
A. I型　　B. L型　　C. U型　　D. S型

三、判断题（正确的在前面括号里打"√"，错误的打"×"）
（　　）1. 随着智慧智能物流的发展，传统仓库必定全部消失。

（　　）2. 仓储业是物流行业的重要组成部分，在物流系统中起着至关重要的作用。

（　　）3. 立体仓库又被称为高架仓库，它也是一种单层仓库，但同一般的单层仓库的不同在于它利用高层货架来储存货物，而不是简单地将货物堆积在库房地面上。

（　　）4. 筒仓就是用于存放散装的小颗粒或粉末状货物的封闭式仓库。

（　　）5. 恒温仓库和冷藏仓库一样也是用来储存对于储藏温度有要求的产品。

（　　）6. 危险品由于可能对于人体以及环境造成危险，因此在此类物品的储存方面一般会有特定的要求，例如许多化学用品就是危险品，他们的储存有特定要求。

（　　）7. 一般具有产品加工能力的仓库被称为加工仓库，它不具有储存功能。

（　　）8. "TMS"就是仓储管理系统。

（　　）9. 物流管理信息系统也称物流信息系统是由人员、计算机硬件、软件、网络通信设备及其他办公设备组成的人机交互系统。它的主要功能是从事数据收集、信息存储、信息传输和信息处理。

（　　）10. 仓储管理系统关注的核心理念是高效的任务执行和流程规划策略。

（　　）11. 订单管理系统的主要功能是通过统一订单提供用户整合的一站式供应链服务，订单管理以及订单跟踪管理能够使用户的物流服务得到全程的满足。

（　　）12. EOS 系统能处理从新商品资料的说明直到会计结算等所有商品交易过程中的作业，但 EOS 仅仅只涵盖了物流的部分作业。

（　　）13. 由于使用 EDI 能有效地减少直到最终消除贸易过程中的纸面单证，因而 EDI 也被俗称为"无纸交易"。

（　　）14. 仓储型物流企业是以从事仓储业务为主，为客户提供货品储存、保管、中转等仓储服务，也为客户提供配送、商品经销、流通加工等其他服务，运用信息系统对货物进行查询、监控等。

（　　）15. 物流企业只有做到技术快速进步、服务快速迭代，才能使自身极大提升市场竞争力。

（　　）16. 物流企业岗位的设置往往取决于物流企业的业务类型、规模和管理模式，不同类型的物流企业、同一类型但不同规模的物流企业以及同类型同规模但不同管理模式的物流企业对同一类岗位的设置和岗位的要求都不一样。

（　　）17. 进行仓库的规划与设计时，不管什么性质的仓库，所有的区域都要面面俱到地进行设置。

(　　)18.仓库布局是指对仓库的各个组成部分,如通道、收货区、暂存区、发货区、储存区、办公区和五距等在规定的范围内进行平面和立体的合理安排和整体设计,对整个仓库既有设施进行全面规划。

(　　)19.一般的平顶楼房,顶距为30cm以上;人字形屋顶,堆货顶面以不超过横梁为准。

(　　)20.仓储的货位布局是指货垛或货架摆放的方式,一般来说分为垂直式布局和倾斜式布局。

四、简答题

1. 简述仓储在物流中的作用。
2. 在仓库规划中,物流业内人士对于物品堆放有着多种标准,请你简述最为常见的"安全五距标准"。
3. 简述仓储分区分类管理的原则。
4. 简述仓储分区分类管理的意义。
5. 不同的库区由于经营产品或物流模式不同,区域的划分也有不同,请你简要说明。
6. 简述 I 型动线的优点和不足。
7. 简述 U 型动线的优点和不足。
8. 什么叫地标线,简述仓库布局时有哪些类型的地标线,主要宽度和运用于什么场所?

五、实务题

1. 现有一仓库,长60m,宽40m,一条主走道为2m,三条支走道分别为2m,外墙厚度为1m,外墙距为1m。要求在上述仓库库内设置2台电梯(3m×3m),10根立柱(0.6m×0.6m)。计算(1)建筑面积;(2)主走道面积;(3)支道面积;(4)外墙面积;(5)仓库使用面积;(6)库房有效面积;(7)面积有效率。(图1-1-26为参考示意图,不含电梯和立柱)

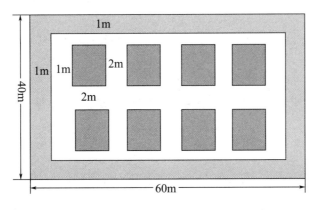

图1-1-26　参考示意图

2. 根据图示填写表1-1-4中仓库"五距"分别的名称和距离要求。

表 1-1-4 仓库"五距"分别的名称和距离要求

图示	序号	名称	距离要求
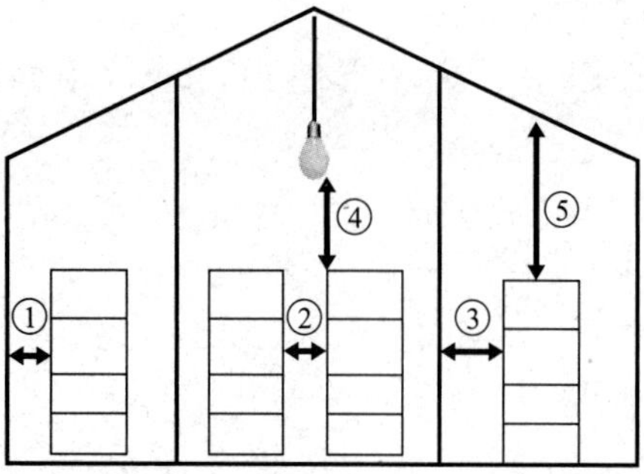	①		
	②		
	③		
	④		
	⑤		

模块二

智慧仓配入库

【学习背景】>>>

　　某物流公司智慧仓配 4 月份的订货需求预计在 4 月中旬到货，但由于特殊原因，到货时间调整为 4 月 25 日。本次到货的商品包含家用电器、电子设备、计算机外部设备、益智玩具、服饰等，涉及品类丰富，需储存在不同仓储区域，如立体仓、AGV 仓、声光拣选仓、人工拣选仓等，该物流公司智慧仓配已做好商品入库准备，静待到货。

　　2020 年至 2023 年间，智慧仓配解决了传统人工仓储需使用大量人力进行仓储工作的问题，依赖人工经验管理仓储。此外，人工上岗前需投入长时间进行培训，操作过程效率低易出错。智能化仓储的出现使得板块之间、系统之间的数据相互共享，可以更好地处理工作问题。

【学习目标】>>>

　　通过本章的学习，学生能够掌握智慧仓配入库作业流程的专业知识，利用现代智能设备从事仓储入库的活动、分析入库环节中数据的变动，培养学生的数据分析和应用能力。通过到货预约、安排货位、验收货物和入库上架流程的业务操作，了解企业实际工作中的业务场景和应用。在学习过程中培养学生掌握入库流程的知识和技能，提升综合管理和运营仓库的能力，培养专业情怀。

❖ 知识目标

1. 了解月台的定义、分类和功能；
2. 掌握到货预约的流程及操作；
3. 掌握货位的编码方法及安排货位的原则；
4. 掌握仓库收货的流程及堆码的方法；
5. 掌握货物验收的方法及问题货物的处理方式。

❖ 能力目标

1. 能根据不同仓库的需求对货位进行编码；

2. 能对不同规格的货物进行堆码及码盘规格计算；
3. 能根据不同的货物进行入库验收并能处理有问题的商品。

❖ **素养目标**
1. 培养学生树立良好的物流流程意识，遵守规章制度；
2. 培养学生认真细致、精益求精的工匠精神。

【案例导读】 >>>

随着数字经济的发展，物流行业利用数字孪生仓储，建立基于仓库空间数据和设施数据构建仓库立体虚拟模型，并模拟物资、人员和物料搬运设备的移动，根据仓库存储实体大小、数量以及存储特性等数据，为构建最优智慧仓配规划布局提供数据支撑，提高空间利用率和作业效率。

智慧物流仓配中心，是物流的关键节点，也是目前物流业内，最普遍的适合数字孪生的应用场景。数字孪生仓储通过 API 数据接口，连接海量的物联网、大数据等，可通过 2D 数据面板信息实时了解物流仓储的运行情况及货物情况。对入库或出库的物资进行规则编码，编辑自动和管理后台数据进行绑定，利用大数据分析，运维人员无须到现场即可通过平台实现仓库出入库及库存盘点的数据管理，使仓储数据实时化、透明化，提高各方协调统筹，提升仓储效益等。

【知识任务】 >>>

任务一　到货预约

到货是仓储中常规且频繁的工作之一,为了保证入库库存的准确性和提升作业效率,需要在熟悉月台整体运营安排的情况下根据供应商的预约到货申请分配好相应的月台,做好到货入库前的预约准备工作。

一、分配月台

1. ASN 的定义及作用

货物实际发货前会先进行送货预约,每一单货物系统会生成 ASN 号码,这是送货员的送货凭证。

ASN（Advanced Shipping Note）叫预先发货清单,也叫提前发货通知或预约到货清单,是生产厂家或批发商在发货时利用电子通信网络提前向购买商传送货物的明细清单。这样购买商事前可以做好货物进货准备工作,同时可以省去货物数据的输入作业,使商品检验作业效率提高。购买商也可以凭借此清单核对订单交货数量、剩余数量等,及时更正数量上的错误。ASN 创建后会由系统给出号码,此 ASN 号码需标注到送货人员所持单据,仓库以 ASN 号码作为收货依据。送货单示例见图 1-2-1。

某物流公司
送货单

送货单号：ASN202005016574
供应商：天目飞行科技公司　　　　　　　　　到货日期：2020年5月01日

序号	商品名称	规格型号	单位	数量	货物编号	预计到货时间
1	无人机（16件）	无人机SQ983-DW	架	480	902002816-1	2020年5月1日8:00-10:00
2						

图 1-2-1　送货单示例

2. 月台的定义、作用和分类

（1）月台的定义。月台也称为进出货站台,它是指与仓库相连的线路或进入到仓库内部的线路,以及线路与仓库的连接点。月台是物流园区货物的入口,也是货物的出口,是进出货的必经之地。

（2）月台的作用。月台的基本作用是装卸货物、进出库货物暂存、车辆停靠,同时实现网络中线与节点的衔接转换。它设置的基本目的是使货物装卸作业高效、有序、省力。月台设施既是园区库房运行的基本保证条件，又是库房高效运作不可忽视的场所。

（3）仓库月台的分类。

① 按月台形状分为 U 型月台、L 型月台、I 型月台和锯齿型月台（见表1-2-1）。

表 1-2-1 仓库月台的分类

月台类型	说明
U 型月台	收货月台和发货月台位于仓库的同一区域
L 型月台	L 型的物流动线从收货暂存到发货区域中间隔着储存区。储存区会有多个通道"流往"其中的一个月台
I 型月台	I 型的月台布置中，物料必须通过整个仓库的作业区域到达发货场地。这种方式需要更多的员工和月台设施，需要更多的投资
锯齿型月台	适用于货车回转空间较小的情形，货车可由尾端或侧端装卸货，主要缺点是占用较多的建筑物空间

② 按作业区域配置形态分为集中型月台和分散型月台。

集中型：仓库或物流中心只有一个月台区域，而且在较小的仓库或物流中心，出库及进库是合并的。在较大的仓库或物流中心，进货及出货就可能分开但相邻在一起。这种集中型的月台规划方式，可以降低监管成本及有效运用仓管人员及设备。这种类型月台，外部货车作业空间要以最大型的货车来规划。

分散型：因及时库存管理的要求，有普遍发展的趋势。这种安排方式是将好几个月台分散于厂房的四周，而每一个月台配合特定的产品线或作业区域。

3. 分配月台的意义及技巧

（1）分配月台的意义。能有序安排仓库作业、避免仓库不必要的拥堵、提高仓库利用率、降低操作出错率，提高仓储作业效率。效率是物流业的核心竞争优势之一，也是企业物流精益化管理的目标之一。衔接匹配示意图见图1-2-2。

如果无法实现衔接和匹配：

① 仓库事先无准确到货预报，无法提前安排仓库及劳动力资源，无法有序安排仓库作业。

图 1-2-2 衔接匹配示意图

② 装卸车辆事先不知道月台情况，导致盲目等待、盲目进场，运输和仓储无法联动，造成仓库拥堵。

③ 人工现场调度，月台不能高效利用。

④ 双方邮件、电话沟通月台预约效率低下、易出错。

（2）分配月台的技巧。

① 做好车辆进场的计划，根据仓库每个月台的装卸能力合理分配装卸资源、货车进场时间和月台位置。较理想的状态是：仓库根据车辆的提货计划提前备货并配备装卸资源，货车按约定的时间进场，快速装卸货物后继续上路。

② 确保运输和仓储双方订单信息的链接与协同。承运商应提前1~2天向仓库预约，提交预装卸货信息、司机及车辆信息、装卸货时间等关键数据。及时了解月台状态，根据月台状态信息安排车辆进场计划。生成的提卸货申请同步至货主的WMS管理系统。仓库操作人员受理预约申请后，核实预约信息并根据月台情况给予确认或另行建议预约时间。反馈信息同步反馈给各方后，最终生成一张预约装卸货的订单。仓库根据订单信息提前安排道口和装卸资源。司机要按照约定时间前往仓库，无须在货场长时间等待。

 知识小栏目

> 月台设计的主要原则：能让车辆快速安全通行，不产生交叉会车；月台尺寸要兼顾车辆规格；使货物在月台暂存区与存储区之间有效移动。

二、到货预约的流程

到货预约流程见图1-2-3。根据供应商发来的内容，需要在实训平台中依次完成获取预约单、分配月台、必要时更改已分配的月台、更新预约看板，确认和完成到货预约。

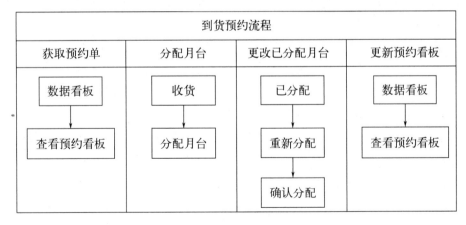

图1-2-3 到货预约流程

任务二　安排货位

货位的设置与优化,是仓储规划和作业的基础工作。货位规划是决定仓库生产率的重要因素。用少量投资,重新规划、调整仓库货位,可以实现提高作业效率、提升用户服务水平的经营目标;将货品位置最优化,可以减少货物搬运的成本,降低货物在存储过程及搬运过程中的损耗,从而降低物流业务本身的成本,提高收益。

一、货位的定义和编码方法

1. 货位的定义

货位是指仓库中货物存放的具体位置,在库区中按地点和功能进行划分,来存放不同类别的货物。对整个仓库进行分区,设置库区后,就可以设置货位了。货位的设置,可以方便仓库中对货物的组织,以及出入库时对货物的管理。

货位规划的原则要求:货位布置要紧凑,提高仓容利用率;便于收货、发货、检查、包装及装卸车,灵活合理;堆垛稳固,操作安全;通道流畅便利,叉车行走距离短。

2. 货位的编码方法

为了记忆与记录的方便,货位应该使用易辨识的记录代码,被称为货位的编号。货位编号好比商品在库的"住址",根据不同的库房条件、商品类别和批量整理的情况,给货物的位置编上号码,起到地址的作用,以便及时、准确地查找货物,以满足仓库有序管理。

货位的编号需要根据实际业务特点来确定,常见的货位编码方法有以下四种。

(1) 区段法:以区段为单位,每个号码所标注代表的货位区域比较大,适用于容易单位化的、大量的或保管周期短快进快出的货物。在ABC分类中的A、B类货物很适合这种编码方式。货物以物流量大小来决定其所占的区段大小;以进出货频率次数来决定其配置顺序。

(2) 品项群法:把一些相关性货物经过集合后,区分成几个品项群,再对每个品项群进行编码。这种编码方式适用于比较容易按商品群类别保管及品牌差距大的货物。例如服饰群、五金群、食品群。

(3) 地址法:利用保管区域中的现成参考单位,例如是库场的第几栋、第几保管区、排、行、层、格等,依照其相关顺序来进行编码。这种编码方式由于所标注代表的区域通常以一个货位为限,且有相对顺序可依循,使用起来容易明了又方便,是目前仓储中心使用最多的编码方式。常用的方法为"三号定位法"和

"四号定位法"。

① 三号定位法：以排为单位的货架货位编号。将库房内所有的货架，以进入库门的方向，自左至右安排编号，继而对每排货架的夹层或格眼，在排的范围内自上至下、自前至后地顺序编号。例如：5号仓库设置8排货架，每排上下4层，共16个格眼，其中第8排货架、第7号格眼用"5-8-7"表示。

② 四号定位法：是采用4个数字号码对应库房（货场）、货架（货区）、列次（货位）、层次（排次）进行统一编号。例如："5-3-2-4"指5号库房/货场、3号货架、第2列、第4层（具体货位）。编号时，为防止出现错觉，可在第一位数字后加上拼音字母"K""C"或"P"来表示，这3个字母分别代表库房、货场、货棚。如13K-15-2-2，即为13号库房、15号货架、第2列、第2层。

（4）坐标法：利用空间概念来编排货位的方式，这种编排方式由于对每个货位定位切割细小，在管理上比较复杂，对于流通率很小，需要长时间存放的货物即一些生命周期较长的货物比较适用。

 知识小栏目

> 仓库的货位规划和编码可根据各仓库的条件、结构、需要，根据已确定的商品分类、保管的方案及仓容定额加以确定。货位编号的方法可根据需要灵活调整，不一定要完全按照上述所列的标准，但无论采用何种方式，货位的摆放往往都需要与主作业通道垂直，以便于存取。

二、货位安排的内涵和原则

1. 货位安排的内涵

货位安排是指在储存空间、储存设备、储存策略、储位编码等一系列前期工作准备就绪之后，用恰当的方法把货品分配到最佳的货位上。合理恰当的货位安排可以为仓库提高作业效率和降低成本，增加货品吞吐量，改善劳动力的使用，减少工伤，能更好地合理利用空间和减少产品的破损。

2. 货位安排的原则

（1）安全、方便、节约。根据货物的性质要求及货位的条件合理安排货位，尽可能地以最小的仓容储存最大限量的商品。

（2）先进先出，缓不围急。先进先出是仓储保管的重要原则，能避免货物超期变质。在货位安排时要避免后进货物围堵先进货物。存期较长的货物不能围堵存期短的货物。

（3）出入库频率高的货物，应用方便作业的货位。对于有持续入库或持续出库的货物，应安排在靠近出口的货位，以方便出入。流动性差的货物，可以离出入口较远；存期短的货物安排在出入口附近。

（4）小票集中、大不围小、重近轻远。多种小批量货物，应合用一个货位或集中在一个货位区，避免夹存在大批量货物的货位中，以便查找。重货应离装卸作业区最近，减少搬运作业量或直接采用装卸设备进行堆垛作业。使用货架时，重货放在货架下层，需要人力搬运的重货，存放在腰部高度的货位。

（5）操作便利性原则和作业量分布均匀。所安排的货位尽可能避免仓库内或同作业线路上同时已有多项作业正在进行，以免相互妨碍。

（6）确保商品安全的原则。为确保商品的安全，在安排货位时，应遵循"四一致"。

① 货物的自然属性、性能应一致。性质互有影响、互抵触或有挥发性、串味的商品，不能同区存储；同一货区储存的商品，要考虑有无虫害感染的可能；存放外包装含水量过高的商品会影响邻垛商品的安全。

② 货物的养护措施应一致。不同类别的货物所要求的温度、湿度光线等养护条件不同，保管条件不同的货物不能存放在一起。如怕潮、易霉、易锈的商品应选择干燥或密封的货位；怕光、怕热、易溶的商品，应选择低温的货位；怕冻的商品，应选择不低于零度的货位；易燃、易爆、有毒、腐蚀性、放射性的危险品，应放在郊区仓库分类存储。

③ 货物的作业手段应一致。作业方法不同的货物不能存放在一起。

④ 货物的消防方法应一致。消防灭火方法不同的商品，要分开储存。

> **知识小栏目**
>
> 在仓库投入使用初期，就要开始货位规划与调整。无论起初的货位规划如何完美，不断改变的经营环境最终会导致目前的规划不再适用。在仓库日常运作中，经营性的事项改变现有货品摆放格局的情况时有发生，还要兼顾消防规定，因此货位调整是日常性工作，避免到问题积累成堆时才着手解决。

任务三 验收货物

货物验收是按验收业务流程、核对凭证等规定的程序和手续,对入库货物进行数量和质量检验的经济技术活动的总称。货物入库验收的目的是做好货物保管保养的基础,验收记录是仓库提出退货、换货和索赔的依据,有利于维护货主的利益。

一、仓库收货的流程

入库作业是仓储部门按照存货方的要求合理组织人力、物力等资源,按照入库作业程序,履行入库作业各环节的职责,及时完成入库任务的工作过程。仓库收货每个公司根据自己的业务有一定的规范流程,流程图见图1-2-4。

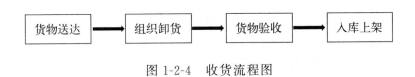

图1-2-4 收货流程图

二、货物送达

1. 货物送达的工作流程及内容

(1) 供应商的送货员(一般是司机)向门卫递交送货凭证,门卫检查凭证后发放库存区通行证,送货员将车辆停靠至指定月台。客服主管或信息员接收同货物一同送达的纸质送货单,核验送货单信息是否与系统送货预约信息一致,并进行单据签收。

(2) 如果没有预约需要判断是否有空,没有空就要进行等待。

(3) 客服主管或信息员签收单据后要及时通知收货主管安排收货,供应商的送货员领取相关收货手续等待卸货通知。

2. 货物送达的工作原则

(1) 先收到,先处理。
(2) 运输车辆到达前必须将单据处理完,保证入库作业的正常进行。
(3) 优先处理距离入库时间最近的订单。
(4) 优先处理入库货运量较小、相对简单的订单。
(5) 优先处理需要紧急入库的商品,如冷冻食品。

三、组织卸货

货物送达后运输车辆在预约分配好的月台停靠好后进行卸货,需将货物卸载至质检区或收货区,等待进行货物抽检和验收。收货人员把货物验收完后要将整托货物进行托盘码放,进行整托收货操作。

物品堆码是指根据物品的特性、包装、规格,在明确物品质量、方便作业和充分利用仓容的前提下合理、灵活地确定堆存方式。

1. 货物的堆码方式

货物堆码方式有散堆方式、垛堆方式和货架存放方式。货物堆垛方式的选择主要取决于货物本身的性质、形状、体积、包装等。一般情况下多平放(卧放),使重心降低,最大接触面向下,这样易于堆码,货垛稳定牢固。

① 散堆方式:多用于露天存放没有包装的大宗货物,如煤炭、矿石、黄沙等,也适用于库内少量存放的谷物、碎料等散装货物。

② 垛堆方式:对于有包装的货物和裸装的计件货物一般采取垛堆法。具体方式有重叠式、压缝式、纵横交错式、通风式、栽柱式、俯仰相间式等。

③ 货架存放方式:是对小件、品种规格多而数量较少,包装简易或脆弱、易损坏、不便堆垛的货物,特别是价值较高并需要经常盘点的货物,应采用货架存放。

2. 货物的托盘堆码方式

(1)常用的托盘堆码方式,见表1-2-2。码盘是根据商品的特性、托盘及货物的尺寸,综合考虑货架的高度及可操作的空间进行的组托作业。

表1-2-2 常见的托盘堆码方式

堆码方式	定义	图示	优点	缺点
重叠式	各层码放方式相同,上下对应,各层之间不交错堆码		操作简单、速度快、方便作业和计数,承载力大	各层之间缺少咬合作用,稳定性差,容易发生塌垛
纵横交错式	相邻两层货物的摆放旋转90°角,一层横向放置,另一层纵向放置,层间纵横交错堆码		操作相对简单,层与层之间有一定的咬合效果,稳定性比重叠式好	咬合度不够,稳定性不足

续表

堆码方式	定义	图示	优点	缺点
旋转交错式（中心留孔式）	同一层中与相邻两边的包装体都互为90°角，上下两层的堆码相差180°角		相邻两层之间咬合交叉，托盘货物稳定性高，相互压缝，不容易塌垛	堆码难度大，中间形成空穴，托盘表面积利用率降低和装载能力下降
正反交错式	同一层中不同列货品互为90°垂直码放，相邻两层的摆放旋转180°角		不同层之间咬合程度较高，相邻层次间相互压缝，稳定性较强	操作较麻烦，人工操作速度慢

单人堆码操作

多人堆码操作

重叠式堆码

旋转交错式堆码

正反交错式堆码

（2）货物堆码的基本要求。

① 合理：适合物品性质特点，便于保管，利于物品先进先出，合理确定"五距"和通道宽度，货物码放时须遵循"大不压小、重不压轻、木不压纸"的原则。

② 牢固：不偏不斜，不歪不倒，要求奇偶压缝、旋转交错、缺口留中；货物码放时按照包装尺寸合理摆放，堆高要互相错缝压碴，保持整托货物的稳定性，保证在地牛和叉车转弯时货物不晃动、不散落，必要时应使用捆扎带。

③ 定量：不得超出有效面积范围，不得超过地坪最大承压能力，不得超过可用高度，每层数量力求定量。

④ 整齐：包装标志须一致向外，排列整齐有序，清洁美观，堆码后四边各成一条直线。

⑤ 安全：堆垛的垛形、垛高、垛位应不影响商品和包装的质量，不影响仓库建筑、设施、人身的安全；货物码放时须符合货物包装上储运图示标志的规定，按文字、箭头方向码放；严禁超高、超重、超限额和倒置、侧置存放。

⑥ 方便：堆垛的垛法，垛形和垛位应便于装卸堆码作业，便于清点，收发作业和不妨碍消防扑救。原则上同一托盘只放同一票货物，不得混放；同一方向

的小票货物可以拼板码放,但拼板时须分开平铺码放,不可上下交叠,以免货物混淆;一票多件货物需要码多个托盘时,应保证各个托盘按照统一规则码放,各托盘码放的货物数量相同。

⑦节约:节省空间,提高仓库利用率。

(3)堆放设备。堆放设备主要包括货箱、托盘等。其中托盘是最常用的堆放设备,目前我国常用的国家标准托盘规格有两种:第一种是1200mm×1000mm;第二种是1100mm×1100mm。优先推荐使用第一种。

(4)装卸设备。装卸设备主要用叉车和手动液压托盘车。

叉车是各种物流作业场所中运用比较广泛的装卸搬运设备,作业对象有集装箱和托盘货品,作业功能可以是垂直堆垛,也可以是水平运输。作业内容包括货品上下货架和装卸货物。选择叉车时主要考虑作业的空间、(包括通道宽度等)叉车本身的标准载重、叉车装卸搬运的高度等,以及货品本身的体积、质量、长度和形状这些参数。

手动液压托盘车是一种在国内外应用广泛的轻小型仓储工业车辆。它是物料搬运不可缺少的辅助工具,适合于狭窄通道和有限空间内的作业,是仓库、超市、车间内装卸和搬运托盘货物的理想工具。它具有使用广泛、机动灵活、效率高等的特点。

知识小栏目

随着智慧智能物流的发展,堆放和装卸设备也越来越智能化。码垛机器人、自动导引车、分拣机器人、自动移动机器人和有轨制导车也广泛运用到仓储活动中来。

(5)码盘规格计算

货架的货位数量取决于需要入库的托盘数量,计算托盘数量时需要考虑的因素包括:

①入库货物的种类及外包装规格;

②货架货位的设计规格;

③托盘规格;

④叉车作业净高要求。

相关计算公式:

托盘货物可码放高度=货架每层高度-货架横梁高度-托盘厚度-叉车上架作业空间

(叉车上架作业空间是指叉车作业空间的预留,一般预留空间≥90mm)

托盘货物的可码放层数=可码放高度/货物的箱包装高度

单位托盘货品量=每层摆放数量×最高摆放层数

托盘数量=货物总数量/单个托盘能摆放的总数量

【例 2-1】 现有某食品用洗洁精 360 箱,外箱包装规格为 190mm×370mm×270mm,托盘规格为 1200mm×1000mm,限高 3 层,计算每层放多少箱货,需要多少个托盘?

解答:如图 1-2-5 和图 1-2-6 所示,按照托盘规格和货物的尺寸,托盘每层可放 15 箱货;

图 1-2-5 奇数层图　　　　　　　　　图 1-2-6 偶数层图

一层放 15 箱货,限高 3 层,每个托盘可以放 15×3=45 箱货;
共 360 箱货,360/45=8,共需要 8 个托盘。

四、货物验收

1. 验收的定义及原则

货物入库验收是指仓库在物品正式入库前,要按照一定的程序和手续,对到库物品进行数量和外观质量的检查,验收合格的货品才可入库。验收是商品保管、保养的基础,有利于避免货物积压,减少经济损失;验收记录是仓库提出退货、换货和索赔的依据。

货物验收的基本原则是及时、准确、严格和经济。

2. 验收的流程

(1) 了解货物相关信息,清楚货物到达时间,做好验收准备;

(2) 检查送达的货物与订单或供应商的单据是否相吻合;

(3) 检验货物的数量、类型、质量及性能并检查货物是否有外部损坏;

(4) 与运货司机确认外观损伤货物以及缺漏的货物;

(5) 确认货物无误后在送货单上签字(见图 1-2-7),填写验收单据。

图 1-2-7 验收货物

3. 验收的方式

验收方式的分类及含义见表 1-2-3。

表 1-2-3　验收方式的分类及含义

验收的方式		分类及含义
对单验收		仓库保管员对照进货通知单的品名、规格、质量、价格等依次逐项检查商品,注意有无单货不符或漏发、错发的现象;保证单单相符,单货相符
数量验收	点件法	适合散装的或非定量包装的物资
	抽验法	从一批产品中随机抽取少量产品进行检验,根据样本中产品的检验结果来推断整批产品的质量。如果推断结果认为该批产品符合预先规定的合格标准,就予以接收;否则就拒收。适合批量大、定量包装的物资
	全面检验法	需对整批产品逐个进行检验,把其中的不合格品拣出来
	检斤换算法	或称检斤求积法,适合物资标准和包装标准的情况
质量验收	外观质量鉴定 看(视觉)	观看物资外表有无变形、裂痕、翘皮、砂眼、变色、虫蛀、污痕、生霉、涂层脱落、氧化、溶解、渗漏、挥发、沉淀、浑浊和破损等现象
	听(听觉)	对易碎物资,如玻璃器皿,摇晃容器,听容器内有无破碎杂音,判断其有无破碎
	摸(触觉)	用手触摸物资的干湿程度,或有无黏结、潮湿、干硬、结块和老化等异状
	嗅(嗅觉)	鼻嗅物资是否已失应有的气味,或有无串味及有无露臭异味(毒害性物品禁止嗅闻)
	外包装的异常状况	①人为的挖洞、开缝。通常是被盗窃的痕迹,或是检验后没封包 ②水渍、潮湿。指雨淋水湿或物资本身出现潮解、渗漏的现象 ③污染。一般是由于配装不当而引起的物资间的相互玷污,或受到其他污物的玷污 ④包装破损。由于包装结构不良,或包装材质不当,或装卸过程中乱摔、乱扔、碰撞等野蛮装卸造成的包装破损

4. 货物验收的设备

验收设备除常用的磅秤、卷尺外,还有无线射频(RF)终端设备在广泛运用。

5. 货物验收比例的考虑因素

(1) 商品价值。商品价值高的抽验比例大;反之则小。有些价值特别大的商品应全验。

(2) 商品的性质。商品性质不稳定或质量易变化的,验收比例大;反之则小。

(3) 气候条件。在雨季或梅雨季节,怕潮商品抽验比例大;在冬季怕冻商品抽验比例大；反之则小。

（4）运输方式和运输工具。对采用容易影响商品质量的运输方式和运输工具运送的商品，抽验比例大；反之则小。

（5）厂商信誉。信誉好的抽验比例小；反之则大。

（6）生产技术。生产技术水平高或流水线生产的商品，产品质量较稳定，抽验比例小；反之则大。

（7）储存时间。储存时间长的商品，抽验比例大；反之则小。

五、问题货物的处理

在验收过程中，可能会遇到一些异常货物不能正常入库，需要采取不同的方法进行处理（见表1-2-4）。

表1-2-4　异常货物的处理方法

验收的异常货物	处理方法
数量不准	数量短缺在磅差允许范围内的，可按原数入账，凡超过规定磅差范围的，应查对核实，验收记录和磅码单交主管部门会同货主向供货单位办理交涉。凡实际数量多于原材料数量的，可由主管部门向供货单位退回多发数量，或补发货款
证件不齐全（或有货无单）	该类到库商品应作为待检商品处理，堆放在待验区，待证件到齐后再进行验收。证件未到之前，不能验收，不能入库
单证不符	供货单位提供的质量证书与进货单、合同不符时，商品待处理，不得动用
价格不符	应按合同规定价格承付，对多收部分应予拒付。如果是总额计算错误，应通知货主及时更改
发错货（如规格不符、品名对不上等）	如发现无进货合同、无任何进货依据，但运输单据上却表明本库为收货人的商品，仓库收货后应及时查找该货的产权部门，并主动与发货人联系，询问该货的来龙去脉，并作为待处理商品，不得动用。依其现状做好记载，待查清后做出处理
质量不符合要求（如破损、污损、生产日期过期、无标签或标签错误等）	在验收商品时，一定要严把质量关。对于不符合质量要求的，一定要求退换，决不能入库，做到入库的商品无任何质量问题
商品未按时到库（如有单无货）	有关证件已到库，但在规定的时间商品尚未到库，应及时向货主查询

任务四　入库上架

一、上架相关设备和概念

1. 上架相关设备

（1）巷道式堆垛机。它是自动化立体仓库进行高层货架货物存取的关键装备，通过运行机构、起升机构和货叉机构的协调工作，完成货物在货架范围内的纵向和横向移动，实现货物的三维立体存取。巷道式堆垛机的分类见表1-2-5，巷道式堆垛机及应用场景见图1-2-8和图1-2-9。

表1-2-5　巷道式堆垛机的分类

分类标准	巷道式堆垛机的分类					
	按金属结构形式	按有无导轨	按用途不同	按高度不同	按驱动方式不同	按自动化程度不同
具体类型	单立柱	有轨	单元型	低层型（5m以下）	上部驱动	手动
	双立柱	无轨	拣选型	中层型（5～15m）	下部驱动	半自动
	/	/	单元-拣选型	高层型（15m以上）	上下部驱动相结合	自动

图1-2-8　巷道式堆垛机

图1-2-9　巷道式堆垛机应用场景

（2）自动导引车AGV（Automated Guided Vehicle），是一种无人自动导引运输车，也被称作"移动式机器人"，集合声、光、电、计算机技术于一体，应用了自动控制理论和机器人技术，装配有电磁或光学等自动性导引装置，能够按照使用设定好的导引路径行驶，具备完成目标识别、避让障碍物和各种移载功能。自动导引车应用场景见图1-2-10。

AGV按导航方式可分为磁导航、光学导航、惯性导航、二维码导航、激光导航、GPS导航等。其中磁导航部署简单、操作方便、成本低廉，是目前使用率最高的导航方式。

图 1-2-10　自动导引车应用场景

仓储业是 AGV 最早应用的场所，世界上首台 AGV 诞生在 1954 年，主要用于出入库货物的自动搬运。AGV 智能仓适用于多品种、小订单分拣需求的仓储作业环境，多应用于电商分拣中心、物流仓库、制造业原料仓库、3C 制造业、烟草、服装、食品、汽车制造等行业，可实现仓储作业的单据和数据全过程监控，并提供仓储作业工作和效率的统计分析。快递业利用 AGV 进行快递的分拣，具有精准、高效、快速的特点，大大节省了各环节的使用时间，推动快递业的自动化发展。在制造业生产线中，AGV 可以准确、灵活地完成物料搬运任务，搬运路线还可以随着生产工艺流程的调整而变更。

（3）货架。货架是陈列、存放货物的架子，是现代化仓库提高效率的重要工具。按货架的使用高度可以分为高层（>15m）、中层（5～15m）和低层（<5m），按承载能力大小大致分为重量型货架、中量型货架以及轻量型货架 3 种形式（见表 1-2-6、图 1-2-11 和图 1-2-12）。具体的尺寸规格选择都是根据仓库的大小与高度，以及所需存储的货物尺寸与重量来决定的。

表 1-2-6　货架的分类

按承载能力大小分类	说明	
轻量型货架	每个单元层能够承载重量为 100～150kg，适合于中小单元、零部件等轻型货物的存储	结构简单，由立柱、横梁、层板组装而成
中量型货架	每个单元层能够承载重量为 200～500kg，适用于中小型仓库存放货物	
重量型货架	承载重量大约为 800kg，结构强度和刚度较大，不易发生变形或破坏，多应用于大型或超大型仓库中	

图 1-2-11　轻量型货架

图 1-2-12　中、重量型货架

（4）叉车。叉车是具有各种叉具，能够对货物进行升降和移动，以及装卸搬运的搬运车辆。叉车在自动化立体仓库中主要承担从货架区到出入库区的搬运工作，用于室内载重量不大的托盘货物搬运，一般使用的是普通电动叉车。

叉车可以分为很多类别，如按动力类型可分为人力叉车、电动叉车和内燃叉车；按工况与功能可分为平衡重式叉车、插腿式叉车、侧面式叉车、前移式叉车、窄巷道叉车、高货位拣选式叉车、集装箱叉车等。图 1-2-13～图 1-2-15 为仓库中常用的三种叉车类型。

图 1-2-13　手动液压叉车

图 1-2-14　半自动液压升降叉车

图 1-2-15　电动叉车

（5）穿梭车。穿梭车（见图 1-2-16）是伴随着自动化物流系统和自动化仓库而产生的设备，它既可作为立体仓库的周边设备，也可作为独立系统。穿梭车可以很方便地与其他物流系统实现自动连接，如出入库站台、各种缓冲站、输送机、升降机和机器人等，按照计划进行物料的输送。穿梭车无须人员操作，运行速度快，显著减少了仓库管理人员的工作量，提高了劳动生产率，使物流系统变得非常简洁。

视频扫一扫

叉车操作技能展示

穿梭车根据其运行轨迹可分为往复式穿梭车和环形穿梭车等；根据轨道形式可分为单轨穿梭车和双轨穿梭车；根据用途可搭载多种移载装置：固定载货台、链式输送机型、辊道输送机型、顶升式和滑动货叉型等。

图 1-2-16 穿梭车

2. 上架的概念及分类

正常仓库在收货动作完成后，接下来就是货物上架，正常上架完成后货物才会进入仓储管理系统。货物上架指的就是将需要放入仓库中存储的货品按照指定的存储规则，运用相关工具存放到对应库位的操作过程。按照待上架货物的类别可以分为以下几种。

（1）收货（采购收货、调拨收货等）上架：一般是上架到存储区，如果没有存储区，就直接放在拣选区。

（2）销退上架：也是收货，但是属于销退回来的。

（3）补货上架：有存储区和拣选区的话，需要从存储区补货到拣选区。

（4）取消单上架：销售订单如果已经完成拣选，但订单消费者取消了，需要放回原先的货架。

（5）移库上架：库房在做货品货位调整的上架，例如根据 ABC 的情况来进行的重新调整。

二、条形码技术

1. 条形码的概念和特点

条形码由一组规则排列的条、空以及对应的字符组成，是一种可扫描识别的标记，"条"指对光线反射率较低的部分，"空"指对光线反射率较高的部分，这些条和空组成的数据表达一定的信息，它是利用光线不同的反射率将信息按照一定的规则分解储存在一段条码中实现大量的信息方便存储。并能够用特定的设备识读，转换成与计算机兼容的二进制和十进制信息。

条形码技术是在计算机应用和实践中产生并发展起来的一种广泛应用于商业、邮政、图书管理、仓储、工业生产过程控制、交通等领域的自动识别技术，具有输入速度快、准确度高、采集信息量大、成本低、可靠性强、灵活实用、易于制作等优点。

视频扫一扫

条形码在生活中的应用

2. 条形码的分类

条形码分为一维码、二维码和复合码（也叫多维码），常用的是一维码和二维码，具体分类见表 1-2-7。

表 1-2-7 条形码的分类

分类	常见类型	范例	
一维码 可标识物品的生产国、制造厂家、商品名称、生产日期、类别等信息	EAN 码 是国际物品编码协会制定的一种商品用条码，通用于全世界，我国的通用商品条码与其等效，日常购买的商品包装上所印的条码一般就是 EAN 码	标准版 EAN-13	6937526503743
		缩短版 EAN-8	6901 2341
	UPC 码 美国统一代码委员会制定的一种商品用条码，主要用于美国和加拿大地区	标准版 UPC-A 码	0 89600 12456 9
		缩短版 UPC-E 码	0 896000 7
	code39 码 可表示数字、字母等信息的条码，主要用于工业、图书及票证的自动化管理		*123ABC*
	code128 广泛应用在企业内部管理、生产流程、物流控制系统方面的条码码制		Aux(124)-TR
	库德巴码（Codabar 码） 可表示数字和字母信息，主要用于医疗卫生、图书情报、物资等领域的自动识别		a000800a
二维码 能在有限空间内存储更多的信息，包括文字、图像、指纹、签名等，可脱离计算机使用	层排式		样例
	矩阵式		样例

三、仓储上架的原则

（1）先进先出原则：每个产品都有自己的保质期，在新的一批货物进行入库上架时，要把原来没出完的货移到外面，把新到的货放到里面去，尽可能地避免出现货物存放过期的情况。

（2）下重上轻的原则：在入库上架时重的货物放在货架下层，比较轻的货物放在货架上层。

（3）周转率对应原则：根据仓库货物日常的储存时间和出入库频率可以得出

各货物的周转率,周转率越大的货物应放在离仓库出入口近的地方,周转率越小的货物应放在离仓库出入口远的地方。

 知识小栏目

仓库货物入库上架管理是一个精益求精的过程,必须时刻思考怎么更快、更优的问题,没有一成不变的规矩,但是有必须遵守的原则:优化空间,提升作业效率,降低库存成本。

四、仓库上架流程

入库的最后一个环节是上架。仓库工作人员提前给待入库的商品分配库位,然后再由上架员将商品上架到指定库位。

人工仓库的上架有两种方式,分别是普通上架和容器上架,它们之间的区别是商品的单件上架还是批量上架,流程为:PDA 扫描商品条码——PDA 扫描库位条码——上架单件商品/容器商品——PDA 提交上架。

 知识小栏目

党的二十大报告指出,推动战略性新兴产业融合集群发展,构建新一代信息技术、人工智能、生物技术、新能源、新材料、高端装备、绿色环保等一批新的增长引擎。构建优质高效的服务业新体系,推动现代服务业同先进制造业、现代农业深度融合。

货物送达-卸货-拆盘打码

散件入库上架

整箱入库上架

整托入库上架

人工仓库入库作业完整流程

【模块测评】 >>>

一、单项选择题(以下各题有且只有一个正确答案,请将正确答案的代号填在括号里)

1.(　　)是 ASN 的中文含义。

    A. 预约到货清单　　　　　　　　B. 收货单
    C. 发货单　　　　　　　　　　　D. 客户订单
  2. 各层码放方式相同,上下对应,各层之间不交错的堆码技术称为(　　)。
    A. 正反交错式　　B. 纵横交错式　　C. 旋转交错式　　D. 重叠式
  3. 托盘货物稳定性高,相互压缝,不容易塌垛,但堆码难度大,中间形成空穴,降低托盘利用率的堆码方式是(　　)。
    A. 旋转交错式　　B. 纵横交错式　　C. 正反交错式　　D. 重叠式
  4. AGV全称Automated Guided Vehicle,其含义是(　　)。
    A. 自动叉车　　B. 自动搬运车　　C. 智能运输车　　D. 自动导引运输车
  5. 巷道式堆垛机有多种类型,按照金属结构的形式,可分单立柱和(　　)。
    A. 单元型　　　B. 双立柱　　　C. 拣选型　　　D. 单元—拣选型
  6. 按照待上架货物的类别可以分为(　　)、销退上架、补货上架、取消单上架、移库上架。
    A. 收货上架　　B. 意外上架　　C. 自动上架　　D. 智能上架
  7. 按照"四号定位法",某货物的存储编号是:1-4-2-3,其中"4"代表(　　)。
    A. 仓位顺序号　　B. 货架层号　　C. 库房号　　　D. 货架号
  8. 在安排储位时,要避免后进货物围堵先进货物,存期较长的货物不能堵住存期较短的货物,这是储位管理原则中的(　　)。
    A. 方便操作原则　　　　　　　　B. 先进先出原则
    C. 大不围小原则　　　　　　　　D. 重近轻远原则
  9. 相邻摆放旋转90°角,一层横向放置,另一层纵向放置,层次之间交错的堆码方式是(　　)。
    A. 纵横交错式　　B. 旋转交错式　　C. 正反交错式　　D. 重叠式
  10. 稳定性最差,容易发生塌垛的堆码方式是(　　)。
    A. 重叠式堆码　　B. 压缝式堆码　　C. 旋转交错式　　D. 纵横交错式
  11. 大量煤炭适合采用的堆码方式是(　　)。
    A. 平台垛　　　B. 行列垛　　　C. 货架法　　　D. 散堆法
  12. 根据货品的不同收发批量、包装外形、性质和盘点方法的要求,利用不同的堆码工具,采取不同的堆码形式,其中,危险品和非危险品的堆码,性质相互抵触的物品应该区分开来,不得混淆,这属于堆码原则中的(　　)。
    A. 充分利用空间原则　　　　　　B. 上轻下重原则
    C. 面向通道原则　　　　　　　　D. 分类存放原则
  13. 适合自动装盘堆码操作的堆码方式是(　　)。
    A. 重叠交错式　　B. 纵横交错式　　C. 旋转交错式　　D. 正反交错式
  14. 装卸搬运车辆中应用最广泛的是(　　)。

A. 手动搬运车　　B. 输送机　　　C. 堆垛起重机　　D. 叉车
15. 用来装卸货物、进出库货物暂存和车辆停靠的区域是（　　）。
A. 月台　　　　　B. 收货区　　　C. 发货区　　　　D. 暂存区
16. 有相对顺序可依循，使用起来容易明了又方便，是目前仓储中心使用最多的编码方式，这是（　　）。
A. 区段法　　　　B. 品项群法　　C. 地址法　　　　D. 坐标法
17. AGV 中部署简单、操作方便、成本低廉，目前使用率最高的导航方式的是（　　）。
A. 磁导航　　　　B. 惯性导航　　C. 二维码导航　　D. 激光导航
18. 以下关于货物验收比例的考虑因素中说法错误的是（　　）。
A. 商品价值高的抽验比例要大　　B. 厂商信誉好的抽验比例要小
C. 储存时间长的抽验比例要小　　D. 商品性质较稳定的抽验比例要小
19. EAN 码是属于（　　）。
A. 二维码　　　　B. 一维码　　　C. 多维码　　　　D. 复合码
20. 以下关于货物存放说法错误的是（　　）。
A. 性质互有影响的货物不能存放在一起
B. 保管条件相同的货物不能存放在一起
C. 作业方法不同的货物不能存放在一起
D. 消防灭火方法不同的货物不能存放在一起

二、多项选择题（以下各题，有 2 个或 2 个以上的答案，请将正确答案的代号填在括号里）

1. 目前我国常用的国家标准托盘规格有（　　）。
A. 1200mm×1000mm　　　　　　B. 1100mm×1100mm
C. 1000mm×1000mm　　　　　　D. 1200mm×1200mm
2. 以下属于货物验收的设备有（　　）。
A. 磅秤　　　　　B. 卷尺　　　　C. 无线射频　　　D. 货架
3. 以下是常见的货位编号方法的是（　　）。
A. 坐标法　　　　B. 地址法　　　C. 区段法　　　　D. 品类群法
4. 分配好月台的意义有（　　）。
A. 提高仓库利用率　　　　　　　B. 避免仓库不必要的拥堵
C. 能有序安排仓库作业　　　　　D. 提高仓储作业效率
5. 储位管理的原则包括（　　）。
A. 重近远轻　　　B. 大不围小　　C. 缓不围急　　　D. 后进先出
6. 下列属于验收作业中可能处理的问题是（　　）。
A. 数量方面　　　B. 退货方面　　C. 资料方面　　　D. 质量方面
7. 在进行货品堆码时，要遵循的原则包括（　　）。

A. 分类存放　　　B. 面向通道　　　C. 上重下轻　　　D. 充分利用空间

8. 以下属于货物堆码的基本要求的有（　　）。

A. 牢固　　　　　B. 整齐　　　　　C. 方便　　　　　D. 节约

9. 以下属于货物验收的基本原则的有（　　）。

A. 及时　　　　　B. 准确　　　　　C. 严格　　　　　D. 经济

10. 以下属于货物验收比例的考虑因素的有（　　）。

A. 商品价值　　　B. 厂商信誉

C. 储存时间　　　D. 运输方式和运输工具

11. 以下属于条形码技术的优点有（　　）。

A. 准确度高　　　B. 采集信息量大　　C. 成本高　　　　D. 可靠性强

12. 月台设计的主要原则有（　　）。

A. 让车辆快速安全通行

B. 尺寸要兼顾车辆规格

C. 尽可能地节省月台建设成本

D. 使货物在月台暂存区与存储区之间有效移动

13. 以下关于货位安排的原则正确的有（　　）。

A. 先进先出，缓不围急　　　　　B. 安全、方便、节约

C. 小票集中、大不围小　　　　　D. 上重下轻

14. 以下关于货物送达时的工作原则正确的有（　　）。

A. 优先处理入库货运量较小、相对简单的订单

B. 先收到，先处理

C. 优先处理距离入库时间最近的订单

D. 优先处理需要紧急入库的商品

15. 货物的堆码方式有（　　）。

A. 桶装　　　　　B. 堆垛　　　　　C. 货架存放　　　D. 散堆

16. 关于货物堆码正确的说法是（　　）。

A. 货物码放时须遵循重不压轻、木不压纸的原则

B. 包装标志须一致向外

C. 为了能节省空间能堆得越高越好

D. 要不偏不斜，不歪不倒

17. 以下属于数量验收的方法的有（　　）。

A. 对单验收　　　B. 点件法　　　　C. 抽验法　　　　D. 检斤换算法

18. 验收的方法包括（　　）。

A. 数量验收　　　B. 质量验收　　　C. 对单验收　　　D. 目测

19. 验收货物可能出现的问题有（　　）。

A. 数量不准　　　B. 价格不符　　　C. 证件不齐全　　D. 品名对不上

20. AGV 按导航方式可分为（　　　）。
A. 磁导航　　　　B. 惯性导航　　　C. 激光导航　　　D. 激光导航

三、判断题（正确的在前面括号里打"√"，错误的打"×"）

（　　）1. ASN 是指预先发货清单，也叫提前发货通知或预约到货清单。

（　　）2. 一个月台可以供多个客户使用，也就是说月台上不同客户的货物可以混堆在一起。

（　　）3. 在进行货品堆码时，货垛和货位的一面与通道相连，并使货物的正面面向通道，以便查看货物包装上的标注和对其直接作业。

（　　）4. 我国商品仓库多采用四号定位法，即由库房号、货架号、货架层号和仓位顺序号四组号数来表示一个储位。

（　　）5. 储位管理原则要求小量集中、大不围小、重近轻远。

（　　）6. 凡货品进入仓库储存，必须经过检查验收，验收合格的货品才可入库。

（　　）7. 在仓储到货入库环节进行货品验收时，如果发现货品品种或数量少时，应拒收。

（　　）8. 堆码货物时应遵循重货置上、轻货置下的规则。

（　　）9. 在堆码过程中，要根据物品的性质、形状、质量等因素，结合仓库储存条件，将物品堆码成一定的货垛。

（　　）10. 叉车是广泛应用于各种物流作业场所的装卸搬运设备，可以垂直堆垛，也可以水平运输。

（　　）11. 托盘是最常用的具有装卸、搬运双重功能的装卸搬运装备。

（　　）12. 在仓储到货入库环节进行货品验收时，如果发现货品品种或数量少时，应拒收。

（　　）13. 客户收货时发现配送货品在数量、质量等方面存在问题，拒收货物时，配送人员应当先与客户协商，将货物暂存在客户处。

（　　）14. 货物质量的感官检查范围只能是在包装外表。

（　　）15. 物品质量不符合规定要求的，应及时向供货单位办理退货、换货。

（　　）16. 自动导引车是一种无人驾驶的自动导引运输车。

（　　）17. 条形码是由一组规则排列的条、空及其对应字符组成的，用以表示一定信息的标识；发射率低的称为空，发射率高的称为条。

（　　）18. 入库的最后一个环节是上架。

（　　）19. 周转率越大的货物应放在离仓库出入口越远的地方。

（　　）20. 仓库货位的编号一旦确定就不能再进行更改了。

四、简答题

1. 简述货物堆码的基本要求。

2. 简述货位编码的几种常用方法。
3. 简述货位安排的原则。
4. 常用的托盘堆码方式有哪几种？
5. 验收的方式有哪几种？

五、实务题

现有某食品用洗洁精 500 箱，外箱包装规格为 350mm×350mm×245mm，托盘规格为 1200mm×1000mm，限高 3 层，计算每层放多少箱货，需要多少个托盘？

模块三

智慧仓配在库管理

【学习背景】 >>>

某物流公司智慧仓配是集立体仓库、AGV 仓库、声光拣选仓库、人工拣选仓库为一体的综合型智慧仓配企业。企业采用的是订单驱动的物流策略,企业的主要业务流程包括:入库流程,即预约、收货、质检、上架;出库流程,即订单处理、拣货、分拣、复核、包装、发货;库存管理,即理货、移库、补货、盘点。在仓储管理业务中,利用 RFID、网络通信、信息系统等智能技术及先进的管理方法,实现货物入库、盘库、移库、补货和出库管理等信息的自动抓取、自动识别、自动预警及智能管理功能,以降低仓储成本、提高仓储效率、提升仓储智慧管理能力。

【学习目标】 >>>

通过本模块的学习,学生能够掌握物流企业仓储岗位操作真实的业务流程,从知识到技能,从理论到实操,从概念到实际,由浅入深。通过仓库温湿度、安全管理以及养护的学习,以实现对库存商品的优质保管;通过"岗课赛证"融通,将课程知识点与考证知识点结合,加入现代物流综合作业赛项竞赛内容,让学生理解移库和补货的概念后对知识进行内化,了解移库的原因和补货的类型,在学中用,在用中学,对知识进行融会贯通,能够根据企业任务案例进行对应的移库和补货操作,结合竞赛与考证的题目,对知识点进行升华;通过学习仓库盘点方法,将库存控制在合理的范围内并将临期商品、库存多货、库存少货等库存问题进行账面库存数据调整,以实现库存合理化的目标。在学习过程中融入思政元素,整体培养学生严谨高效的工作态度,随机应变的创新思维和精益求精的工匠精神。

❖ 知识目标
 1. 掌握商品温湿度管理以及养护方法;
 2. 理解移库和补货的概念;
 3. 了解移库的原因、移库的异常情况与不同的补货类型和补货的异常情况;

4. 了解移库和补货的操作流程；
5. 理解不同方式的盘点内容及流程。

❖ 能力目标

1. 能够根据不同商品的存放、养护要求，进行仓库温湿度控制、安全管理以及养护；
2. 能够根据不同的移库原因，按照移库的流程，进行对应的移库作业；
3. 能够根据实际情况，进行对应的补货计算并按要求进行补货；
4. 能够创建盘点任务，记录实盘数据，查看盘点报告并对盘点的异常情况进行盘点差异处理。

❖ 素养目标

1. 培养学生严谨细致高效的团队合作工作态度；
2. 培养学生随机应变的创新思维和精益求精的工匠精神。

【案例导读】

党的二十大报告提出，我们要坚持以推动高质量发展为主题，把实施扩大内需战略同深化供给侧结构性改革有机结合起来，增强国内大循环内生动力和可靠性，提升国际循环质量和水平，加快建设现代化经济体系，着力提高全要素生产率，着力提升产业链供应链韧性和安全水平，着力推进城乡融合和区域协调发展，推动经济实现质的有效提升和量的合理增长。同时指出，建设现代化产业体系。坚持把发展经济的着力点放在实体经济上，推进新型工业化，加快建设制造强国、质量强国、航天强国、交通强国、网络强国、数字中国。

21世纪的经济社会呈现出信息爆炸式增长、技术飞速进步的特征，企业如何在当今复杂多变的经济社会中作出更快、更准的决策，不断寻求优化空间、增强内外部协同能力，具备其他企业无可比拟的竞争优势，无疑需要依赖数字化供应链战略的推进，移库和补货都属于仓储作业中在库管理的环节，而库存整理与及时补货，属于企业内部业务操作，高效地移库与及时补货，能够为企业高效运作、保质增效提供强有力的保证，同时也体现了企业数字化供应链战略的推进，适应行业发展趋势，响应国家战略需求。加快探索发展无人仓、无人分拣、配送机器人、智能配送站等全流程无人配送业务，大幅节约资源能源。加强科技创新，打造智慧低碳供应链。未来可进一步利用科技创新手段提升流通各环节各领域数字化水平，丰富物联网、云计算、大数据等技术应用场景，打造绿色化、智能化、信息化的物流产业链。

【知识任务】

任务一　仓库的温湿度、安全管理和养护

仓库温度与湿度对多数商品的养护都是至关重要的，仓库温湿度控制是仓储管理中非常重要的一环，温湿度控制是仓库管理的基本手段和保证，加强对仓库温湿度的测量及管理，可以更有效地对仓库及库存货物进行更加完善的管理。

一、仓库的温湿度管理

1. 温度与湿度的相关概念

要做好仓库温湿度管理工作，首先要学习和掌握空气温湿度的基本概念。

（1）温度。温度是表示物体冷热程度的物理量，微观上来讲是物体分子热运动的剧烈程度。温度即大气温度，是指空气的冷热程度，俗称气温。一般而言，距地面越远气温越低；距地面越近气温越高。

（2）湿度。湿度是表示大气干燥程度的物理量，空气湿度是指空气中水汽含量的多少或空气干湿的程度。在一定的温度下一定容积的空气里含有的水汽越少，则空气越干燥；水汽越多，则空气越潮湿。表示空气湿度主要有以下几种方法。

① 绝对湿度。绝对湿度是指单位容积的空气里所含的水汽量，一般以克为单位。温度对绝对湿度有着直接影响。一般情况下，温度越高，水汽蒸发得越多，绝对湿度就越大；相反，绝对湿度就越小。

② 饱和湿度。饱和湿度是表示在一定温度下，单位容积空气中所能容纳的水汽量的最大限度。如果超过这个限度，多余的水蒸气就会凝结，变成水滴。此时的空气湿度便称为饱和湿度。

饱和湿度并不是固定不变的，它随着温度的升高而增大，随温度的降低而减小。

③ 相对湿度。相对湿度是指空气中实际含有的水蒸气量（绝对湿度）距离饱和状态（饱和湿度）程度的百分比。即在一定温度下，绝对湿度占饱和湿度的百分数，相对湿度是用百分率来表示的，公式为：

$$相对湿度 = 绝对湿度 / 饱和湿度 \times 100\%$$
$$绝对湿度 = 饱和湿度 \times 相对湿度$$

相对湿度越大，表示空气越潮湿；相对湿度越小，表示空气越干燥。

④ 露点。当含有一定数量水蒸气的空气的温度下降到一定程度时，所含水蒸气就会达到饱和并开始液化成水，这种现象称为结露。水蒸气开始液化成水的温度称为露点温度，简称露点。

如果温度继续下降到露点以下，空气中的水蒸气就会凝集在物体的表面上，

俗称"出汗"，有时可以看到在一些表面光滑、导热较快的金属制品、水泥地或石块上有一些水珠，就是这种现象。

2. 库内外温湿度的变化

库外温度即库外露天的温度，即气温，通常是指距离地面 1.5m 处高度的气温；仓库里的温度一般叫作库内温度，简称库温；货垛物品的温度叫作垛温。

气温是经常变化的，库内温度的变化主要受大气温度的影响，库内气温的变化与库外气温的变化规律大致相同。春、夏季节，气温直线上升时，库温通常低于库外气温；秋、冬季节，气温急剧下降时，库温常常高于气温。白天库内温度一般会高于夜晚。此外，库房条件、商品特性、气候等因素都会对库房温度变化有一定的影响。

普通仓库内的空气湿度通常会随着库外湿度变化而变化，密封库内空气的绝对湿度通常不受库外湿度变化的影响。同一库房内背阳面、通风不良处相对湿度偏高。

3. 仓库温湿度的测量

常用的温度测量仪器有普通温度计、最高温度计和最低温度计等。常用的湿度测量仪器有干湿球温度计（见图 1-3-1）、毛发湿度计和电子温湿露点测量仪（见图 1-3-2）等。

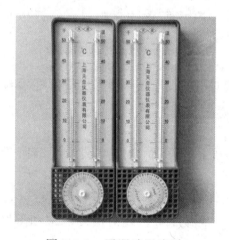 

图 1-3-1 干湿球温度计　　　　图 1-3-2 电子温湿露点测量仪

在库外设置干湿表，为避免阳光、雨水、灰尘的侵袭，应将干湿表放在百叶箱内。百叶箱中温度表的球部离地面高度为 2m，百叶箱的门应背朝阳光，以防观察时受阳光直接照射。箱内应保持清洁，不放杂物，以免造成空气不流通。每日必须定时对库内的温湿度进行观测记录，一般在上午 8:00～10:00，下午 2:00～4:00，各观测一次。记录资料要妥善保管，定期分析，总结出规律，以便掌握商品保管的主动权。

4. 部分商品的安全温度和湿度（见表1-3-1）

表1-3-1 部分商品的安全温度和湿度

商品名称	安全温度/℃	安全相对湿度/%	商品名称	安全温度/℃	安全相对湿度/%
麻织品	25	55～65	火柴	30以下	75以下
丝织品	20	55～65	肥皂	－5～30	75以下
毛织品	20	55～65	洗衣粉	35以下	75以下
皮革制品	5～15	60～75	牙膏	－5～30	80以下
橡胶制品	25以下	80以下	干电池	－5～25	80以下
金属制品	35以下	75以下	打字蜡纸	－10～25	75以下
竹木制品	30以下	60～75	纸制品	35以下	75以下
塑料制品	－5～25	80以下	卷烟	25以下	55～70
玻璃制品	35以下	80以下	食糖	30以下	70以下

5. 温湿度控制的常用方法

为了维护仓储商品的质量完好，创造适宜于商品储存的环境，当库内温湿度适宜商品储存时，就要设法防止库外温湿度对库内的不利影响；当库内温湿度不适宜商品储存时，就要及时采取有效措施调节库内的温湿度。调节温湿度常用的方法有以下几种：

（1）通风。通风就是利用库内外空气对流，达到调节库内温湿度的目的。通风既能起到降温、降潮和升温、增湿的作用，又可排除库内的污浊空气，防止霉变，使库内空气适宜于储存商品的要求。通风有自然通风和机械通风，在一般情况下，应尽可能利用自然通风，只有当自然通风不能满足要求时，才考虑机械通风。一般仓库不需要机械通风，但有些仓库，如化工危险品仓库，必须考虑机械通风。

（2）密封。密封是将储存物品在一定空间使用密封材料，尽可能严密地封闭起来，使之与周围大气隔离，防止或减弱自然因素对物品的不良影响，创造适宜的保管条件，达到防潮、防锈蚀、防霉、防虫、防热、防冻、防老化等多方面的效果。

（3）吸潮。吸潮就是利用机器或吸湿剂减少库房的水分，以降低库内湿度的一种方法。常用的吸湿剂有生石灰、氯化钙、氯化锂、硅胶、木灰、炉灰等。吸湿机一般适宜于储存棉布、针棉织品、贵重百货、医药、仪器、电工器材和烟糖类等仓库吸湿。

（4）气幕隔潮。气幕俗称风帘，利用机器鼓风机，产生强风流，在库房门口等处产生风帘，阻止库内外空气交换，防止湿气浸入，而不能阻止任何设备出入。气幕还可起到保持室内温度的隔热作用。

二、仓库的安全管理

1. 一般仓库安全操作及管理制度

（1）材料、工具、零部件设备要堆放在安全通道外的区域，分类摆放整齐、稳固，高度要适当。精密工具、量具应妥善放置。

（2）当搬运工具有刃口、毛刺或涂油的工具及零件时，一定要戴手套，放置稳当，货物不准露出货架。

（3）工具、零部件不准放在电器开关附近或压在电线上。

（4）不能在光滑或涂油的零部件上行走。所用梯凳不得有油垢，放置要牢固。

（5）遇到夜间搬运物品时，应有充分的照明，道路要保持畅通，同时还要根据物件重量和体力强弱进行搬运，以防止发生事故。

（6）两人一起搬运物件，应互相配合，步调一致。用电瓶车运输零部件，应放平稳、牢固。

（7）加热后的零件必须冷却后再进行点数、运输和存放。

（8）货物堆放距屋顶、墙壁、灯具不得少于50cm，距屋柱或货垛之间不得少于20cm。

（9）采用吊车、行车或其他起重机械进行室内搬运时，应遵守相应的机械安全操作规程，并与其他工种密切配合。

2. 仓库消防安全作业

（1）火灾的种类。火灾分为五类，根据类别的不同应使用相应的灭火器材。

① A类火灾。普通固体可燃物质，如：木材、棉毛、丝麻和纸类等燃烧引起的火灾。这类火灾，水是最好的灭火剂，此外，还可用泡沫、干粉和卤代烷灭火器进行灭火。

② B类火灾。易燃液体或液化固体，如：油类、溶剂、石油制品和涂料等物品所引发的火灾。对这类火灾通常使用二氧化碳、干粉、卤代烷和泡沫等灭火器进行灭火。

③ C类火灾。可燃烧气体，如：煤气、天然气和甲烷等燃烧引起的火灾。对这类火灾，可用二氧化碳、干粉和卤代烷等灭火器进行灭火。

④ D类火灾。可燃的活泼金属，如：钾、钠、镁和磷等金属着火，可用干沙式铸铁粉末，也可用不同的专用灭火器进行灭火。

⑤ E类火灾。带电物体及电器燃烧引起的火灾，可用二氧化碳、干粉和卤代烷灭火器进行灭火，禁止用水。

（2）灭火的方法。

① 隔离法。隔离法，就是将燃烧的物体与附近的可燃物质隔离或疏散开，使燃烧停止。这种方法适用于扑救各种固体、液体和气体火灾。

② 窒息法。窒息法，就是使燃烧物质与氧气断绝而熄灭。这种方法适用于扑救一些封闭式的空间和生产设备装置的火灾。

③ 冷却法。冷却法，就是将可燃物的温度迅速降低到燃点以下，使之不能燃烧。这是扑救火灾最常用的方法。

④ 抑制法。抑制法，是将化学灭火剂喷入燃烧区使之参与燃烧的化学反应，从而使燃烧反应停止。采用这种方法可使用的灭火剂有干粉和卤代烷灭火剂及替代产品。同时还要采取必要的冷却降温措施，以防止复燃。

知识小栏目

仓库消防安全"十不准"：
1. 不准在仓库内吸烟，擅自进行明火作业。
2. 不准占用疏散通道。
3. 不准在安全出口或疏散通道上安装栅栏等影响疏散的障碍物。
4. 不准在生产工作期间将安全出口大门上锁或关闭。
5. 不准随便动用消防器材。
6. 非机修人员不准擅自拆装机器设备。
7. 不准无证上岗操作危险机台。
8. 故障设备未修好前，不准使用。
9. 上班时间不准怠工、滋事、打架或擅离职守。
10. 不准赤膀赤脚进仓库，不准带小孩进仓库。

三、商品的养护

1. 商品养护概述

（1）商品养护的含义。商品养护是对商品在储存过程中所进行的保养和维护，是指根据商品在储存过程中的质量变化规律，采取相应的技术组织措施，对商品进行有效保养和维护，保持其使用价值及价值的活动。

（2）商品养护的内容。为了保持、维护商品质量，根据商品的特点及储存条件，养护的内容略有不同。通常商品养护的主要内容是：防水防潮、防热防寒、防风吹日晒、防尘防震、防虫防霉、防火防爆、防锈蚀、防毒害、防老化、防挥发、防风化、防融化、防散失、防干燥等。

2. 引起商品发生变化的因素

商品质量发生变化，通常是由一定因素引起的。为了保养好商品，确保商品的安全，必须找出引起变化的原因，掌握商品质量变化的规律。通常引起商品变化的因素可分为内因和外因，内因决定了货物变化的可能性和程度，外因则是促进这些变化产生的条件。

（1）影响商品变化的内因。商品本身的组成成分、分子结构及其所具有的物理性质、化学性质和机械性质，决定了其在储存期发生损耗的可能程度。

① 商品的物理性质。商品的物理性质是指商品的形态、结构，以及在湿、热、光等作用下，发生变化时不改变商品质量的性质。商品的物理性质主要包括吸湿性（见图1-3-3）、导热性、耐热性（见图1-3-4）、透气性等。

图 1-3-3　吸湿性

图 1-3-4　耐热性

② 商品的化学性质。商品的化学性质是指商品的形态、结构以及商品在光、热、氧、酸、碱、温度、湿度等作用下，发生变化时会改变商品本质的性质。与商品储存紧密相关的化学性质包括：货物的化学稳定性、毒性（见图1-3-5）、腐蚀性、燃烧性、爆炸性（见图1-3-6）等。

图 1-3-5　毒性

图 1-3-6　爆炸性

③ 商品的机械性质。商品的机械性质，是指商品的形态、结构在外力作用下的反应，包括物品的弹性、可塑性（见图1-3-7）、强力、韧性、脆性（见图1-3-8）等。

图1-3-7　可塑性

图1-3-8　脆性

（2）影响商品变化的外因。商品在储存期间的变化虽然是物品内部活动的结果，但与储存的外界因素也有密切关系。影响商品质量变化的外部因素主要包括自然因素、人为因素和储存期。

① 自然因素。自然因素主要指温度、湿度、有害气体、日光、尘土、杂物、虫鼠雀害、自然灾害等。

② 人为因素。人为因素是指人们未按货物自身特性的要求或未认真按有关规定和要求作业，甚至违反操作规程而使货物受到损害或损失的情况。主要包括：保管场所选择不合理、包装不合理、装卸搬运不合理、堆码苫垫不合理和违章作业。

③ 储存期。货物在仓库中停留的时间越长，受外界因素影响发生变化的可能性就越大，而且发生变化的程度也越深。

3. 商品在库期间的质量变化与养护

（1）物理机械变化。

物理变化是指只改变物质本身的外表形态，不改变其本质，没有新物质的生成，并且有可能反复进行的质量变化现象。物品的机械变化是指物品在外力的作用下，发生形态变化。物理机械变化的结果不是数量损失，而是质量降低，甚至使物品失去使用价值。

物品经常发生的物理机械变化主要有挥发、溶化、熔化、渗漏、串味、玷污、沉淀、破碎与变形。

(2) 化学变化。

化学变化是构成物品的物质发生变化后，不仅改变了物品的外表形态，也改变了物品的本质，并且有新物质生成，且不能恢复原状的变化现象。物品化学变化过程即物品质变过程，严重时会使物品失去使用价值。

物品经常发生的化学变化有氧化、分解化合、水解、锈蚀、聚合、裂解、风化、老化等。

(3) 生化变化。

生化变化是指有生命活动的有机体物品，在生长发育过程中，为了维持它的生命，本身所进行的一系列生理变化。

物品经常发生的生化变化主要有呼吸作用、发芽、胚胎发育、后熟作用等。

任务二　仓库的移库和补货

仓库的移库和补货，都是仓储活动中非常重要的环节，属于仓储作业中的在库管理环节。

一、移库作业

1. 移库的定义及目的

移库作业属于仓储管理环节中的在库管理，是指根据仓库内货物的质量变化、库存因素、货物放置错误、储位变更等因素进行调整库存储位的一种手段，目的是优化储位、提高仓储作业效率，可分为同一仓库内和不同仓库间的移库。

2. 移库的原因

（1）当库存货品所在的储位与系统储位不一致时，需要做到系统与实际库存相符，这时候就需要进行移库操作（见图1-3-9）。

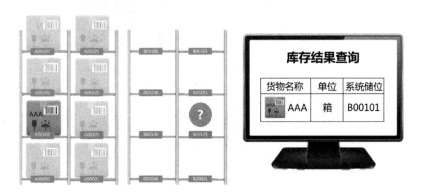

图1-3-9　库存货品所在的储位与系统储位不一致的移库

移库目的：实现实际储位与系统储位相符，优化储位。

（2）将不足一个托盘的货品［相同SKU（Stock Keeping Uint，最小库存单位）占用不同货位］进行合并，提高存储效率（见图1-3-10）。

移库目的：提高仓库内的仓储效率，对不满一个托盘的货物进行拼盘作业，以提高储位的仓储效率。

（3）季末剩余库存调整到动销率较低的区域。

移库目的：提高库内仓储效率，季末剩余库存调整到动销率较低的区域，以提高储位的仓储效率，同时为动销率较高的货物提供储存空间（见图1-3-11）。

（4）进行ABC分类管理，优化库存结构。

① ABC分类中不同品类货物分类存放的移库（见图1-3-12），不同品类的货物，由于货物性质不同等原因，需要分类存放，如食品与日用品需要分类存放。

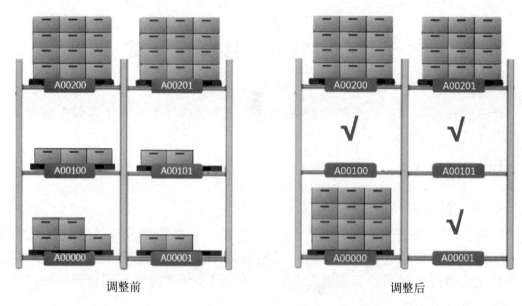

调整前　　　　　　　　　　调整后

图1-3-10　不足一个托盘的货品进行合并的移库

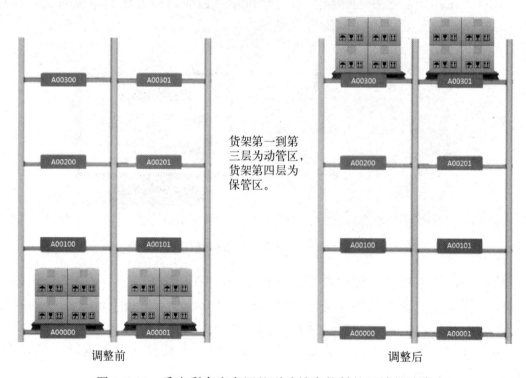

货架第一到第三层为动管区，货架第四层为保管区。

调整前　　　　　　　　　　调整后

图1-3-11　季末剩余库存调整到动销率较低的区域的移库

② ABC分类管理中货物分类存放的移库（见图1-3-13）。根据企业实际的情况，对不同的货物进行ABC分类，针对货物不同的ABC分类，对货物按照ABC分类进行分层、分货架或分区域存放。

移库目的：根据货物的种类的细分，对货物进行储位的移动，以优化库存结构。

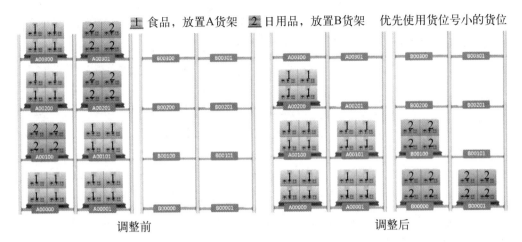

图 1-3-12　ABC 分类中不同品类货物分类存放的移库

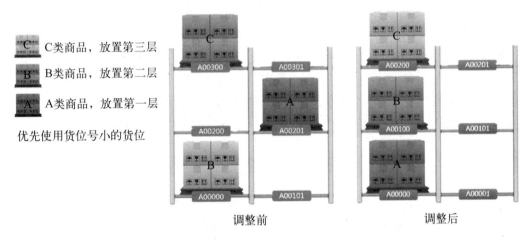

图 1-3-13　ABC 分类管理中货物分类存放的移库

（5）当仓库功能区域重新进行布局调整时，需要对货物进行移库操作（见图 1-3-14）。

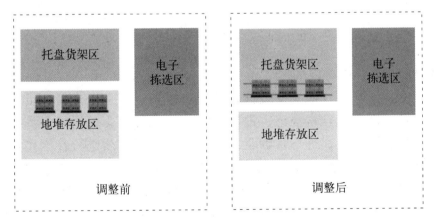

图 1-3-14　仓库功能区域重新进行布局调整的移库

移库目的：仓库功能区域重新布置调整，造成储位的移动需求，调整后以便更好地优化库存结构。

 知识小栏目

> 每年的11月11日既是电商的盛宴，又是物流的狂欢。巨大的销售额背后凝聚着千千万万物流人的努力。在11月11日前，为应对突然暴涨的销售量，为了保证货物进出库有序进行，保证待出库的货物不缺货，企业需要提前对仓库进行整理，计算好库存，这时候就需要对货物进行移库，对仓库进行整理，腾出更多仓储空间，提高仓储利用率，此时企业的员工通常会加班加点地进行整理。

3. 移库的流程

移库的流程如下：根据移库作业单，明确待移库货品信息；做好移库准备，组织人员、设备；找到原储位，将货品进行下架作业；选择合适的搬运设备进行搬运操作；找到目标储位，将货品进行上架作业；填制移库单，签字确认后交给仓管员；将移库作业中使用的设备归位并进行移库反馈。移库的实操操作流程见图1-3-15。

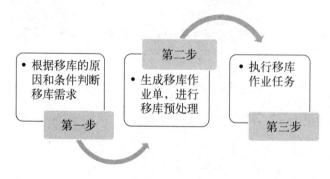

图1-3-15　移库的实操操作流程

4. 移库的异常处理

（1）货位数量不符。如有发现异常情况，需要立即上报主管人员；根据系统查询账、货卡、进出库异常登记、退货返库、差异库位交易记录、拣货文件等作业记录，对其进行分析；进行货物盘点，按实际数量继续进行移库作业。完成移库作业后将异常情况提交给主管人员。

（2）货物外包装破损。如有发现异常情况，需要立即上报主管人员；及时将有问题的货品移出，并判别损坏程度；对轻微受损的货品应采取补救措施；对一般破损的货物，进行包装更换；对严重破损的货品，实行不合格品的处理程序。

（3）货物质量异常。如有发现异常，需要立即上报主管人员；根据指令执行报废程序。

5. 移库作业方案设计

（1）移库作业方案设计流程（见图 1-3-16）。

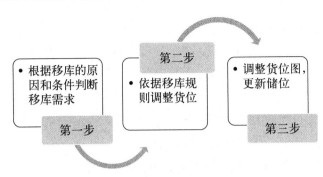

图 1-3-16　移库作业方案设计流程

（2）移库作业方案设计案例。

任务书：2024 年 5 月 7 日，财经商贸物流公司仓库主管要求仓管员和叉车司机，根据表 1-3-2 物动量 ABC 分类表和储位分配规则，将表 1-3-3 托盘货架区储位信息表，货架中储位不合理的货物重新设计货位。

表 1-3-2　物动量 ABC 分类表

序号	货物名称	出库量	所占百分比/%	累计百分比/%	分类结果
1	檀香扇	2040	15.2	15.2	A
2	箫笛	1740	13.0	28.2	B
3	粤绣伞裙	1585	11.8	40.0	B
4	香云纱旗袍	1550	11.6	51.6	C
5	新会葵扇	1530	11.4	63.0	C

表 1-3-3　托盘货架区储位信息表

	檀香扇(8)箱		
A00200	A00201	A00202	A00203
箫笛(24)箱		粤绣伞裙(25)箱	香云纱旗袍(11)箱
A00100	A00101	A00102	A00103
	新会葵扇(20)箱		
A00000	A00001	A00002	A00003

储位分配规则：

① 依照托盘货架区库存信息，A 类货物放置于货架的底层，B 类货物放置

于货架的中层，C 类货物放置于货架的顶层。

② 同一层放置顺序为：出库百分比大的货物优先存放在货位号小的位置。

③ 优先使用货位号小的货位。

（3）移库作业方案设计步骤。

① 标记出货物的 ABC 分类。

② 标记出货物的出库百分比。

③ 依据移库规则：A 类货物放置于货架的底层，B 类货物放置于货架的中层，C 类货物放置于货架的顶层，进行核对并移库。

④ 依据移库规则同一层放置顺序为：出库百分比大的货物优先存放在货位号小的位置进行核对并移库。

移库方案作业设计微课

（4）移库作业方案设计参考答案，见表 1-3-4 移库后托盘货架区储位信息表。

表 1-3-4　移库后托盘货架区储位信息表

香云纱旗袍(11)箱	新会葵扇(20)箱		
A00200	A00201	A00202	A00203
箫笛(24)箱	粤绣伞裙(25)箱		
A00100	A00101	A00102	A00103
檀香扇(8)箱			
A00000	A00001	A00002	A00003

6. 移库作业的实操

对标广东省现代物流综合作业技能竞赛赛项实操部分评分标准，见表 1-3-5 现代物流综合作业赛项移库部分评分标准表，规范技能操作，进行移库作业实操。信息员根据规定的货位调整要求，下达移库指令，叉车司机根据指令驾驶电瓶式叉车将托盘从原货位取出，调整至新货位，并反馈移库信息到 WMS 仓储管理系统。

表 1-3-5　现代物流综合作业赛项移库部分评分标准表

作业区域	作业内容	分值	扣分项说明	级别	单项(次)扣分
托盘货架区	移库	5	未正确完成货品的移库(按未正确完成移库的托盘数累计)	—	5/移库托盘总数

7. 移库作业常用的设备及工具

手持终端：又称 PDA，将条码扫描装置与数据采集终端一体化，是集数据采集和实时通信为一体的现代化无线终端设备。移库过程中通常使用手持终端获取指令并按照指令执行。

叉车：较多使用的是内燃叉车和电动叉车，一般库内运作多使用电动叉车。移库过程中使用叉车对货物进行上下架操作。

手动液压托盘车：主要用于货物的水平搬运，移库过程中使用手动液压托盘车进行货物的水平搬运。

其他设备及工具：托盘等。在移库的过程中，还需要大量托盘，将货物托盘化处理。

二、补货作业

1. 补货的定义

出库作业完成后需要进行补货作业，补货通常是指将货物从保管区转移到另一个动管拣货区，以便在拣货区中有足够的货物进行拣选。包括：确定所需补货的货物，领取货物，做好上架前的各种管理工作、准备工作、补货、上架。仓储补货作业的目的通常是满足客户订单、避免缺货、提高客户满意度等。

2. 补货的方式

补货作业的策划要满足两个前提，即"确保有货可拣"和"将待拣货物放置在存取方便的位置"。补货方式可分为以下几种：

（1）整箱补货。由货架保管区补货到流动货架的拣货区。这种补货方式的保管区为货架储放区，动管拣货区为两面开放式的流动棚拣货区。拣货员拣货之后把货物用搬运设备运送到发货区，当动管区的存货低于设定标准时，则进行补货作业。较适合于体积小且少量多次出货的货品。

（2）托盘补货。以托盘为单位进行补货。托盘由地板堆放保管区运到地板堆放动管区，拣货时把托盘上的货箱置于中央输送机送到发货区。当存货量低于设定标准时，立即补货，使用堆垛机把托盘由保管区搬运到动管拣货区，也可把托盘运到货架动管区进行补货。这种补货方式适合于体积大或出货量多的货品。

（3）货架上层补货到货架下层的补货方式。这种补货方式中，保管区与动管区属于同一货架，也就是将同一货架上的中下层作为动管区，上层作为保管区，而进货时则将动管区放不下的多余货箱放到上层保管区（上层保管区—中下层动管区）。当动管区的存货低于设定标准时，利用堆垛机将上层保管区的货物搬至中下层动管区。这种补货方式适合于体积不大、存货量不高，且多为中小量出货的货物。

（4）其他补货。

① 直接补货。从进货区补货到拣选区，一般用于货物周转较快的仓库，通过直接补货的方式，减少补货前置时间，提高作业效率。

② 复合式补货。从第一保管区到第二保管区再到拣选区，保管区采用两阶

段补货的方式，拣选区的同类货物相邻存放。

③ 自动补货。从自动仓库保管区到补货工作台再到自动仓库拣选区，这种补货方式适用于自动立体化仓库的可视化补货作业，计算机自动化程度较高。

3. 补货的时机

是否需要补货，主要看拣货区的货物存量是否符合拣货需求，因此何时补货要看拣货区的库存数量，以避免出现在拣货过程中才发现拣货区货物数量不足，缺货无法拣选，而影响整个拣货作业，降低企业运作效率，从而造成一定程度上的经济损失。通常，补货可采用批次补货、定时补货或随机补货三种方式。

（1）批次补货。在每天或每一批次拣选之前，经电脑计算所需货物的总需求量和拣货区的货物库存量，计算出两者的差额并在拣货作业开始前补足对应的货物。适合一天内作业量变化不大、紧急追加订货不多，或是每一批次拣选量可以事先掌握的情况。

（2）定时补货。将每天划分为若干个时间段，补货人员在对应时间内检查拣货区货架上的货物的库存量，如果发现库存不足，马上进行补货。这种"定时补足"的补货原则，比较适合分批拣货时间固定且处理紧急追加订货的时间也固定的情况。

（3）随机补货。是一种指定由专人从事补货作业方式，这些人员随时巡视拣货区的分批存量，发现库存不足随时进行补货。这种"不定时补足"的补货原则，比较适合于每批次拣选量不大、紧急追加订货较多，以至于一天内作业量不容易事前掌握的情况。

4. 补货作业的流程

补货作业的流程如下：以整箱补货为例，首先进行库存查询，根据不同的补货时机判断是否需要补货，如是否到达补货点，根据实际情况生成补货作业单。在托盘货架区对货物进行整箱货物下架，在设备交接区进行货物搬运，将货物搬运到补货缓冲区进行拆零，把货物补到电子拣选区进行补货上架操作。补货作业的实操操作流程见图1-3-17。

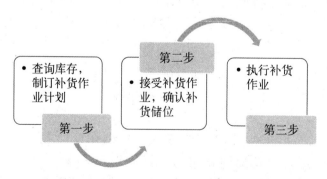

图 1-3-17　补货作业的实操操作流程

> **知识小栏目**
>
> 整箱货物进行拆零补货到货架的过程中,我们需要思考的是,如何减少对环境的影响,例如减少能源消耗、减少废弃物的产生,关注环境保护和可持续发展。在拆零补货时,可能会产生废弃的纸箱,我们需要将纸箱进行拆解,这样不仅能够提高仓储利用率,同时还可以对纸箱进行回收利用。

5. 补货的异常处理

(1) 目标货位数量短缺。应立即停止作业并反馈异常情况,查询储位作业记录,寻找原因;如果是货物本身缺货,则需要联系供应商进货入库;如果只是该货位上货物的数量不足,可以从其他储位的货物 SKU 库存拿取货品进行补足。

(2) 目标储位错放、混放。应立即停止作业并反馈异常情况,查询其他储位的货物 SKU 库存情况,确认该货物是否放置到了其他的储位,或者是其他储位的货物放置到了该货位。如果是错放,就把错放的货物剔除,把应放的货物调整回来;如果是混放,就把混入的货物剔除,其他的保持不动。确保目标储位与实际储位所存放的货物一致。

(3) 目标货物破损、变质。应立即停止作业并反馈异常情况,及时移出有问题的货物,判断货物的损坏程度,对于轻微受损的货物,应采取补救措施;对于一般破损的货物,进行包装更换;对于严重破损的货物,执行不合格品程序。

6. 补货作业方案设计

(1) 补货作业方案设计流程(见图 1-3-18)。

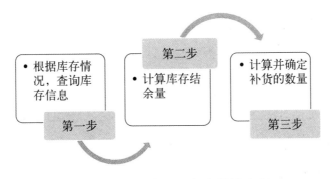

图 1-3-18 补货作业方案设计流程

(2) 补货作业方案设计案例。

任务书:2024 年 5 月 7 日,财经商贸物流公司仓库主管要求仓管员,根据表 1-3-6 出库订单和表 1-3-7 电子拣选区储位分配及补货点情况表(截至 2024 年 5 月 7 日 17:00),完成补货作业任务计划,填写表 1-3-8 和表 1-3-9,确保电子标签拣货区有货可拣。财经商贸物流公司仓库中电子标签拣选区的补货最小单位为箱。

表 1-3-6　出库订单

出库订单					
客户指令号	CK20200301	客户名称	广州商贸超市	紧急程度	一般
库房	财经商贸物流公司仓库	出库类型	正常出库	是否送货	否
收货人	广州商贸超市（荔湾店）				
预计出库时间	2023年12月29日				
货品编码	货品名称	包装规格	单位	数量	批次	备注
6902083886455	粤绣伞裙	/	件	9		
6928804013740	新会葵扇	/	把	10		

表 1-3-7　电子拣选区储位分配及补货点情况表

序号	储位编号	货品条码	货品名称	数量	品类	补货点	单位	箱装数
1	A00101	6928804011173	檀香扇	10	日用品	3	把	10
2	A00104	6901285991219	箫笛	10	工艺品	3	件	10
3	A00001	6902083886455	粤绣伞裙	10	服饰	3	件	10
4	A00004	6928804013740	新会葵扇	12	日用品	3	把	10
5	A00005	6924882496116	香云纱旗袍	10	服饰	3	件	10

请完成补货结果表和补货单。

表 1-3-8　补货结果表

序号	储位编号	货品条码	货品名称	数量	补货点	单位	箱装数	出库量	结余库存量	是否补货

表 1-3-9　补货单

序号	储位编号	货品条码	货品名称	补货数量	单位

（3）补货作业方案设计步骤。

① 提取库存信息：从电子拣选区储位分配情况、补货点情况及出库订单中，提取相关信息，包括货品名称、库存量、出库量及补货点等。

② 计算结余库存量：当货物出库后，若结余库存量大于补货点，则不需要补货作业；若结余库存量小于或等于补货点，则需要进行补货作业。

视频扫一扫

补货方案作业设计微课

结余库存量是初始库存量与预计出库量之差，可计算出结余库存量。

③ 计算补货箱数：补货后的货物需要大于或等于补货点，因此需要根据货物箱装数来确定补货的具体箱数。

补货作业方案设计参考答案，见表1-3-10和表1-3-11。

表1-3-10　已填写补货结果表

序号	储位编号	货品条码	货品名称	数量	补货点	单位	箱装数	出库量	结余库存量	是否补货
1	A00001	6902083886455	粤绣伞裙	10	3	件	10	9	1	是
2	A00004	6928804013740	新会葵扇	12	3	把	10	10	2	是

表1-3-11　已填写补货单

序号	储位编号	货品条码	货品名称	补货数量	单位
1	A00001	6902083886455	粤绣伞裙	1	箱
2	A00004	6928804013740	新会葵扇	1	箱

7. 补货作业的实操

对标广东省现代物流综合作业技能竞赛赛项实操部分评分标准，见表1-3-12现代物流综合作业赛项补货部分评分标准表，规范技能操作，进行补货作业实操。

表1-3-12　现代物流综合作业赛项补货部分评分标准表

作业区域	作业内容	分值	扣分项说明	级别	单项(次)扣分
电子拣选区	补货	4	未完成货品的补货（按未完成补货的货品批次数累计）	—	4/补货批次总数
			补货数量或批号出错（按出错的货品批次数累计）	4级	1
			未从托盘货架区整箱出库后补货，而从其他区域直接补货	3级	0.6
			未将需补货的货品托盘拉入电子拣选区内，而是直接从托盘交接区取下纸箱进行补货	3级	0.6

（1）补货任务生成。根据作业任务实际情况决定是否补货，信息员根据出库需求量和作业均衡决定是否生成补货作业。

（2）补货作业执行。根据补货指令，利用电瓶式叉车将托盘从相应储位取出，扫描确认储位地址后，将托盘运至托盘交接区；根据手持终端的提示，将托盘从托盘交接区搬运至补货作业通道，在补货作业通道将货品拆零补货至对应的储位上，并回收空纸箱。补货后剩余的货物需要返库，空托盘返回托盘存放区。

8. 补货作业常用的设备及工具

手持终端：将条码扫描装置与数据采集终端一体化，是集数据采集和实时通信为一体的现代化无线终端设备。补货过程中通常使用手持终端获取指令并按照指令执行。

手动液压托盘车：主要用于货物的水平搬运，补货过程中使用手动液压托盘车进行货物的水平搬运。

叉车：较多使用的是内燃叉车和电动叉车，一般库内运作多使用电动叉车。补货过程中使用叉车对货物进行上下架操作。

堆高车：手动液压堆高车、半自动堆高车、全自动堆高车，使用堆高车对货物进行垂直搬运。

其他设备及工具：手推车、周转箱和开箱刀等。在补货作业过程中，需要使用手推车对货物进行水平方向的搬运，将整箱货物拆零时需要用到开箱刀将货物取出，然后把货物放置到指定的周转箱中。

任务三　库存商品的盘点

盘点工作是进行仓库管理工作的最基本条件，通过对货物的盘点，可以加强库存货物的管理，明确相关人员的保管责任，避免公司的资产受到损失，保证库存商品的真实、准确、有效，确保账实相符，以便准确地掌握库存数量。

一、盘点定义

盘点是指定期或临时对库存商品实际数量进行清查、清点的一种作业，目的是掌握货物的流动情况，核对仓库现有物品的实际数量与保管账上记录的数量，准确掌握库存数量。

二、盘点方法

盘点方法通常有以下几种分类。

1. 按盘点对象分类

（1）账面盘点法：通常对在库的"次要"物品采用账面盘点的方法进行盘点。一般一个月或一个季度进行一次实物盘点。

（2）实物盘点法：通常对在库的"重要"物品采用实物盘点的方法进行盘点。对"重要"物品每天或每周至少清点一次。

（3）账物盘点法：通常对在库的"一般"物品采用账物盘点的方法进行盘点。如相对"重要"物品每天或每周至少对实物清点一次，而相对"次要"物品则采用账面盘点，一般一个月或一个季度进行一次实物盘点。

2. 按工作方法分类

（1）盲盘法：盲盘法就是在不知道物料库存数量的情况下进行盘点的作业方法。

（2）明盘法：明盘法与盲盘法最大的不同是，盘点表上有物料的库存数据，即盘点人员知道物料的账面库存是多少，按照账面库存数到现场去清点。

（3）唱盘法：唱盘法就是一个人看盘点表，一个人盘实物，由其中一个人唱数的盘点方法。

（4）双向盘点法：又称复式盘点法。是由两个人或两组人，从相反的方向对向盘点，盘点结束后相互复核盘点结果的一种盘点方法。

（5）综合盘点法：盲盘法、明盘法、唱盘法和双向盘点法，这四种盘点方法并不排斥，可以组合使用，成为综合盘点法。

3. 其他盘点方法

（1）动碰盘点法：也称动态盘点，或者叫永续盘点，是指当物料有出入库发生时,在完成出入库后对该物料即刻进行盘点的一种方法。

动碰盘点最大的特点是只盘有出入库业务发生的物料,有利于及时发现差错和及时处理,货物一旦发生出入库的情况就马上对该类货物进行盘点,这样的好处是可以随时地掌握当前货物的数量情况,降低了员工的工作量,确保仓库中货物的存货量一直在更新当中。动碰盘点主要适用于价值高而需要严格控制的 A 类货物。

(2)效期盘点法:指对物料的生产日期、保质期进行盘点,并核对物料的保质期与系统显示保质期是否一致。

效期盘点主要适用于对有效期有严格要求的货物,如食品、药品、化妆品等。

仓库必须有指定部门或人员进行效期管理,定期盘点库区产品效期。根据产品的保质期的不同,仓库会制定不同的效期盘点周期。效期盘点过程中,仓库盘点人员会按照预警系统登记预警期内的数量,如有临期或过期商品,需将商品做下架处理。

常见的临期处理方法:将不同保质期的产品,不同生产日期的产品分区摆放;建立临期产品自查制度;建立临期产品处理制度,指派专人进行管理,及时处理临期产品,避免出现过期产品。

(3)全仓盘点:是对整个仓库的所有商品或者库位,进行盘点任务。

(4)RFID 盘点:利用 RFID 识别技术,实现仓库内部物品数量、品种的核对,从而准确掌握库存量。利用 RFID 智能盘点车自动采集数据,保证了仓库管理的各个环节数据输入的速度和准确性,保证了企业对库存数据的及时准确掌握,实现了高效的库存查询和实时盘点,有利于提高仓库管理的工作效率,摆脱了传统的费时费力的仓库管理方式,合理地保持和控制企业库存,使企业高效运转。

人工拣选区盘点

RF盘点

自动化立体货架盘点

盘点作业(传统)

三、盘点内容

盘点的主要内容有以下四个方面。

(1)查数量。通过点数计数查明商品在库的实际数量,核对库存账面数量与实际库存数量是否一致。

(2)查质量。检查在库商品质量有无变化,有无超过有效期和保质期、有无长期积压等现象，必要时还必须对商品进行技术检验。

（3）查保管条件。检查保管条件是否与各种商品的保管要求相符合。如堆垛是否合理稳固、库内温湿度是否符合要求等。

（4）查安全。检查各种安全措施和消防设备、器材是否符合安全要求，建筑物和设备是否处于安全状态。

四、盘点流程

1. 盘点的一般流程（见图 1-3-19）

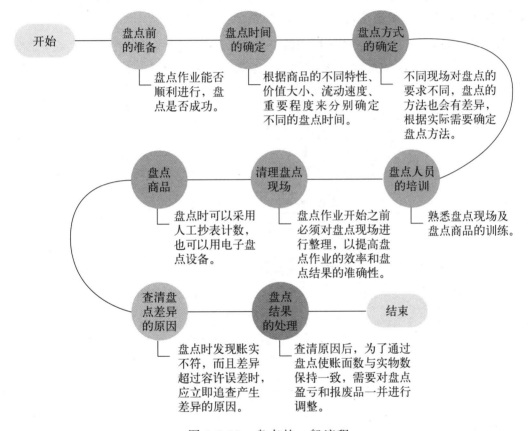

图 1-3-19　盘点的一般流程

（1）盘点前的准备。盘点前的准备工作是否充分，直接关系到盘点作业能否顺利进行，甚至关系到盘点是否成功。

（2）盘点时间的确定。一般来说为保证账实相符，合理地确定盘点时间非常必要。可以根据商品的不同特性、价值大小、流动速度、重要程度来分别确定不同的盘点时间，盘点时间间隔可以从每天、每周、每月到每年盘点一次不等。

（3）盘点方式的确定。因为不同现场对盘点的要求不同，盘点的方法也会有差异，为尽可能快速准确地完成盘点作业，必须根据实际需要确定盘点方法。

（4）盘点人员的培训。大规模的全面盘点必须增派人员协助进行，这些人员通常来自管理部门，主要对盘点过程进行监督，并复核盘点结果，因此，必须对他们进行熟悉盘点现场及盘点商品的训练。

（5）清理盘点现场。盘点现场即配送中心储位管理包括的区域，盘点作业开始之前必须对其进行整理，以提高盘点作业的效率和盘点结果的准确性。

（6）盘点商品。盘点时可以采用人工抄表计数，也可以用电子盘点设备。

（7）查清盘点差异的原因。盘点会将一段时间以来积累的作业误差，及其他原因引起的账实不符暴露出来，发现账实不符，而且差异超过容许误差时，应立即追查产生差异的原因。

（8）盘点结果的处理。查清原因后，为了通过盘点使账面数与实物数保持一致，需要对盘点盈亏和报废品一并进行调整。

2. RF 盘点一般作业流程（见图 1-3-20）

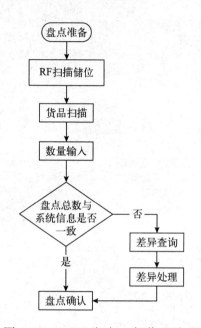

图 1-3-20　RF 盘点一般作业流程

 知识小栏目

盘点库存的意义在于：

1. 加强存货管理，保证库存管理的严谨性。

2. 保证账实相符，保障存货的安全性、完整性、准确性，及时、真实地反映存货资产的结存及利用状况。定期通过人工在仓库中的实际盘点数进行对比，判断是否存在数量或重量上的误差（损耗）。将盘点结果与盘点日财务账面记录进行核对，寻找并分析差异原因。

3. 存货盘点保障库存管理的规范化、制度化，为采购、销售、生产及核算提供准确的依据。

五、盘点差异处理

1. 盘点差异的定义

所谓的盘点差异,就是指账面记录的库存跟实际盘点出来的库存数量的差异。作用在于清查实际库存数量与账面数量,发现问题并查明原因,及时调整。盘点数据主要有以下两种异常:盘盈、盘亏。

(1) 盘盈。实物比账面记录的数量多,则检查存货,查明原因,并进行调整或退仓。

(2) 盘亏。实物比账面记录的数量少,则检查存货,查明原因,并进行调整或赔偿。

2. 盘点差异的原因分析

盘点差异产生的原因是多方面的,可能由于仓管员日常管理环节出现差错,也可能由于盘点时计算有误差。因此,当出现盘点差异时,仓管员可以根据以下内容进行盘点差异原因分析。

(1) 盘点方法。盘点方法不当,存在漏盘、重盘和错盘情况。

(2) 盘点记录。当盘点发现差异时,仓管员应该核对盘点时的数据,以确定盘点差异是否由于盘点工作中的计数差错或记录差错造成的。

(3) 计量用具。对盘点时采用的量具、衡具加以检查,以确定是否由于计量用具不准确而形成盘点差异。

(4) 盘点人员。通过询问盘点人员,确定其是否有不遵循盘点工作的步骤,或者是否有漏盘、复盘等情况发生。

(5) 库存账目。通过复核库存账目及记账凭证,检查记账过程中是否无凭证记录、重复记录、记录差错等情况。

(6) 其他原因。有可能是由于盗窃、丢失等原因产生的库存差错。

3. 盘点差异的处理办法

(1) 由于人为盘点操作不规范导致的盘点差异,可通过再次复盘解决。

(2) 由于账务制度造成的盘点差异,由主管部门调整和完善账务制度。

(3) 盘盈处理:应及时上报领导经审批后再调整账务,加强管理,保证以后账务处理的正确性。

(4) 盘亏处理:如果是发错货,公司应给予相关责任人适当处罚,并同时安排人员查找收货单位尽快追回货品;如果是因管理不善而丢失货品,则公司应及时处理,以赔偿等方式来解决问题。

(5) 分析盘点差异产生的原因并制定对策,请上级主管部门就盘点差异的处理方法进行批示。

4. 盘点作业注意事项

在盘点作业的时候,需要注意以下事项。

(1) 数据要求:盘点采用实盘实点方式,禁止目测数量、估计数量。

(2) 货物摆放：盘点时注意物料的摆放，盘点后需要对物料进行整理，保持原来的或合理的摆放顺序。

　　(3) 记录要求：所负责区域内物料需要全部盘点完毕，并按要求做相应记录。

　　(4) 分工得宜：做好初盘、复盘、查核、稽核等环节，按不同环节时需要注意的事项完成盘点。

　　(5) 资料保管：盘点过程中注意保管好盘点表，避免遗失，造成严重后果。

　　(6) 盘点作业过程中不再进行入出库作业。

【模块测评】

　　一、单项选择题（以下各题有且只有一个正确答案，请将正确答案的代号填在括号里）

　　1.（　　）是表示物体冷热程度的物理量，微观上来讲是物体分子热运动的剧烈程度。
　　A. 湿度　　　　B. 温度　　　　C. 密封　　　　D. 通风

　　2. 木材、棉毛、丝麻和纸类等燃烧引起的火灾属于（　　）火灾。
　　A. A类　　　　B. B类　　　　C. C类　　　　D. D类

　　3. 吸湿性、导热性、耐热性、透气性等属于（　　）。
　　A. 化学性质　　B. 物理性质　　C. 生物性质　　D. 机械性质

　　4. 温度、湿度、有害气体、日光、尘土、杂物、虫鼠雀害、自然灾害等属于商品变化的（　　）。
　　A. 人为因素　　B. 储存期　　　C. 自然因素　　D. 内在因素

　　5. 移库作业属于（　　）。
　　A. 入库作业　　B. 在库作业　　C. 出库作业　　D. 配送作业

　　6. 为了优化储位，提高仓储作业效率的作业，叫（　　）。
　　A. 补货　　　　B. 移库　　　　C. 盘点　　　　D. 出库

　　7. 以下图片反映的移库原因是（　　）。

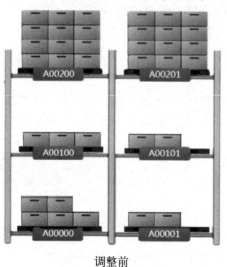

调整前

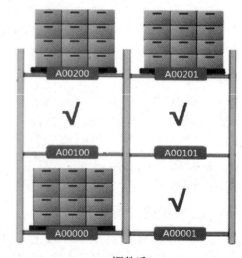

调整后

A. 库存货品所在的货位与系统货位不一致
B. 仓库存储功能区重新进行布局调整
C. 将不足一个托盘的货品进行合并
D. 季末剩余库存调整到动销率较低的区域

8. 以下图片反映的移库原因是（　　）。

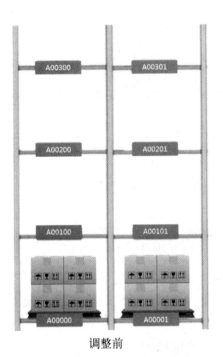
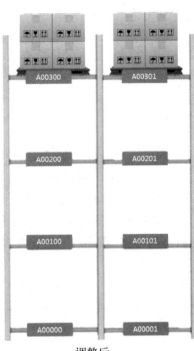

货架第一到第三层为动管区，货架第四层为保管区。

调整前　　　　　　　　　　　调整后

A. 库存货品所在的货位与系统货位不一致
B. 仓库存储功能区重新进行布局调整
C. 将不足一个托盘的货品进行合并
D. 季末剩余库存调整到动销率较低的区域

9. 以下图片反映的移库原因是（　　）。

A. 库存货品所在的货位与系统货位不一致
B. 仓库存储功能区重新进行布局调整
C. 将不足一个托盘的货品进行合并
D. 季末剩余库存调整到动销率较低的区域

10. 以下图片反映的移库原因是（　　）。

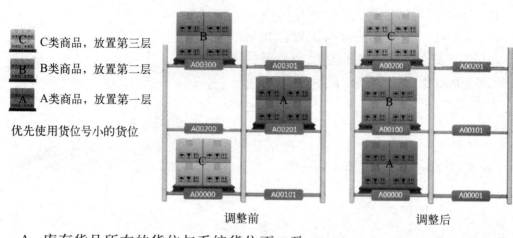

A. 库存货品所在的货位与系统货位不一致
B. 仓库存储功能区重新进行布局调整
C. ABC 分类管理中货物分类存放
D. 季末剩余库存调整到动销率较低的区域

11. 当仓库存储功能区重新进行布局调整时，仓库一般会进行（　　）作业。

　　A. 补货　　　　B. 移库　　　　C. 盘点　　　　D. 出库

12. 移库过程中，发现一般破损的货物，需要进行外包装更换，这种移库异常是（　　）。

　　A. 货物数量不符　　　　　　　B. 货物质量异常
　　C. 货物外包装破损　　　　　　D. 货物重量不符

13. 以下对移库流程表述的排序，正确的是（　　）
① 执行移库作业更新移库后的储位
② 根据移库的原因和条件判断移库需求
③ 生产移库作业单，进行移库预处理

　　A. ①②③　　　B. ①③②　　　C. ②①③　　　D. ②③①

14. 补货作业属于（　　）。

　　A. 入库作业　　B. 在库作业　　C. 出库作业　　D. 配送作业

15. 在仓储作业中，（　　）是分拣作业的准备工作，它的作业质量直接影响着拣货效率。

　　A. 补货作业　　B. 订单处理　　C. 客户订货　　D. 检查存货

16. （　　）是为了满足客户订单、避免缺货、提高客户满意度。

　　A. 移库作业　　B. 配送作业　　C. 拣选作业　　D. 补货作业

17. 将每天划分为若干个时段，补货人员在时段内检查拣货区货架上的货品存量，如果发现不足，马上予以补足。这种"定时补足"的补货原则，较适合分批拣货时间固定且处理紧急追加订货的时间也固定的情况，这种补货时机是（　　）。

A. 批次补货　　B. 定时补货　　　　C. 定量补货　　D. 随机补货

18. 整箱补货较适用于（　　）。
A. 体积小且少量多次出货的货品
B. 体积大或出货量多的货品
C. 体积不大、存货量不高，且多为中小量出货的货品
D. 周转率较快的货品

19. 托盘补货以（　　）为单位进行补货。
A. 周转箱　　　B. 纸箱　　　　　C. 托盘　　　　D. 集装箱

20. 保管区与动管区属于同一货架的补货方式是（　　）。
A. 其他补货　　B. 定时补货
C. 定量补货　　D. 货架上层—货架下层的补货方式

21. 从进货区补货到拣选区，一般用于货物周转较快的仓库，通过直接补货的方式，减少补货前置时间，提高作业效率，这种补货方式是（　　）。
A. 直接补货　　B. 自动补货　　　C. 随机补货　　D. 复合式补货

22. 是否需要补货，主要看（　　）的库存数量是否符合要求。
A. 入库区　　　B. 出库区　　　　C. 拣货区　　　D. 补货区

23. 适合一天内作业量变化不大、紧急追加订货不多，或是每一批次拣选量可以事先掌握的情况，这种补货时机是（　　）。
A. 批次补货　　B. 定时补货　　　C. 定量补货　　D. 随机补货

24. 以下对以整箱补货为例的补货流程表述的排序，正确的是（　　）。
① 查询库存　② 生成补货作业单　③ 判断是否到达补货点
A. ①②③　　　B. ①③②　　　　C. ②①③　　　D. ②③①

25. （　　）是指对动碰过的商品或者库位，进行盘点任务，或者说进行过出入库操作的商品或库位，进行盘点任务。
A. 账面盘点　　B. 动碰盘点　　　C. 效期盘点　　D. RFID 盘点

26. （　　）适用于动碰盘点。
A. A 类货物　　B. B 类货物　　　C. C 类货物　　D. ABC 类货物

27. （　　）是指对物料的生产日期、保质期进行盘点，并核对物料的保质期与系统显示保质期是否一致。
A. 账面盘点　　B. 动碰盘点　　　C. 效期盘点　　D. RFID 盘点

28. 商品的保质期是 9 个月及以下，一般该商品的效期盘点周期为（　　）。
A. 7 天　　　　B. 14 天　　　　 C. 21 天　　　　D. 30 天

29. （　　）是指账面记录的库存跟实际盘点出来的库存数量的差异。
A. 盘点差异　　B. 动碰盘点　　　C. RFID 盘点　　D. 效期盘点

30. 实物比账面记录的数量少，属于盘点差异的（　　）。
A. 盘盈　　　　B. 盘亏　　　　　C. 盘损　　　　D. 盘平

31. 利用 RFID 识别技术，实现仓库内部物品数量、品种的核对，从而准确

掌握库存量属于（　　）盘点。

　　A. 动态　　　　　B. 动碰　　　　　C. RFID　　　　　D. 效期

32. 从 RFID 系统的工作原理来看，系统一般都由信号发射机、（　　）、发射接收天线三部分组成。

　　A. 信号接收机　　B. 信号发射器　　C. 读写器　　　　D. 无线射频器

二、多项选择题（以下各题，有 2 个或 2 个以上的答案，请将正确答案的代号填在括号里）

1. 表示空气湿度的方法主要有（　　）。

　　A. 绝对湿度　　　B. 饱和湿度　　　C. 相对湿度　　　D. 露点

2. 灭火的方法有（　　）。

　　A. 隔离法　　　　B. 窒息法　　　　C. 冷却法　　　　D. 抑制法

3. 温湿度控制的常用方法包括（　　）。

　　A. 通风　　　　　B. 密封　　　　　C. 吸潮　　　　　D. 气幕隔潮

4. 商品在库期间的质量变化有（　　）。

　　A. 化学变化　　　B. 物理变化　　　C. 生化变化　　　D. 机械变化

5. 移库的目的包括（　　）。

　　A. 优化储位　　　　　　　　　　　B. 提高储位的仓储效率

　　C. 优化库存结构　　　　　　　　　D. 节省工作时间

6. 移库是根据仓库内货物的（　　）等因素进行调整库存储位的一种手段。

　　A. 质量变化　　　　　　　　　　　B. 库存因素

　　C. 货物放置错误　　　　　　　　　D. 储位变更

7. 常见的移库原因有（　　）。

　　A. 库存货品所在的货位与系统货位不一致

　　B. 不足一个托盘的货品进行合并

　　C. 季末剩余库存调整到动销率较低的区域

　　D. ABC 分类中不同品类货物分类存放

8. 以下属于移库中常见的异常的有（　　）。

　　A. 货位数量不符　　　　　　　　　B. 货物外包装破损

　　C. 货位重量异常　　　　　　　　　D. 货物质量异常

9. 在移库作业中常用的设备有（　　）。

　　A. 手持终端　　　　　　　　　　　B. 叉车

　　C. 自动化立体仓库　　　　　　　　D. 开箱刀

10. 以下属于移库中货物外包装异常的有（　　）。

　　A. 外包装轻微受损　　　　　　　　B. 外包装一般破损

　　C. 外包装严重破损　　　　　　　　D. 外包装无破损

11. 以下属于移库作业中常见的储位分配原则的是（　　）。

A. A类货物放置于货架的底层，B类货物放置于货架的中层
B. C类货物放置于货架顶层
C. 出库百分比大的货物优先存放在货位号小的位置
D. 优先使用货位号小的货位

12. 移库作业中应考虑的因素有（　　）。
A. 货物重量　　　　　　　　　B. 货物进出库顺序
C. 物动量ABC分类　　　　　　D. 储位分配原则

13. 移库作业实际操作过程中，可能会使用到的设备及工具有（　　）。
A. 手持终端　　B. 叉车　　C. 液压托盘车　　D. 安全帽

14. 以下移库的异常中，属于货位数量不符的有（　　）。
A. 货物外包装严重破损　　　　B. 货物数量增多
C. 货物数量减少　　　　　　　D. 货物质量异常

15. 补货作业的目的是（　　）。
A. 优化储位结构　　　　　　　B. 满足客户订单
C. 提高客户满意度　　　　　　D. 避免缺货

16. 常见的补货方式有（　　）。
A. 整箱补货　　　　　　　　　B. 托盘补货
C. 货架上层至货架下层的补货　D. 其他补货

17. 补货的时机分为（　　）。
A. 批次补货　　B. 定时补货　　C. 随机补货　　D. 定量补货

18. 以下补货方式属于其他补货的是（　　）。
A. 直接补货　　B. 复合式补货　　C. 随机补货　　D. 自动补货

19. 补货作业的策划要满足的两个前提是（　　）。
A. 做好补货准备工作　　　　　B. 确保有货可拣
C. 准备补货所需工具　　　　　D. 将待拣货物放置在存取方便的位置

20. 以拆零补货作业为例的实际操作过程中，可能会使用到的设备及工具有（　　）。
A. 手持终端　　B. 叉车　　C. 液压托盘车　　D. 开箱刀

21. 以下属于补货作业异常的是（　　）。
A. 目标储位错放　　　　　　　B. 目标货位数量短缺
C. 目标储位混放　　　　　　　D. 目标货物破损、变质

22. 以下异常情况中，属于补货作业目标储位错放、混放异常的是（　　）。
A. 目标货物轻微受损
B. 目标储位上的货物放置到了旁边的储位上
C. 目标货物上货物数量不足
D. 目标储位上的货物与隔壁储位货物混在一起

23. 补货作业中应考虑的因素有（　　）。

A. 货物入库数量 B. 货物预计出库量
C. 货物补货点 D. 货物库存结余量

24. 以下公式中正确的是（　　）。
A. 结余库存量＝库存量－出库量 B. 结余库存量＝库存量＋出库量
C. 库存结余量＞补货点，需要补货 D. 库存结余量＜补货点，需要补货

25. 盘点的主要内容包括（　　）。
A. 查数量　　　B. 查质量　　　C. 查保管条件　　　D. 查安全

26. 以下属于动碰盘点的特点的是（　　）。
A. 只盘有出入库业务发生的物料 B. 有利于及时发现差错和及时处理
C. 随时地掌握当前货物的数量情况 D. 增加了员工的工作量

27. 下列（　　）适用于效期盘点。
A. 服装　　　B. 食品　　　C. 药品　　　D. 化妆品

28. 以下属于盘点差异原因的是（　　）。
A. 盘点方法不当 B. 盘点计数差错
C. 计量用具不准 D. 漏盘

29. RFID 盘点的优势一般有（　　）。
A. 批量群读　　　B. 无屏障识别　　　C. 数据容量大　　　D. 安全性高

30. RF 盘点一般作业流程包括（　　）环节。
A. 盘点准备　　　B. RF 扫描储位　　　C. 数量输入　　　D. 盘点确认

三、判断题（正确的在前面括号里打"√"，错误的打"×"）

（　　）1. 移库作业是库内作业的一种，是根据仓库内货物的质量变化、库存因素、货物放置错误、储位变更等因素进行调整库存储位的一种手段。

（　　）2. 仓库功能区域重新进行布局调整，会进行补货作业。

（　　）3. 移库作业是为了优化储位，提高仓储作业效率而进行的调整储位的活动。

（　　）4. 移库过程中，发现一般破损的货物，需要执行不合格品的处理程序。

（　　）5. 移库作业方案设计，不需要根据物动量 ABC 分类表和储位分配规则就可以进行移库。

（　　）6. 在实际操作过程中，未正确完成货品的移库会按未正确完成移库的托盘数累计进行扣分。

（　　）7. 当库存货品所在的储位与系统储位不一致时，需要做到系统与实际库存相符，这时候就需要进行移库操作。

（　　）8. 移库作业的实操中，信息员根据规定的货位调整要求，下达移库指令，信息员根据指令驾驶电瓶式叉车将托盘从原货位取出，调整至新货位，并反馈移库信息到 WMS 仓储管理系统。

（　　）9. 为了提高仓库内的仓储效率，无须对不满一个托盘的货物进行拼

盘作业，以提高储位的仓储效率。

（　　）10. 根据移库的原因和条件判断移库需求，依据移库规则调整储位，是移库作业的最基本流程。

（　　）11. 补货通常是将货物从保管区移到出库区的作业工作，目的是保证拣货区有货可拣。

（　　）12. 托盘补货，以纸箱为单位进行补货。

（　　）13. 整箱补货较适合于体积小且少量多次出货的货品。

（　　）14. 复合式补货是指从进货区补货到拣选区，一般用于货物周转较快的仓库，通过直接补货的方式，减少补货前置时间，提高作业效率。

（　　）15. 自动补货适用于自动立体化仓库的可视化补货作业，计算机自动化程度较高。

（　　）16. 是否需要补货，主要看出库区的货物存量是否符合拣货需求。

（　　）17. 将每天划分为若干个时间段，补货人员在对应时间内检查拣货区货架上的货物的库存量，如果发现库存不足，马上进行补货，这种补货时机是定量补货。

（　　）18. 随机补货是一种指定由专人从事补货作业方式，这些人员随时巡视拣货区的分批存量，发现库存不足随时进行补货。这种"不定时补足"的补货原则，比较适合于每批次拣选量不大、紧急追加订货较多，以至于一天内作业量不容易事前掌握的情况。

（　　）19. 补货的异常包括了目标货位数量短缺，目标储位错放、混放，目标货物破损、变质等异常情况。

（　　）20. 补货作业的实际操作中，未完成对应货品的补货和补货数量错误，均会被判定为操作错误。

（　　）21. 相对湿度是指空气中实际含有的水蒸气量（绝对湿度）距离饱和状态（饱和湿度）程度的百分比。

（　　）22. A类火灾通常使用二氧化碳、干粉、卤代烷和泡沫等灭火器进行灭火。

（　　）23. 物品经常发生的化学变化有氧化、分解化合、水解、锈蚀、聚合、裂解、风化、老化等。

四、简答题

1. 简述温湿度控制的常用方法。
2. 简述引起商品发生变化的因素。
3. 简述移库的流程。
4. 简述移库过程中，货位数量不符时，应如何处理？
5. 简述补货的流程。
6. 简述补货过程中，目标储位错放、混放时，应如何处理？
7. 已知初始库存量和预计出库量，请写出库存结余量的计算公式。

8. 简述盘点的一般流程。

9. 简述常见的临期商品处理方法。

10. 简述 RF 盘点一般作业流程。

11. 简述盘点作业注意事项。

五、实务题

1. 某货物的库存数量为 75 箱，A 客户要货 25 箱，B 客户要货 35 箱，C 客户要货 15 箱，当该货物库存量少于 10 箱时则需要补货。

（1）请问此货物能否满足本次拣货需求？

（2）请问此货物是否需要补货？

2. 某货物的库存数量为 100 箱，A 客户要货 35 箱，B 客户要货 40 箱，C 客户要货 20 箱，当该货物库存量少于 20 箱时则需要补货，需要将货物补足达到最低补货点，货物箱装数为 10 瓶/箱。

（1）请问是否需要补货？请写出计算步骤。

（2）请计算出需要补货的数量，需要补货多少箱？

模块四

智慧仓配出库

【学习背景】

某物流公司计划承接 TOB 业务，主要是面向公司客户中满足特定条件的优选客户，为他们提供针对性的一体化仓储和配送服务，为公司创造新的利润增长点。立体仓目前存储 SKU 总量为 5、库存量为 2623、剩余空库位为 737；AGV 仓目前储存 SKU 总量为 3、库存量为 3127、剩余空库位为 7433；声光拣选仓目前储存 SKU 总量为 2、库存量为 2280、剩余空库位为 3744；人工拣选仓目前储存 SKU 总量为 12、库存量为 8892、剩余空库位为 4879。

5月10日至5月15日订单量为13单，涉及订单金额为32322元，订单内商品包含 18 个 SKU，订单内商品存储分布在立体仓、AGV 仓、声光拣选仓及人工拣选仓。需要在5月20日前完成订单处理并安排拣货出库。

【学习目标】

通过本章的学习，培养学生掌握智慧仓配出库作业的相关知识，通过对库存数据的分析将库存控制在合理的范围内。了解 TOB 订单处理流程和订单拆分维度，并利用现代智能设备从事仓储出库的活动，完成出库、拣货、发货任务。通过多维度的订单数据分析，了解不同区域、用户对不同类别商品的购买习惯，从而调整销售策略，提升销售额。在学习的过程中，培养学生的数据分析应用能力、综合仓储管理能力和分析解决问题能力。

❖ 知识目标

1. 掌握库存的定义、优缺点与类型；
2. 掌握库存数据分析的步骤和评价指标；
3. 了解 TOB 订单的定义、分类规则和处理流程；
4. 掌握出库的定义、准备、依据、要求及流程；
5. 掌握拣选方式、拣选路径和拣选人员分派相关知识。

❖ 能力目标

1. 能够根据不同库区库存情况，分析库存数据，将库存控制在合理的范围内；

2. 能够根据订单情况对订单进行拆分，并对订单数据进行多维度分析；

3. 能够根据订单情况制订拣选方案及出库计划。

❖ 素养目标

1. 培养学生细致严谨、团结协作的职业态度及对作业流程和异常业务处理的认真态度；

2. 培养学生精益求精的工匠精神、多维思考的分析能力、良好沟通能力和协调能力。

【案例导读】

上海某超市物流有限公司坐落在上海市市级物流园区——普陀区桃浦西北物流园区内，物流中心有新老两个仓库，主要承担600家供应商的进货仓储管理、100家直营店和1700家加盟店的配货管理，以及每年4次针对加盟店的特卖会。

公司通过ABC分析、优化拣货路线、采用标签拣选及其他恰当的拣货策略，提高拣货速度，减少配货差错率。该物流中心日常人均拣货量达到1000～1500件，配货差错率逐步降到2‰，配送费率逐步降到2%，配送作业成本至少减少500万元。

一个先进的货物分拣系统意味着拥有比竞争对手更快的物流速度，能够更好地满足顾客的需求，其潜在的回报是惊人的。建立一个先进的货物分拣系统，结合有效的吞吐量不但可以节省物流成本，还可以大大提高物流中心工作效率，更好地管理库存，显著降低物流人员劳动强度。

党的二十大报告指出，构建优质高效的服务业新体系，推动现代服务业同先进制造业、现代农业深度融合。加快发展物联网，建设高效顺畅的流通体系，降低物流成本。加快发展数字经济，促进数字经济和实体经济深度融合，打造具有国际竞争力的数字产业集群。优化基础设施布局、结构、功能和系统集成，构建现代化基础设施体系。

这给物流行业在数字化时代的发展指明了方向，配合物流枢纽建设需求，着力推动智慧物流建设，让智慧物流运营更上新台阶。

【知识任务】

任务一　库存管理及订单分析

在企业生产经营过程中，通常会面对种种不可预测的风险和挑战，为了保证生产或销售的连续性，人们需要牢牢把控商品的库存情况，保证供应链的安全稳定。进入智慧物流时代，高效的库存管理对于降低企业运营成本、提高产品核心竞争力同样具有重要的意义。因此，智慧仓配出库环节的首要任务就是进行积极有效的库存管理，并针对出库订单进行详细分析，以方便后续的出库拣货。

一、查看库存明细

1. 库存的定义和优缺点

库存即为了某种目的而储存的物品，以原材料、在制品、半成品、产成品等多种形式存在于供应链的各个环节，是智慧物流及供应链管理中需要考虑的关键要素。

（1）库存的定义。

库存是处于储存状态的物质或产品，也可以理解为"为了满足未来需要而暂时闲置的资源"。国家标准《物流术语》GB/T 18354—2021 中对"库存"的定义为：储存作为今后按预定的目的使用而处于备用或非生产状态的物品。

从该定义中可以看出，库存是为达到某种目的而储存的物品，不过物品存在的形式不一定是在仓库中保证静止不动的，可能是在工厂中待加工的零部件或者在运输途中属于非生产状态的物品。因此，广义的库存还包括处于制造加工状态和运输状态的物品。

> **知识小栏目**
>
> 库存，英文是"Inventory"或"Stock"，表示用于将来目的的资源暂时处于闲置状态。要注意区别库存与保管两个不同的概念，前者是从物流管理的角度出发强调合理化和经济性；后者则从物流作业的角度出发强调效率化。

（2）库存的优缺点。

现代物流理论认为"库存是一个必要的恶魔"，过高的库存会给企业带来沉重的经济负担，而过低的库存则会危及企业的生命安全。库存的存在有着明显的优缺点，库存的优点包括：

① 保障生产的均衡性。企业在生产过程中维持的一定数量的原材料库存，

可以预防由于原材料价格上涨或者外贸环境变化等原因导致的缺货，保障原材料供应的持续稳定，防止生产中断，从而达到内部生产的均衡性。

② 提升需求响应效率。面对不确定的、随机的外部需求变动，当企业保有一定量的安全库存或缓冲产品时，就能够通过库存拣货来满足客户订单需求，缩短客户订货后的等待时间，提升需求响应效率。同时，也可以凭借快速响应的优势，争取到更多优质客户，扩大供应链的深度及广度。

③ 实现规模经济效益。企业可以通过设立库存实现在采购、制造和运输等方面的规模经济。例如，大批量的采购可以获得更低价格的进价，大批量的制造可以分摊加工前的调整准备费用，大规模的运输也可以选用更经济的运输方式，从而实现规模经济效益，有效降低成本。

④ 平衡供给与需求。库存具有"蓄水池"的功能，供给物品的过程就好似向水池中放水，而需求的出现就像从水池中抽水。当供给速度快于需求速度时，水池的水位（库存）便会上升；当需求速度快于供给速度时，水池的水位（库存）便会下降。如果能够使供给进度与需求速度相同，库存便会被降至最低。因此，持有一定数量的库存有利于调节供需之间的不平衡关系。

库存的存在也给企业带来了诸多风险，甚至有人说库存是企业的"坟墓"。不合理的库存安排将造成资源浪费，占用大量流动资金，增加企业的经济负担。库存的缺点通常表现为以下几点：

① 占用企业大量资金。通常情况下库存占用的资金可达到企业总资产的20%~40%，库存管理不当会造成资金积压，引起资金周转困难，给企业带来较大的经济负担。

② 增加生产管理成本。长期堆积的库存物品会产生仓库保管费、物料搬运费、管理人员工资等费用，还会存在由于库存物品丢失、被盗、变旧或发生物理、化学变化导致价值降低的风险，这些都会增加企业的生产管理成本，使企业预期的投资利润受到损失。

③ 掩盖众多管理问题。企业经营管理不善通常是由多种原因造成的，但是由于库存的存在，许多管理问题都会被掩盖，如掩盖工序间的生产不平衡、设备的高故障率、实时的产品质量问题、员工的低生产效率等。

例如，某产品制造过程中的工序A生产节奏较快，生产周期时间为10s，而后续的工序B生产周期时间则为15s，两道工序间的生产节奏已经失调，如图1-4-1

图1-4-1　库存掩盖的工序间生产不平衡问题范例

所示。但是，由于工序 A 所生产的产品全部存放到了在制品库存区，从表面上看，整个生产还是可以正常进行，这就是库存所掩盖的工序间生产不平衡问题。

 知识小栏目

> 制造一部汽车需要成千上万个独立零部件，2022年我国零部件出口额再创新高，这表明中国零部件企业从"成本优势"转向"研发、集成、创新"等高质量发展道路，并逐步走向海外。但是汽车生产供应链具有明显的全球化特征，我国汽车零部件仍然有大量进口产品，主要进口来源国为德国、日本和美国。这些海外零部件进口运输往往需要8～12周的时间，这就意味着主机厂往往需要提前3个月订货、发货，配置超出当前生产所必需的库存量，以确保生产的连续稳定，但是过多的库存积压也会占用企业现金流。未来，汽车制造商需要提升本地化配套，尽量缩短供应半径，减弱对于全球供应链的依赖。

2．库存的类型

库存可以按照生产过程的不同阶段划分，或从企业经营过程、存放地点、库存的预测性等几个方面进行划分。从不同的角度划分出的库存类型可能会有重叠，但是这样的分类更有助于我们理解库存的内涵。

（1）按照生产过程的不同阶段划分。从制造业产品生产过程的角度，可以将库存划分为原材料库存、在制品库存、半成品库存和产成品库存。

① 原材料库存。原材料库存是指等待进入生产加工作业的原材料与零部件。企业通过采购或其他方式取得原材料，需要完成质检后才能入库，以备下一步的加工制造。外购件库存一般也归为原材料库存。

② 在制品库存。在制品是指在某道制造工序上正处于加工过程的物资。在完成下一道工序之前，都为在制品，工序之间的暂存物资就是在制品库存。

③ 半成品库存。半成品库存是指部分加工完成并已检验合格的物资。半成品在流通至最终消费者前还需要进一步加工，但仍可作为商品单独对外销售。

④ 产成品库存。产成品是指能够销售、分配，提供给最终消费者购买的最终产品。产成品质量检测合格后会入库等待出售，形成产成品库存。

上述四种库存处在供应链上的不同位置，如图 1-4-2 所示。对于一个加工工艺复杂的产品来说，在不同生产工序间流转的过程中会存在各种在制品库存，还会产生不同加工程度的半成品库存。而生产完成的产成品可以有多个储存点，如制造企业、配送中心、零售店等，最后将转移到最终消费者手中。

（2）按照企业经营过程划分。从企业经营过程的角度，通常将库存分为以下

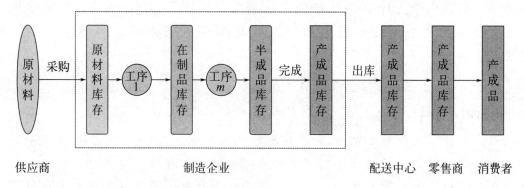

图 1-4-2　供应链上的不同库存

七种类型。

① 经常库存。经常库存又叫周转库存，是指在正常的经营环境下，企业为满足日常需要而建立的库存。这种库存随着陆续的出库需要不断减少，当库存降低到某一水平时（如订货点），就要按一定的规则反复进行订货来补充库存。

② 安全库存。安全库存是指为了防止不确定因素（如大量突发性订货、供应商突然延期交货等）而准备的缓冲库存。安全库存又称为后备库存或波动库存，可作为经常库存的后备，以防不时之需。但是由于不确定性的存在，在进行安全库存的决策时要比经常库存更难。

③ 季节性库存。季节性库存是指为了满足特定季节出现的特定需要而建立的库存，比如夏季对于冷饮的需要、冬季对于羽绒服的需要；或指对季节性出产的原材料在出产的季节大量收购所建立的库存，比如在大米、棉花、水果等农产品丰收的秋季大量采购所产生的库存。

④ 投机库存。投机库存又称屏障库存、时间效用库存，是指为了避免因物资价格上涨造成损失或为了从物资价格上涨中获利而建立的库存。例如，企业在价低时采购煤、石油、水泥等价格易波动的常用原材料，以保证在这些原材料价格上涨后仍然可以获得较高的利润，在一定程度上规避市场风险。

⑤ 促销库存。促销库存是为了应对企业促销活动引起的预期销售增加而建立的库存。例如，大型连锁超市在举行促销活动之前都会储备大量的促销商品，以免在活动期间发生缺货，降低消费者满意度。

⑥ 积压库存。积压库存又叫沉淀库存，是指因物资品质变坏不再有效用的库存或者因没有市场销路而滞销的产品库存。

⑦ 生产加工和运输过程的库存。生产加工过程中的库存是指处于加工状态，以及为了生产的需要暂时处于储存状态的零部件、半成品或产成品。运输过程中的库存是指处于运输状态或为了运输而暂时处于储存状态的物资。

（3）按照存放地点划分。按照存放地点，可将库存划分为：库存存货、在途库存、委托加工库存和委托代销库存。

① 库存存货。库存存货是指已经运到企业，并已验收入库的各种原材料、

半成品和产成品。

② 在途库存,在途库存是指在运输途中的库存,根据所有权的不同可以分为运入在途库存和运出在途库存。运入在途库存是指货款已经支付或虽未付货款但已取得所有权、正在运输途中的各种外购物资。运出在途库存是指按照合同规定已经发出或送出,但尚未转移所有权,也未确认销售收入的物资。

③ 委托加工库存,委托加工库存是指企业委托其他单位加工,但尚未加工完成的各种原材料、在制品和产成品等。

④ 委托代销库存,委托代销库存是指企业委托其他单位代销,但尚未按照合同办理代销贷款结算的半成品、产成品等。

(4) 按照库存的预测性划分。按库存的预测性分类,可分为独立需求库存和相关需求库存。

① 独立需求库存,独立需求库存是指由消费市场需求所决定的库存。这种库存不受企业自身控制,也与企业其他库存产品的需求量没有关系,主要受客户对企业产品和服务需求的影响。

② 相关需求库存,相关需求库存是指某种产品的需求与其他产品需求存在一定的相互关系,可以根据企业性质、生产周期等准确计算出库存的需求量及需求时间。相关库存需求是一种确定性的需求。例如,客户订购一批汽车后,企业需要根据汽车生产的需求情况,确定轮胎、反光镜、车用座椅等的需求,对这些零部件、原材料的需求就是相关需求。

3. 库存控制

(1) 库存控制的概念。库存控制又称库存管理,是指对制造业或服务业生产、经营全过程的各种物品、产成品以及其他资源进行管理和控制,使其储备保持在经济合理的水平上。库存控制的重点在于决策如何订货、何时订货、订购多少等问题,以便企业在恰当的时候,以最低的成本满足其用户对特定数量和质量的产品需求。

视频扫一扫

库存的合理控制

(2) 库存控制的目标。库存控制的目标是维持必要的库存,减少不必要的库存。如果不对库存进行有效控制,就会出现超储或缺货的情况。超储意味着存在大量的库存积压,不仅占用流动资金还会增加仓库保管费用;而缺货则会造成物质供不应求,导致市场脱销,丧失销售机会。库存控制的中心则是如何确定合理库存量的问题。将库存量保持在一个合适的水平,平衡库存成本与库存收益的关系,使库存占用的资金带来的收益比投入其他领域的收益更高。

(3) 库存过程控制。库存量的变化受到库存过程的影响,因此必须先明确库存过程并对其进行控制。一个完整的库存过程,可以分为四个阶段,如图1-4-3所示。

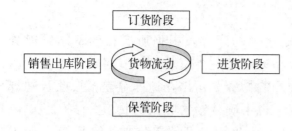

图 1-4-3　库存过程的四个阶段

① 订货阶段，是从向外订货或发出订单开始，一直到订货成交为止的整个阶段。其作用是将物资的所有权从供应方转移到需求方。订货过程即商流过程，目的是补充库存。

② 进货阶段，是把物资从供应方运进需求方指定地点的过程，它使库存量增加，属于物流过程。

③ 保管阶段，是从物资验收入库开始到出库为止，对物资进行的一系列保管保养活动。在这个过程中库存不发生变化，属于物流过程。

④ 销售出库阶段，是将物资清点交货到商品装车的阶段。在此阶段，物资将送到消费者手中或指定的生产工序，库存量逐渐减少，属于物流过程，有时兼有商流过程。

通过分析上述四个阶段的活动，可以看出：订货阶段属于商务谈判阶段，补充了库存；进货阶段是按照订货阶段的计划完成入库，使库存量增加；销售出库阶段使库存量减少；保管阶段则对库存量没有影响。为了控制库存，就必须关注订货阶段和销售出库阶段这两方面。但是，控制销售出库阶段，就会限制用户的需求，降低客户的满意度，导致客户流失，影响仓储收益。

因此，库存控制的关键是对订货过程进行控制，主动控制库存量，制定适宜的订货策略，解决什么时候订货、每次订货要订多少、采用什么订货方法等问题。衡量订货策略好坏的标准是储存过程所支出的平均费用是否最低。常见的库存控制法包括定量订货法和定期订货法、ABC 库存分析法和经济订货批量法等，将在模块六对其中几种库存控制的方法进行详细阐述。

知识小栏目

> 某快时尚服装品牌坚持每周上新，却能不被库存压倒反而成为行业的领头羊，最重要的原因是坚持采用了"零库存"管理方式。"零库存"管理是指在生产与流通领域按照准时制组织物资供应，使整个过程库存最小化的管理方式的总称。该品牌从创建之初追求的就是"零存货"，所有专卖店都不会配备专门的库存区，服装产品由总部集中管理、统一配送。此外，该品牌每一款商品都是小批量生产，以减少庞大 SKU 带来的库存压力，达到高效的库存控制。

（4）库存控制的作用。库存控制的主要功能是在供需之间建立缓冲区，达到用户需求与企业生产力之间、装配需求与零配件之间、零部件加工工序之间、生产厂家需求与原材料供应商之间缓和的目的，主要作用是满足预期客户需求，在平滑生产、防止脱销的同时减少费用。

① 平滑需求，对库存进行合理的控制，能够在保证企业生产、经营需求的前提下，使库存量稳定保持在合理的水平上，平滑生产、销售等需求。

② 防止脱销，良好的库存控制有利于掌握库存量动态，适时、适量提出订货需求，避免超储或缺货，防止脱销。

③ 减少费用，过多的库存会占用资金，对库存进行合理的控制，能够减少库存空间占用，降低库存总费用。同时，控制库存资金占用也可以加速资金周转。

4. 库存数据分析

库存数据分析的意义在于通过数据分析了解商品的库存情况，从而判断当前的商品结构是否合理、是否需要补货等。依据数据分析的结果制订出合理的库存管理策略，以保证商品供求的平衡。

（1）库存数据分析的步骤。通过对库存数据的收集、整理、分析和处理，以便更好地了解库存情况，为库存管理提供依据。库存数据分析主要包括以下几个步骤：

① 库存数据收集。通过收集库存分类、库存数量、库存成本等数据，了解库存情况。

② 库存数据整理。对收集到的库存数据进行清洗和分类，以便更好地进行数据分析和处理。常见的数据清洗操作包括去除重复项、填充缺失值、格式转换等。

③ 库存数据分析及可视化展示。分析期初库存、期末库存、平均库存量、库存天数、库存周转率等关键数据指标，了解库存的组成和特点，优化库存结构，提高库存管理效率。并对分析结果进行可视化展示，以便更好地理解和传达分析结果，常见的数据可视化方式包括折线图、柱状图、饼图等。

④ 库存数据处理。通过对库存数据的处理，包括数据转换、数据建模等，以便更好地进行数据分析和预测，为库存管理提供依据。

（2）库存数据分析的指标。库存数据分析的指标主要有期初库存数量、期末库存数量、平均库存量、库存天数、库存周转率等，一般以月、季度、半年或年为计划周期。

① 期初库存数量，是指在一个企业生产运作周期开始时，可供使用或出售的物资（如原材料、产成品等）的原始数量，计划期初仓库实际拥有的储备量。

② 期末库存数量，是指在一个企业生产运作周期结束时，可供使用或出售的物资（如原材料、产成品等）的实际账面数量。期末库存又可称为库存结余量，即本次运作周期结束后所结余的库存数量。其计算公式为：

期末库存数量（库存结余量）＝期初库存数量＋本期入库量－本期出库量

③ 平均库存量，平均库存量是指某一计划周期内的平均库存量，它反映了仓库的平均储存水平。其计算公式为：

$$平均库存量 = \frac{期初库存数量 + 期末库存数量}{2}$$

④ 库存天数（Day of stock，DOS）也就是存货天数，可以有效衡量库存可持续销售的时间，并且与销售速度密切相关，随着销售速度变化而变化。通过库存天数可以判断仓库是否存在缺货风险。

$$库存天数 = 期末库存数量 \times \frac{销售期天数}{某销售期的销售数量}$$

⑤ 库存周转率，是指某一周期内库存货物周转的次数。库存周转率反映了库存周转的快慢程度，一般来说，周转率越大表明销售情况越好。其计算公式为：

$$库存周转率 = \frac{销售数量}{平均库存量} \times 100\%$$

$$= \frac{销售数量}{(期初库存数量 + 期末库存数量)/2} \times 100\%$$

【例4-1】 某企业在2023年Q1的期初库存数量为29586，期末库存数量为18852，期间销售数量为8563，请计算该企业在2023年Q1的库存天数和库存周转率（每月按30天计算），库存天数保留整数，库存周转率四舍五入保留2位小数。

解：2023年Q1是第一季度的3个月，共90天，代入公式：

$$库存天数 = 18852 \times \frac{90}{8563} = 198(天)$$

$$库存周转率 = \frac{8563}{(29586 + 18852)/2} \times 100\% = 35.36\%$$

（3）案例分析——计算期末库存数量。

【例4-2】 某物流公司是一家主营仓储、配送的第三方物流公司，为客户提供及时准确的优质服务。2023年7月31日17:30，该物流公司A市物流中心电子标签拣选区的库存初始状态如表1-4-1所示。2023年8月1日，该物流中心收到了1张入库订单和3张出库订单，如表1-4-2～表1-4-5所示。

请计算2023年8月1日17:30各商品的期末库存数量，并填入表1-4-6中。该物流公司每天的工作时间为8:00～17:30。

表1-4-1　电子标签拣选区的库存初始状态（2023年7月31日17:30）

序号	储位编码	货品编码	货品名称	库存量	品类	单位
1	A00000	6920174735994	立白新椰油精华洗衣皂	10	日用品	件
2	A00001	6921168593576	茶π果味茶饮料柚子绿茶	8	饮料	瓶
3	A00002	6921168593583	茶π果味茶饮料柠檬红茶	11	饮料	瓶
4	A00003	6920174742640	立白全效馨香洗衣皂	10	日用品	件
5	A00004	6902088934359	中华抗糖抗敏牙膏	7	日用品	盒

续表

序号	储位编码	货品编码	货品名称	库存量	品类	单位
6	A00005	6910019020040	超能APG食品用洗洁精	13	日用品	瓶
7	A00100	6921317993790	康师傅茉莉蜜茶(500mL)	11	饮料	瓶
8	A00101	6921317998436	康师傅茉莉清茶(500mL)	10	饮料	瓶
9	A00102	6902088934335	中华抗糖修护牙膏	9	日用品	盒
10	A00103	6910019008345	超能西柚祛腥食品用洗洁精	9	日用品	瓶
11	A00104	6910019021276	超能抹茶祛味食品用洗洁精	8	日用品	瓶
12	A00105	6902088934298	中华抗糖净白牙膏	10	日用品	盒

表1-4-2 入库订单

客户指令号	RK2023080101	客户名称	华夏集团	ASN编号	RK2023080101
库房	A市物流中心	入库类型	正常入库	是否取货	否
预计入库时间		2023年8月1日8:00			
货品编码	货品名称	包装规格/mm	总重量	数量	批号	备注
6920174735994	立白新椰油精华洗衣皂	/	/	5	/	/
6921317993790	康师傅茉莉蜜茶(500mL)	/	/	5	/	/
6902088934335	中华抗糖修护牙膏	/	/	8	/	/
6910019008345	超能西柚祛腥食品用洗洁精	/	/	4	/	/

表1-4-3 出库订单1

客户指令号	CKD2023080101	客户名称	龙江集团	紧急程度	紧急
库房	A市物流中心	出库类型	正常出库	是否送货	是
收货人		利民超市(清远店)			
预计出库时间		2023年8月1日15:00			
货品编码	货品名称	包装规格/mm	单位	数量	批号	备注
6921317998436	康师傅茉莉清茶(500mL)	/	瓶	9	/	/
6910019020040	超能APG食品用洗洁精	/	瓶	7	/	/
6920174735994	立白新椰油精华洗衣皂	/	件	4	/	/

表1-4-4 出库订单2

客户指令号	CKD2023080102	客户名称	龙江集团	紧急程度	一般
库房	A市物流中心	出库类型	正常出库	是否送货	是
收货人		利民超市(新绿店)			
预计出库时间		2023年8月1日15:00			

续表

货品编码	货品名称	包装规格/mm	单位	数量	批次	备注
6910019020040	超能APG食品用洗洁精	/	瓶	2	/	/
6921168593576	茶π果味茶饮料柚子绿茶	/	瓶	2	/	/
6902088934335	中华抗糖修护牙膏	/	盒	8	/	/

表1-4-5 出库订单3

客户指令号	CKD2023080103	客户名称	龙江集团	紧急程度	一般
库房	A市物流中心	出库类型	正常出库	是否送货	否
收货人	利民超市（恒源店）				
预计出库时间	2023年8月2日 15:00				

货品编码	货品名称	包装规格/mm	单位	数量	批次	备注
6902088934359	中华抗糖抗敏牙膏	/	盒	6	/	/
6910019008345	超能西柚祛腥食品用洗洁精	/	瓶	4	/	/
6910019021276	超能抹茶祛味食品用洗洁精	/	瓶	20	/	/

表1-4-6 各商品的期末库存数量（2023年8月1日 17:30）

序号	储位编码	货品编码	货品名称	期初库存数量	入库量	出库量	期末库存数量	单位
1	A00000	6920174735994	立白新椰油精华洗衣皂					件
2	A00001	6921168593576	茶π果味茶饮料柚子绿茶					瓶
3	A00002	6921168593583	茶π果味茶饮料柠檬红茶					瓶
4	A00003	6920174742640	立白全效馨香洗衣皂					件
5	A00004	6902088934359	中华抗糖抗敏牙膏					盒
6	A00005	6910019020040	超能APG食品用洗洁精					瓶
7	A00100	6921317993790	康师傅茉莉蜜茶(500mL)					瓶
8	A00101	6921317998436	康师傅茉莉清茶(500mL)					瓶
9	A00102	6902088934335	中华抗糖修护牙膏					盒
10	A00103	6910019008345	超能西柚祛腥食品用洗洁精					瓶
11	A00104	6910019021276	超能抹茶祛味食品用洗洁精					瓶
12	A00105	6902088934298	中华抗糖净白牙膏					盒

计算步骤：

① 确定统计周期，本案例中的统计周期为1天，期初时间指的是2023年7月31日 17:30，期末时间指的是2023年8月1日 17:30。

② 分析期初库存数量，本案例中的期初库存数量即为2023年7月31日 17:30

电子标签拣选区的库存量，也就是表1-4-1中第五列"库存量"的数据。

③ 分析入库订单，入库订单中的预计入库时间为2023年8月1日8:00，刚好在此次统计周期内。入库订单涉及4种商品，它们的入库量来源于表1-4-2中的数量。其余商品在8月1日当天并未有入库信息，入库量为0。

④ 分析出库订单，判断3张出库订单的"预计出库时间"是否在统计周期内。发现出库订单1、2的预计出库时间是2023年8月1日15:00，在统计周期内。而出库订单3的预计出库日期2023年8月2日15:00，是在统计周期后的一天，也就是说截至期末时间8月1日17:30，该订单中的货物仍然未出库。因此，在统计货物出库量时，只需要统计出库订单1、2中的货物，其余商品的出库量为0。

⑤ 计算期末库存数量，根据公式"期末库存数量（库存结余量）＝期初库存数量＋本期入库量－本期出库量"，可计算得到各商品的出库量。以序号1的"立白新椰油精华洗衣皂"为例，该商品的期初库存数量为10，入库量为5，出库量为4，期末库存数量＝10＋5－4＝11。

最终，各商品期末库存数量的计算结果如表1-4-7所示。

表1-4-7　各商品期末库存数量的计算结果（2023年8月1日17:30）

序号	储位编码	货品编码	货品名称	期初库存数量	入库量	出库量	期末库存数量	单位
1	A00000	6920174735994	立白新椰油精华洗衣皂	10	5	4	11	件
2	A00001	6921168593576	茶π果味茶饮料柚子绿茶	8	0	2	6	瓶
3	A00002	6921168593583	茶π果味茶饮料柠檬红茶	11	0	0	11	瓶
4	A00003	6920174742640	立白全效馨香洗衣皂	10	0	0	10	件
5	A00004	6902088934359	中华抗糖抗敏牙膏	7	0	0	7	盒
6	A00005	6910019020040	超能APG食品用洗洁精	13	0	9	4	瓶
7	A00100	6921317993790	康师傅茉莉蜜茶(500mL)	11	5	0	16	瓶
8	A00101	6921317998436	康师傅茉莉清茶(500mL)	10	0	9	1	瓶
9	A00102	6902088934335	中华抗糖修护牙膏	9	8	8	9	盒
10	A00103	6910019008345	超能西柚祛腥食品用洗洁精	9	4	0	13	瓶
11	A00104	6910019021276	超能抹茶祛味食品用洗洁精	8	0	0	8	瓶
12	A00105	6902088934298	中华抗糖净白牙膏	10	0	0	10	盒

二、订单分析

1. SKU的定义

SKU是库存进出计量的基本单元，可以件、盒、托盘等为单位。SKU通常由字母、数字或符号组成,用于唯一标识和区分不同商品。每个 SKU 都代表着一个特定的产品,它可以包括产品的属性、规格、颜色、尺寸、款式等信息,并用于跟踪和管理库存。例如,一款女装有粉红色、白色、黄色三种颜色,有 S、M、L、XL、XXL、XXXL 六个尺码,这款女装就有着 18 个 SKU。

SKU 对于库存管理的作用如下:

(1) 便于产品分类和管理,SKU 可以帮助卖家对产品进行有效的分类和管理。通过为每个产品设定唯一的 SKU,卖家可以快速识别和区分不同的产品,准确记录每个产品的属性和变体信息,便于库存追踪和管理。

(2) 提高库存控制的精确度,SKU 使得库存控制更加精确和高效。通过监控每个 SKU 的销售情况和库存水平,卖家可以及时了解哪些产品需要补货、哪些产品需要下架或促销,以避免库存积压或断货情况的发生。

(3) 进行销售分析和数据分析,SKU 是进行销售分析和生成数据报告的基础。通过跟踪每个 SKU 的销售数量、销售额和利润等指标,卖家可以了解不同产品的市场表现和销售趋势,从而制定更有效的销售策略和业务决策。

(4) 提升供应链管理水平,SKU 有助于开展供应链管理和采购决策。通过分析每个 SKU 的库存情况和销售数据,卖家可以更准确地预测需求、优化采购计划,降低库存成本和运营风险。

2. TOB 订单的定义、分类和处理

(1) TOB 订单的定义。

TOB(To Business)业务指的是企业向其他企业提供服务或产品,也就是我们常说的 B2B(Business to Business)业务。TOB 订单是指仓储物流企业专门为满足一定业务条件的企业客户提供仓储、配送、运输等服务的订单。TOB 订单业务模式是以企业作为服务主体,为企业客户提供平台、产品或服务并赚取利润的业务模式。

 知识小栏目

> 与 TOB 业务模式相对应是 TOC(To Consumer)业务模式,二者面向的对象不同:首先 TOB 企业主要面向的是企业即客户,而不是个人用户,TOC 面向的则是个人用户;其次关注点不同,TOB 是服务思维,关注的核心是服务效率的提升,而 TOC 是流量思维,关注的核心是用户体验。

(2) TOB 订单分类。

① 大客户订单,大客户订单是指单个订单金额达到一定数额或者单个客户的出货量达到一定数量的客户订单。在仓储作业过程中,针对大客户订单,从订单下发到拣货、复核发货等一系列操作均独立于其他类型的订单,单独进行

作业。

② 批量订单，批量订单指在多个订单中同时存在某些热销 SKU 或促销活动中的热门商品的一批订单。

(3) TOB 订单处理。TOB 订单处理涉及订单拆分、订单合并、拣货策略制定、订单分拣、订单发货等环节，还需要对订单拣货异常和订单复核异常的情况进行处理。TOB 订单处理流程如图 1-4-4 所示。

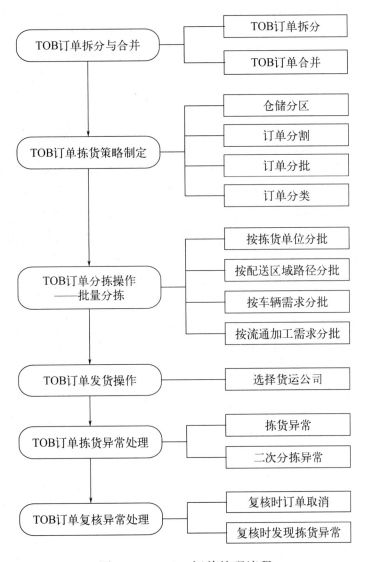

图 1-4-4　TOB 订单处理流程

① TOB 订单拆分与合并，客户提交的订单在物理上并不是一个不可拆分的单元，在实际生产运行中，为了提高分拣效率，可以根据不同的业务场景对原有订单进行多种形式的拆分，也可以根据客户订单 SKU 总数进行订单分类，对不同的订单进行合并处理。

② TOB 订单拣货策略制定，是指根据订单合并处理结果，制定相应拣选策

略并设置拣选路径,将包含拣选货品数量、储位等信息的拣货指令下达到业务处理人员。在制定拣选策略时,主要考虑仓储分区、订单分割、订单分批、订单分类四个因素。四个因素的具体解释见本模块任务二中的拣货分拣作业。

③ TOB订单分拣操作,是指业务处理人员根据接收到的拣货指令执行并完成拣货操作的过程。TOB订单一般采用批量分拣,批量分拣的分批方式主要分为四种:一是按拣货单位分批,即将同一个拣货单位的商品汇总一起处理;二是按配送区域路径分批,即将同一配送区域路径的订单汇总在一起处理;三是按车辆需求分批,如果配送商品需要特殊的配送车辆或客户所在地需要特殊类型车辆则可汇总合并处理;四是按流通加工需求分批,即将需要相同流通加工处理的订单汇总一起处理。

④ TOB订单发货操作,发货是仓储作业环节出库最后一环,所有的订单将根据发货时间节点、发货地等不同维度选择合适的货运公司进行发货。选择货运公司时,主要考虑货运公司的口碑、运输速度、运输业务范围、网点便捷度、运输成本等因素,在实际业务中,可以采用综合评分法选择出最佳的货运公司。

⑤ TOB订单拣货异常处理,在执行拣货或二次分拣过程,可能出现待拣货品数量不足或多拣选目标货品的情况,这时需要根据异常处理规则处理少拣或多拣的货品。第一种情况是拣货异常,通常是由于拣货过程中发现货位缺货或者人为操作失误导致的。在这类异常中,较为普遍的是账实不符,即货架位上货品不足。针对此类异常,一般先拣实际的数量,系统会将对应的订单自动标记为拣货异常。

另外一种情况是二次分拣异常,在进行二次分拣时可能会发现前一段拣货过程中出现多拣或少拣的情况,也可能是二次分拣过程中出现的操作差错。若实际拣选少于应拣数量,则可以到货架位补充拣货;若实际拣选多于应拣数量,则可以将多拣出的货品集中存放,等待库存管理员统一处理重新上架。

⑥ TOB订单复核异常处理。一种情况是复核时订单取消:当上游企业资源计划系统(Enterprise Resource Planning,ERP)或订单管理系统(Ordering Management System,OMS)发送取消订单通知时,该类订单已加入本次拣选还未复核,按照业务规则,统一将此类订单拦截在打包复核环节。复核业务员复核此类订单时,系统会提示订单已经取消,无法继续复核。针对此类异常订单,复核业务员只需要统一交给异常处理员处理即可。

另一种情况是复核时发现拣货异常:复核业务员在复核时,发现实际拣货数量与订单商品数量不一致,需要根据具体情况进行处理。若实际拣货数量少于订单商品数量,则复核员可手动标记该订单为异常;若实际拣货数量大于订单商品数量,则可将多出的货品取出统一交给异常处理员处理后,继续进行发货操作。

3. 订单拆分概述

(1) 订单拆分的含义。用户提交的订单在物理上并不是一个不可拆分的单元，即：订单不是一个颗粒度最小的实体，还可以进行多种形式的分解。根据不同的业务场景，可以进行不同形式的拆分。

订单拆分策略

（2）订单拆分的维度。用户提交订单后，电商平台通常会按照某些规则对订单进行分析，必要时会将一个订单拆解成两个或多个子订单，原来的订单称为父订单。拆单的维度一般包括商家、仓库、商品品类、物流、订单金额等，订单拆分流程如图1-4-5所示。

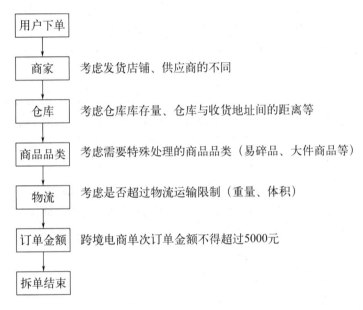

图1-4-5 订单拆分流程

① 商家维度，一些电商平台（天猫、抖音、拼多多等）有很多入驻的商家，用户跨店铺结算订单的情况非常普遍，这时候就需要对订单进行拆分。此外，如果用户订单中包含了多个供应商的商品，甚至同一家店铺有多个供应商为其供货，也要对订单进行拆分操作。

② 仓库维度，一些大型电商公司（京东、考拉等）都有自建仓库，商家会根据仓库库存量、仓库与收货地址间的距离等因素，在各个不同的仓库进行拣货、备货、发货。用户的订单如果包含多个仓库的商品，那么就必须按照仓库对订单进行拆分。

③ 商品品类维度，某些商品品类由于属性和价值的不同，需要特殊处理，例如：易碎品需要特殊包装；大件商品（儿童座椅、冰箱、洗衣机、电视等）需要单独发货。如果一个订单里面包含这些商品，一般也需要对订单进行拆分。

④ 物流维度，物流公司对单个包裹的重量或体积有着明确的要求，例如一般物流公司规定单个包裹的重量不能超过20kg，如果超重就需要将订单拆分成多个包裹。除此之外，如果单个包裹的收费更高，基于物流成本考虑一般也会将一个订单拆分成两个及以上。例如，如果一个10kg的包裹比两个5kg的包裹收

费更高，商家就会将订单拆分为两个。

⑤ 订单金额维度，主要针对跨境、海淘商品，这类商品需要订单、支付单、核运单三单对碰，而且国家政策规定，跨境电子商务零售进口商品的单次交易限值为人民币 5000 元，个人年度交易限值为人民币 2.6 万元。如果用户单笔订单金额超过 5000 元，则必须对订单进行拆分，拆分后的子订单每笔不能超过 5000 元，且每笔子订单都有独立的订单号和物流单号，确保正常通关。

（3）订单拆分的时机。

① 下单后支付之前拆分订单。如果在下单之后支付之前进行拆分订单，用户提交订单后再返回订单列表，就可以看到订单被拆分成若干个子订单，分别包含不同的商品。每笔子订单都会有独立的物流查询入口。如果父订单包含了运费和优惠金额，需要将优惠和运费分摊到每笔子订单上去。

需要注意的是，对于跨境商品而言，一般都在下单后支付之前进行拆单。这是因为跨境商品需要三单（订单、支付单和核运单）对碰才能够清关，如果在支付后再进行拆分订单，支付单号只有一个，但是会产生多个核运单号，此时就不能进行三单对碰，无法完成清关。

② 支付之后拆分订单。在支付后进行拆分订单，一般是为了方便进行财务结算。例如某些电商平台会在用户支付后根据订单所跨的店铺进行拆分，并把用户支付的金额分摊到每个店铺。用户端一般感知不到订单被拆分，看到的订单仍然是一个订单（父订单）。

对于跨仓库商品而言，由于涉及多个仓库，需要分不同包裹进行发货。为了方便用户分别查询每个包裹的物流状态，一般都需要在订单支付完成后根据不同的仓库拆分成不同的订单，每个订单对应一个物流单号。订单根据调度系统规则进行拆分，一般会根据用户收货地址就近选择仓库，动态拆单。

4．第三方实时订单

在促使买家和卖家达成交易的平台上产生的订单就是第三方实时订单，电商订单就属于第三方实时订单，电商的本质是零售。

（1）电商运营数据分析。在进行电商运营数据分析时，根据第三方的订单信息，始终都要围绕"成交"这个核心目标。其中涉及人、货、场这三个概念。

① 人：流量、用户或会员。

② 货：商品。

③ 场：凡是能将人与货匹配，最终完成转化的都可以称之为场。如：搜索、推荐、推送、导航栏、活动、视频、图片、文本、直播等都属于场的范围。

（2）电商增长指标。

① 总销售额（总收入），总销售额以金额的形式呈现，可以用来衡量业务的整体增长和发展趋势。该指标几乎反映了所有电商运营环节的效果——像市场营销、流量积累、商品优化、产品迭代等。只要销售额实现逐月增加，就基本可以确定当前的销售策略是正确的。不过需要注意的是，跟踪总销售额的过程中存在

潜在陷阱，确保销售额可持续地长期增加才是最重要的。如果只关注短期效果，可能会错误地认为策略正确，反而不利于整体业务。

② 转化率（Conversion Rate，CR），转化率表示进行购买的访问者占总访问者的百分比，转化率反映统计时间内来访客户转化为下单买家的比例，衡量网店对访问者的吸引程度以及推广效果。例如，某家亚马逊店铺的转化率为13%。这就意味着每100人访问店铺，就会有13人产生购买行为。如果网店的下单转化率低于行业平均水平，则说明产品优势不足，推广效果不佳，应及时转换运营思路。

电商行业数据分析指标体系

③ 平均订单价值（Average Order Value，AOV），用于衡量每个订单的平均价值大小，提高平均订单价值就会增加销售额。平均订单价值通常是代表收入增长速度最直接的指标之一，甚至比转化率优化更重要，在产品页面、购物车页面和结账后页面中添加少量的产品相关内容就可能会产生重大影响。

④ 购买频率，是指顾客在给定时间段（通常是一年）内进行的购买次数，通过特定时间段内的订单总数除以同期的顾客人数得出。提高购买频率并不容易，经常涉及站外的维护，例如在顾客购买商品后通过电子邮件、社交媒体等营销渠道与顾客建立联系。

⑤ 留存期（留存率、流失率），留存期是指顾客保持活跃状态的平均时间长度。一般顾客超过6到12个月没有再次来到店铺购物，通常被视为不活跃顾客。留存期是对顾客第一次购买行为到最后一次购买行为之间时间的度量，需要历史数据才能计算出该数字。一般来说，一到三年是一个很好的估计范围。留存率和流失率也是有效的指标，两者均与留存期密切相关。留存率用于衡量在统计期间内平均留存的顾客数量，可以用它来衡量短期内实现顾客留存时间增长的效率；流失率是顾客的流失数量与全部消费产品或服务顾客的数量的比例。如果提高顾客留存率或降低顾客流失率，留存期就会增长。

⑥ 顾客生命周期价值（Customer Lifetime Value，CLV），是对客户未来利润的有效预测，用来衡量一个顾客在一段时期内对企业有多大价值。顾客生命周期价值可以通过平均订单价值、购买频率和留存期三个指标相乘得出。举个例子：假设店铺的平均购物金额为100元，顾客每年平均进行5次购买，留存期为2年，那么顾客生命周期价值计算方法就是：$100 \times 5 \times 2 = 1000$（元）。当我们优化上述三个指标时，顾客生命周期价值就会增加。

⑦ 购物车放弃率，是指将商品添加到购物车后离开，未购买的访问者所占的百分比。据Baymard电商研究院数据显示，全球电商平均购物车放弃率为69.80%，某些细分行业的平均购物车放弃率最高达84.24%。这充分说明了当购物者选择线上购物时，加购而未付款是品牌业务最大的损失点。产生该行为的可能原因有很多，例如高昂的运输成本、不明确的退货政策、购物车总价没有折

扣等，甚至也可能是网站页面跳转不顺畅导致使用体验不佳而放弃了付款，或者只是忘记了付款。

⑧ 结账放弃率，是指开始结账流程，但未完成购买而离开的访客所占的百分比。结账放弃率的行业平均值为25%。如果顾客已进入结账阶段，则他们很可能要购买商品。因此，较高的结账放弃率通常表明存在可优化的空间，而不是缺少增加购买欲望的要素，关注顾客体验是确保最终完成转化的最佳方法。

⑨ 广告投资回报率（Return On Advertising Spend，ROAS），广告投资回报率是指广告回报占初始投资的百分比。广告投资回报率可以帮助店铺评估哪些广告投放的渠道及方法有效或者更优，以及它们如何优化未来的营销投放计划。提升这一指标可以从两个角度切入，即减少广告支出或增加广告收入。

⑩ 单次转化费用（Cost Per Acquisition，CPA），是指获得一位新顾客所需花费的成本，通过给定时期内的总营销支出除以新订单的总数量得出。例如，如果一家公司在30天的时间里在营销方面花费1000元，并产生了100个新顾客，那么CPA为10元。如果要使营销活动能够获利，无论是常规还是特殊的营销行为，CPA都必须低于顾客生命周期价值（CLV）。

5. 订单数据分析

订单数据分析是指对商家的订单数据进行分析，以获取订单的统计信息，洞察商家的业务情况。这些统计信息可以帮助商家了解销售趋势，优化运营策略以及预测未来的销售情况。

（1）商品销售情况分析。通过对订单中各商品的销售数据、库存数据和销售利润进行分析，可以将商品划分为畅销品和滞销品。畅销品又叫热销品：是指在市场上深受消费者欢迎、销售流动率高的产品。一般具有以下特点：

① 创新性，即由于科学技术的进步或为满足消费者某种新需求而发明的，往往会引起社会消费方式、消费习惯和消费心理的重要变化。

② 革新性，即改造原产品的功能，发展出新的功能，能够给消费者带来新的利益和心理上的满足感。

③ 改进性，即对原产品稍加改良，使产品更容易为消费者所接受，也在一定程度上适应了消费者求新、求变的心理。

④ 质优价廉。

滞销品是指低回转商品，销售流动率较低。对待滞销品，一般会通过缩小陈列量、减少订货或库存量来降低库存成本，除非是一个月内完全无销售，否则不能全部清退，仍然应该维持一进一出的原则。

（2）订单数据分析维度。在对订单进行数据分析时，需要考虑订单所在城市、订单金额、下单时间、商品品类占比等多个维度。

① 订单所在城市，可从各城市订单量占比、订单量最高的城市或订单量最低的城市进行订单数据分析，了解到不同区域、用户对不同类别商品的购买习惯，从而调整销售策略，提升销售额。某城市订单量占比的计算公式如下：

某城市订单量占比＝某城市订单量/所有城市订单总量

② 订单金额，可从单笔订单最高金额与最低金额进行订单数据分析，或进行平均订单金额的数据分析，还可以从订单数据中分析得出各城市平均订单金额对比。平均订单金额的计算公式如下：

平均订单金额＝所有订单总金额/订单笔数

③ 下单时间，可从集中下单的时间段进行订单数据分析，了解随下单时间变化的订单量波动情况，为促销时间段提供决策。采用在下单高峰时间段进行促销的手段，提高销售量。

④ 商品品类占比，可从各品类商品占比、销售量最高的商品和销售量最低的商品对订单商品进行分析，从而知晓热销品与滞销品的情况，通过查看库存情况，对库存量较低的热销品进行补货，对库存量较高的滞销品进行出库处理。

（3）案例分析——订单数据分析实例。

【例 4-3】 收集到某化妆品品牌 2023 年 3 月的线上天猫店铺订单数据，订单成交数据见表 1-4-8，2023 年 3 月 1 日当天的订单付款情况和商品销售情况见表 1-4-9 和表 1-4-10。

表 1-4-8　2023 年 3 月某化妆品品牌的天猫订单成交数据

部分省级行政区	订单量/单	订单金额/元	部分省级行政区	订单量/单	订单金额/元
安徽省	392	37710.06	辽宁省	812	74692.05
北京市	1489	166448.48	内蒙古自治区	136	28863.30
福建省	315	23563.27	宁夏回族自治区	32	3716.42
甘肃省	108	9095.96	青海省	15	1724.20
广东省	1585	147822.90	山东省	1145	103917.26
广西壮族自治区	278	23986.69	山西省	317	32515.4
贵州省	228	21879.56	陕西省	359	40484.23
海南省	119	11462.58	上海市	2470	264039.78
河北省	686	64374.92	四川省	1380	127648.15
河南省	607	56354.03	天津市	838	89990.06
黑龙江省	231	21292.19	新疆维吾尔自治区	16	2768.00
湖北省	18	1827.80	云南省	528	53633.84
湖南省	747	70268.68	浙江省	1438	141664.80
吉林省	260	26723.66	重庆市	691	71514.65
江苏省	1459	159359.18	总计	18955	1902487.15
江西省	256	23145.05			

表1-4-9 2023年3月1日订单付款情况

订单编号	订单付款时间	订单编号	订单付款时间	订单编号	订单付款时间
1	2023/3/1 23:43	30	2023/3/1 19:37	59	2023/3/1 14:25
2	2023/3/1 23:40	31	2023/3/1 19:30	60	2023/3/1 14:01
3	2023/3/1 23:40	32	2023/3/1 19:28	61	2023/3/1 13:26
4	2023/3/1 23:31	33	2023/3/1 19:27	62	2023/3/1 12:58
5	2023/3/1 23:30	34	2023/3/1 19:07	63	2023/3/1 12:53
6	2023/3/1 23:26	35	2023/3/1 19:01	64	2023/3/1 12:48
7	2023/3/1 23:26	36	2023/3/1 18:57	65	2023/3/1 12:37
8	2023/3/1 23:10	37	2023/3/1 18:44	66	2023/3/1 11:55
9	2023/3/1 23:05	38	2023/3/1 18:34	67	2023/3/1 11:48
10	2023/3/1 22:32	39	2023/3/1 18:31	68	2023/3/1 11:46
11	2023/3/1 22:31	40	2023/3/1 18:19	69	2023/3/1 11:45
12	2023/3/1 22:29	41	2023/3/1 18:17	70	2023/3/1 11:24
13	2023/3/1 21:59	42	2023/3/1 18:11	71	2023/3/1 11:01
14	2023/3/1 21:53	43	2023/3/1 18:02	72	2023/3/1 10:50
15	2023/3/1 21:35	44	2023/3/1 18:02	73	2023/3/1 10:33
16	2023/3/1 21:33	45	2023/3/1 17:43	74	2023/3/1 9:51
17	2023/3/1 21:30	46	2023/3/1 17:27	75	2023/3/1 9:29
18	2023/3/1 21:30	47	2023/3/1 17:21	76	2023/3/1 9:08
19	2023/3/1 21:23	48	2023/3/1 16:46	77	2023/3/1 8:29
20	2023/3/1 21:11	49	2023/3/1 16:27	78	2023/3/1 8:12
21	2023/3/1 21:10	50	2023/3/1 16:17	79	2023/3/1 5:10
22	2023/3/1 20:55	51	2023/3/1 15:49	80	2023/3/1 4:02
23	2023/3/1 20:51	52	2023/3/1 15:23	81	2023/3/1 3:28
24	2023/3/1 20:46	53	2023/3/1 15:23	82	2023/3/1 2:03
25	2023/3/1 20:33	54	2023/3/1 15:20	83	2023/3/1 1:45
26	2023/3/1 20:29	55	2023/3/1 15:11	84	2023/3/1 1:22
27	2023/3/1 20:21	56	2023/3/1 14:44	85	2023/3/1 0:50
28	2023/3/1 20:08	57	2023/3/1 14:34	86	2023/3/1 0:17
29	2023/3/1 19:43	58	2023/3/1 14:27		

表 1-4-10　2023 年 3 月 1 日商品销售情况

商品名称	价格/元	订单量/单	商品名称	价格/元	订单量/单
润唇膏	39	3	气垫 BB 霜	170	6
眼线笔	79	3	精华水	275	8
眼霜	98	9	防晒霜	89	12
洗面奶	59	10	面膜	148	14
水乳套装	439	25	合计		90

请对订单数据进行分析并将分析结果可视化，分析该品牌的销售现状及改进方向。

案例分析：① 订单所在城市维度。计算各省级行政区的订单量占比。2023 年 3 月该化妆品品牌的天猫订单量共计 18955 单，收货地址所在的省级行政区共有 30 个，以安徽省为例，安徽省的订单量占比 = 392/18955 = 2.07%。计算 30 个省级行政区的订单量占比，并按照由高到低的顺序进行排序，输出簇状柱形图，如图 1-4-6 所示。

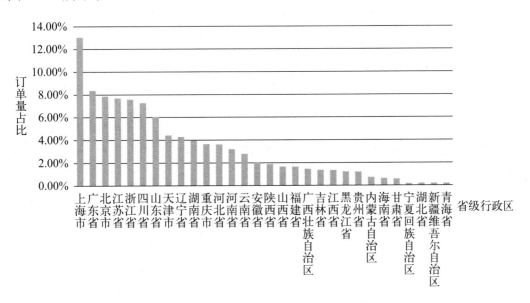

图 1-4-6　部分省级行政区的订单量占比

从图 1-4-6 可以看出，订单量占比最高的省级行政区是上海市，订单量占比为 13.03%；广东省、北京市、江苏省、浙江省、四川省、山东省为第二梯队，订单量占比在 6% 以上；内蒙古自治区、海南省、甘肃省、宁夏回族自治区、湖北省、新疆维吾尔自治区、青海省的订单量占比较低，在 1% 以下。通过以上分析，可以发现订单量占比较高的省级行政区主要集中在东部和南部沿海，以及四川省；订单量占比较少的省级行政区主要集中在西部地区。

该品牌可以继续保持优势省级行政区的订单量，同时要关注西南、中部以及东北地区的发展潜力,从这些地区开始进行针对性促销,提高产品销量。

② 订单金额维度。计算3月份的平均订单金额和30个省级行政区的平均订单金额。2023年3月该化妆品品牌的天猫订单金额共计1902487.15元,平均订单金额为100.37元。30个省级行政区的平均订单金额不尽相同,以安徽省为例,安徽省的平均订单金额=37710.06/392=96.2(元)。计算30个省级行政区的平均订单金额并结合订单量占比,输出图1-4-7。

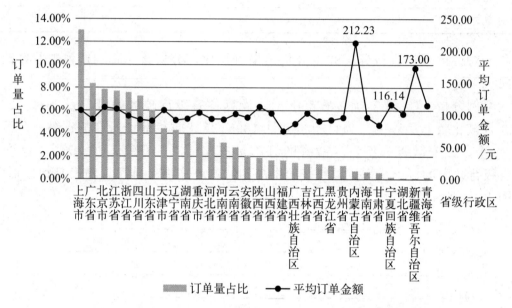

图1-4-7 部分省级行政区的平均订单金额及订单量占比

从图1-4-7可以看出,平均订单金额排名前三的省级行政区为内蒙古自治区、新疆维吾尔自治区、宁夏回族自治区,分别为212.23元、173.00元、116.14元,其余省级行政区的平均订单金额在74元至115元之间。订单量占比较高的省级行政区,其平均订单金额不一定是最高。内蒙古自治区、新疆维吾尔自治区、宁夏回族自治区的平均订单金额较高可能是因为这些地区的物流运费较高,客户倾向于一次性购买较多的产品,具体的原因还需要结合产品的销售情况来分析。

③ 下单时间维度,分析客户一天中集中下单的时间段,了解随下单时间变化的订单量波动情况。根据表1-4-9中的数据,得到2023年3月1日不同时间段的天猫订单量,如图1-4-8所示。

图1-4-8展示了该化妆品品牌天猫店铺一天内各个时间段的订单数据。观察图中网店运营数据,可以发现该网店在18:00—19:00、21:00—22:00、23:00—24:00销售情况最佳,订单量为9单;11:00—12:00的销售情况也较好,订单量为7单;0:00—8:00的销售情况最差,订单量不高于2单。

出现这样的订单量波动是因为凌晨0:00—8:00大部分人都处于休息状态,

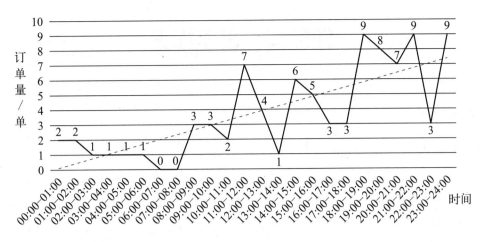

图 1-4-8 2023 年 3 月 1 日不同时间段的天猫订单量

不会上网购物；11:00—12:00、18:00—19:00 是大多数上班族午休和下班通勤的时间，处于比较放松的状态，购物的积极性也较高；21:00—22:00、23:00—24:00 则是很多年轻人夜生活的最佳时间段，有不少人选择在睡觉前登录购物网站"买买买"。因此，为增加店铺销量，该品牌可以在 11:00—12:00、18:00—24:00 开放秒杀、团购等促销活动，留住更多的目标客户。

④ 商品品类占比维度，对表 1-4-10 中订单商品的销售量进行分析，销售量最高的产品是水乳套装，该商品的价格也是最高的，说明水乳套装是该化妆品品牌的畅销品，要时刻保持库存充足；销售量最低的商品是润唇膏、眼线笔，订单量仅有 3 单，说明该化妆品品牌的美妆产品市场占比较小，知名度不够，属于待开发的市场。

任务二　出库拣货

一、出库作业

1. 出库的定义和准备

（1）出库的定义。出库是指仓库依据业务部门或存货单位所持的出库凭证（提货单、调拨单等），按其所列待出库货品的名称、规格、型号、数量等项目，组织货品顺利出库的过程。货品出库是整个仓储阶段的最后一个环节，做好出库工作对改善仓储经营管理、提高仓储服务质量有重要价值。货品出库要求所发放的货品必须准确，且与出库凭证所列清单一致。

（2）出库的准备工作。当出库管理员从调度手中接到提货通知后，应做好以下的几项工作：

① 原件物品的包装整理。物品经多次装卸、堆码、翻仓和拆检，会使部分包装受损，不适宜运输要求。因此，仓库必须视情况进行加固包装和整理工作。

② 零星物品的组配、分装。有些物品需要拆零后出库，仓库应为此事先做好准备，备足零散物品，以免因临时拆零而延误发货时间；有些物品则需要进行拼箱。为此，应做好挑选、分类、整理和配套等准备工作。

③ 包装材料、工具、用品的准备。对从事装、拼箱或改装业务的仓库，在发货前应根据商品性质和运输部门要求，准备各种包装材料及相应的衬垫物，并准备好钉箱、打包等工具。

④ 待运物品的仓容及装卸机具的安排调配。对待出库的商品，应留出必要的理货场地，并准备必要的装卸搬运设备，以便运输人员进行提货发运。

⑤ 发货作业的合理组织。发货作业是一项涉及人员较多、处理时间较紧、工作量较大的工作，进行合理的人员组织是完成发货的必要保证。

2. 出库的基本要求

（1）出库凭证和手续必须符合要求。出库业务必须依据正式的出库凭证进行，任何非正式的凭证均视为无效凭证，不能作为出库的依据。出库业务程序是保证出库工作顺利进行的基本保证。为防止出现工作失误，在进行出库作业时，必须严格履行规定的出库业务工作程序，使出库业务有序进行。

（2）严格遵守出库的各项规章制度。一般情况下，由于仓库存储商品品种较多，发货时间比较集中，业务比较繁忙，为做到出库商品准确无误，必须加强复核工作，要从审核出库凭证开始直到商品交接为止，每一环节都要进行复核。严格遵守出库的各项规章制度，按照商品出库凭证所列的商品编号、品名、规格、等级、单位、数量等，做到准确无误地出库。

（3）严格贯彻"先进先出，后进后出"的原则。为避免货物长期在库存放而超过其存储期限或增加自然损耗，必须坚持"先进先出，后进后出"的原则。

（4）提高出库效率和服务品质。办理出库手续，应在明确经济责任的前提下，力求手续简便，提高发货效率。一方面，要求作业人员具有较高的业务素质，全面掌握商品的流向动态，合理地组织出库业务；另一方面，还要加强与业务单位的联系，提前做好出库准备，迅速、及时地完成出库业务。

（5）贯彻"三不""三核""五检查"的原则。"三不"是指未接单据不翻账、未经审单不备库、未经复核不出库；"三核"是指在发货时，核实凭证、核对账卡、核对实物；"五检查"是指对单据和实物要进行品名检查、规格检查、包装检查、件数检查、重量检查。在出库时，应严格贯彻"三不""三核""五检查"的原则。

 知识小栏目

> 货物出库作业是仓储作业管理的一个重要环节，也是仓库作业的最后一个环节。出库管理有严格的作业流程，需要仓库管理人员熟知出库管理的各个环节，并且对每个环节都要求规范的操作和严谨的工作态度。货物出库的主要形式有送货、自提、过户、取样、转仓等。

二、拣货（分拣）作业

1. 拣货技术

拣货作业是依据顾客的订货要求或配送中心的送货计划，尽可能迅速、准确地将商品从其储位或其他区域拣取出来，并按一定的方式进行分类、集中、等待配装送货的作业流程。拣货作业是整个配送中心作业系统的核心。合理规划与管理拣货作业，对配送中心作业效率的提高具有决定性的影响。常见的拣货技术有以下几种：

（1）人到货。人到货拣选技术是一种传统的拣选模式，指利用传统人工推着料箱或者手推车进行商品拣选的操作。

（2）货到人。货到人拣选技术是指通过与输送机控制系统、自动存取系统等协同工作，将货物自动输送到拣选人面前，降低拣选作业强度的同时实现高效拣选。

（3）自动分拣。自动分拣技术主要指根据用户的要求、场地情况，对货品按用户、地名、品名等进行自动分拣的连续作业，具有准确、快捷的特点。

（4）分拣作业的流程。分拣时首先需要制订发货计划，之后确定拣货方式、输出拣货清单、确定拣货路线、分派拣货人员,最后拣选货品并对商品进行分类集中。分拣作业的流程如图1-4-9所示。

制订发货计划 → 确定拣货方式 → 输出拣货清单 → 确定拣货路线 → 分派拣货人员 → 拣选货品 → 商品分类集中

图1-4-9 分拣作业的流程

知识小栏目

分拣作业预期目标:①少等待——尽可能缩短闲置时间。②少拿取——尽可能采用输送设备或搬运设备,减少人工搬运。③少走动——规划好拣货路线,尽可能缩短行走路径。④少思考——尽可能做到操作简单化。⑤少寻找——通过储位管理或电子标签等辅助拣选设备,尽可能缩短寻找货物的时间。⑥少书写——尽可能不用纸制单据进行拣货,不但能够提高拣货效率,还能降低出错率。⑦少检查——尽可能利用条码设备进行货品检查,减少人工目视检查。

2. 拣选方式

常见的拣选方式有摘果式拣选、播种式拣选和复合拣选。

(1)订单拣选(摘果式拣选),针对每一份订单(每个客户),拣货人员或设备巡回于各个货物储位,将所需的货物取出(形似摘果),然后集中在一起的拣货方式。摘果式拣选的示意图如图1-4-10所示,摘果式拣选的作业流程如图1-4-11所示。

视频扫一扫

仓库移库及拣货作业流程

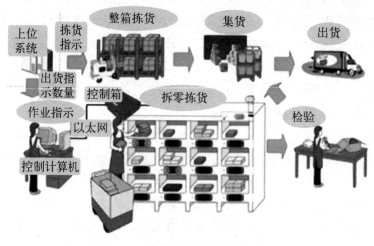

图1-4-10 摘果式拣选的示意图

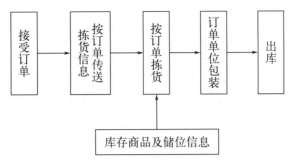

图 1-4-11　摘果式拣选的作业流程

（2）批量拣选（播种式拣选），把多份订单集合成一批，把其中每种商品的数量分别汇总，再按照品种逐个对所有客户进行分货，形似播种，也被称为波次拣货，主要针对订单在一定的时间段内下达，或需要满足装车离开的情况时使用。播种式拣选的示意图如图 1-4-12 所示，播种式拣选的作业流程如图 1-4-13 所示。

视频扫一扫

人工摘果式拣货作业

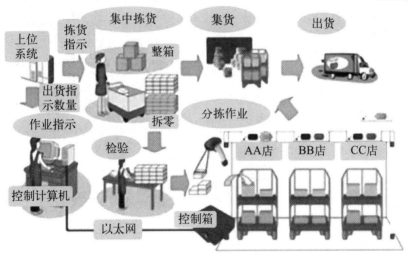

图 1-4-12　播种式拣选的示意图

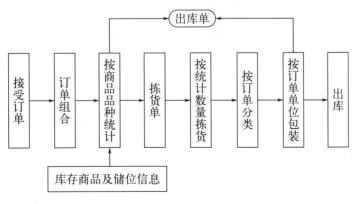

图 1-4-13　播种式拣选的作业流程

（3）复合拣选，属于订单拣选与批量拣选的组合运用。依据订单品项、数量及出库频率，决定哪些订单适合订单拣选，哪些适合批量拣选，分别采取不同的拣货方式。克服摘果式和播种式拣选的缺点，适合订单密集且订单量大的场合。不同拣选方式的优缺点及适用类型如表1-4-11所示。

表1-4-11　不同拣选方式的优缺点及适用类型

	订单拣选（摘果式）	批量拣选（播种式）
优点	每人每次只处理一份订单或一个客户，简单易操作；订单处理前置时间短；导入容易且弹性大；作业人员责任明确，派工容易、公平；拣货后不必再进行分类作业	每次处理多份订单或多个客户；缩短拣选时行走搬运的距离，增加单位时间的拣选量；越要求少量、多次数的配送，批量拣选就越有效
缺点	商品品项多时，拣货行走路径加长，拣取效率降低；拣取区域大时，搬运系统设计困难；少量多次拣取时，造成拣货路径重复费时，效率降低	对订单的到来无法做及时的反应，必须等订单达到一定数量时才做一次处理，会产生停滞时间；操作复杂、难度系数大
适用类型	订单大小差异较大，订单数量变化频繁，商品差异较大的情况，如：化妆品、家具、电器、百货、高级服饰等	订单品种和数量都较多的大规模拆零拣选；订单变化较小和数量稳定的配送中心和外形较规则、固定商品出货

3. 波次拣货

（1）波次拣货的概念。波次是指将不同的订单按照某种标准合并为一个波次，也有部分仓库把波次称为批次。波次拣货是提高拣货作业效率的一种方式，它将不同的订单按照某种标准合并为一个波次，进行一次拣货。简单地说，波次拣货就是对订单进行分类拣货。

（2）波次管理的含义及作用。

① 含义：波次管理是对批量订单进行合并、分类，它包含了"批量"处理的概念。波次管理可以是以订单为单位进行的合并处理，也可以是对订单内物资的合并处理。它是提高拣货作业效率的一种方法，将不同的订单按照某种标准合并为一个波次，进行一次拣货。

② 意义：波次管理的出现是为了提高订单处理效率，平衡作业的负荷和资源的使用。

（3）波次拣选策略。对不同的订单需求应采取不同的分拣策略，分为仓储分区、订单分割、订单分批、订单分类四个因素，这四个因素相互作用可产生多个拣货策略。拣货策略运用组合图见图1-4-14，可以相互配合的拣货策略方式用箭头连接，由左至右任何一条可联通的组合链就表示一种可行的拣货策略。

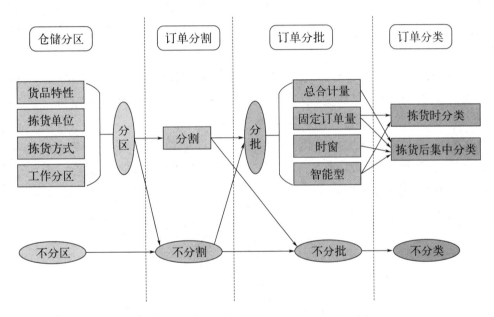

图 1-4-14　拣货策略运用组合图

① 仓储分区，是指按照一定的分区原则将拣货作业场地进行区域划分。主要的分区原则有四种：一是按货品特性分区，按照储存条件（冷冻、冷藏、常温）、外形尺寸（大件、散料堆放、成件）、出货频率（快速流转品区、慢速流转品区）等进行分区；二是按拣货单位分区，划分为箱拣货区、单品拣货区、托盘拣货区或具有特殊货品特性的冷冻品拣货区等，目的在于将货品的存储单位与拣货单位统一，便于单元化作业，按拣货单位分区的示例如图1-4-15所示；三是按拣货方式分区，根据拣货设备的不同，分为自动化立体仓库拣选区、电子标签货架拣选区、AGV智能仓库拣选区、声光拣选仓库区、RF拣选区等，还需要考虑货品出货量的大小以及拣选次数的多少，便于优化拣货线路，减少重复行

走；四是按工作分区，将拣货区划分为几个区域，由一个或一组固定的人员拣选各区域内的货品，有利于拣货人员记忆货品存放位置，熟悉物资，缩短拣货时间。

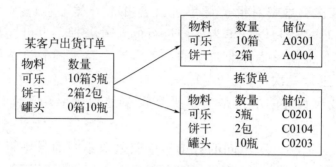

图1-4-15　按拣货单位分区的示例

② 订单分割，是指当客户订单所订购的商品项目较多，为了能在短时间内完成拣货处理，基于仓储分区，可以将订单切分成若干的子订单，交由不同的拣货人员同时进行拣货作业。订单分割策略必须与分区策略联合运用才能有效发挥作用。

③ 订单分批（波次划分），是指为了提高拣货作业效率，将多张客户订单集合成一批，进行批次拣取作业。订单分批策略一般分为总合计量分批、固定订单量分批、时窗分批、智能型分批等四种方式。

总合计量分批方式较为简单，只需将所有订单需求的货品数量统计汇总，再根据货品需求总量进行拣货作业，适用于固定点之间的周期性配送。总合计量分批方式的示例如图1-4-16所示。

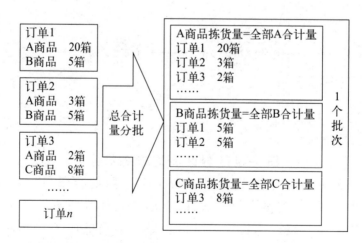

图1-4-16　总合计量分批方式的示例

固定订单量分批方式采取先到先处理的基本原则，当累计订单数到达预先设定的数量指标时做一个数据截取，把前面累积的订单汇总成一个波次。偏重于维持较稳定的作业效率，但在处理速度上慢于时窗分批方式。固定订单量分批方式的示例如图 1-4-17 所示。

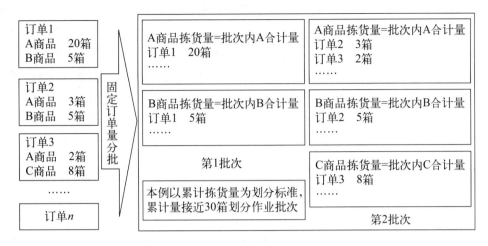

图 1-4-17 固定订单量分批方式的示例

时窗分批方式中的时窗为固定时间，例如 1 小时、30 分钟等，当订单到达至拣货完成出货所需的时间非常急迫时，可利用时窗分批拣取。通常用在确定的送货时间点或下班之前的订单数据截取，以便于按时送货。适合密集频繁的订单，且能应付紧急插单的需求。时窗分批方式的示例如图 1-4-18 所示。

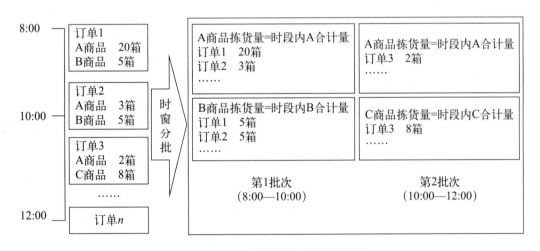

图 1-4-18 时窗分批方式的示例

智能型分批方式是将订单汇总后，经过比较复杂的（按照某种优化算法）电脑计算，按照目标最优的要求进行波次划分。这种分批方式对计算机管理信息系统软件硬件的要求比较高，对拣货分货作业的管理要求也比较高，因为需要提供全面精确的数据，而且由于这是一个多参数优化问题，难以找到简便实用的算法，实际工作中尚未得到普遍应用。

最后需要考虑的是按送货路线分批，无论是自有车辆还是委托第三方物流公司送货，配送中心的送货通常都是按照一定的送货路线或地区进行的。因此，送货路线往往是波次划分要考虑的第一因素。由于每条送货线路都有约定的装车时间，因此这种分批方式也隐含了波次完成时间的要求。目前连锁商业的配送中心，其波次划分都是首先满足运输路线的要求，然后再考虑其他因素的要求。

④ 订单分类，当采用批量拣选作业方式时，拣选完成后还需要进行分类。分类方式有两种：拣货时分类与拣货后集中分类。拣货时分类是指在分拣的同时将商品按订单分类，常与固定订单量分批或智能型分批方式联用，并且需使用计算机辅助台车作为拣选设备，加快分拣速度，比较适用于商品少量多样的场合；拣货后集中分类以人工作业为主，将货品总量搬运至空地上进行分发，或者利用分类输送系统进行集中分类，适用于整箱拣选、拣选货品较重、体积较大的场合。

4. 拣选路径

拣货路径是配送中心根据拣货单所指示的商品编码等信息，明确商品所处位置并安排合理路线，确定拣货员在仓库内拣选商品时的行走路径。设计最合适的拣货路径能够有效减少拣货员行走的距离，降低劳动强度，提高拣货效率。分为以下几种：

（1）穿越式拣货路径，简单易操作，拣货时从通道一端拣货到另一端，然后再进入第二、三等通道顺序拣货，最后返回出发点。拣货时需要穿越每条有拣货任务的通道。如图1-4-19所示。

（2）回转式拣货路径，先沿拣货通道一侧进行拣货，拣完后沿另一侧拣货，直到通道端，然后再进入另一条拣货通道依次拣货。拣货员只需拣有拣货任务的通道，无任务的通道可以跳过。如果拣货的商品位于靠近出发点的储位上时，拣货路径会缩短。如图1-4-20所示。

（3）分割回转拣货路径，当拣货通道较长时，穿越式和回转式都会不同程度地增加拣货员的行动轨迹，这时可在中间位置或设定的某处做分割线。分割线两侧分别采用回转式拣货方式，如图1-4-21所示。

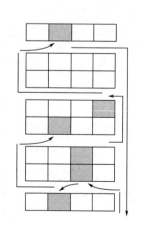 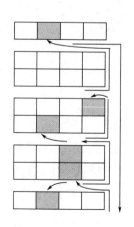 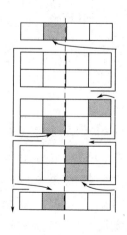

图1-4-19　穿越式拣货路径　　图1-4-20　回转式拣货路径　　图1-4-21　分割回转拣货路径

（4）U型拣货路径，为双主通道穿越拣货。适用于SKU较少的仓库，从A

通道开始拣货从 B 通道拣完后出来。拣货路径最短，拣货效率最高。当 SKU 较多时，主通道两侧可扩展多个小通道，可变形为 U 型复合拣货路径，如图 1-4-22 所示。

（5）U 型复合拣货路径，双主通道多小通道穿越分割回转拣货，适用于 SKU 较多的仓库，SKU 容量高，避免合流，如图 1-4-23 所示。

（6）I 型拣货路径，单主通道回转拣货，适用于品类为重货，从里往外拣货，满车时即拣完，也到了入口处；拣货效率高，运载轻。当两侧小通道排位超过 3 排时，可变形为单通道 U 型拣货路径，如图 1-4-24 所示。

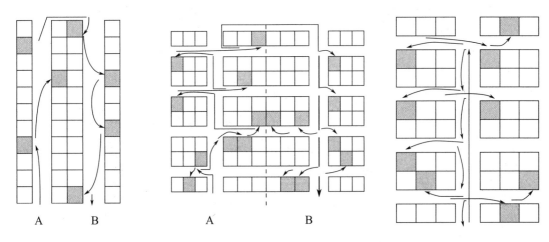

图 1-4-22　U 型拣货路径　　　图 1-4-23　U 型复合拣货路径　　　图 1-4-24　I 型拣货路径

拣货路径没有最优选项，只有最适合选项。拣货路径的设计又依托于货架、商品的摆放等。

5. 拣货人员分派

（1）根据拣选效率、工作时间和拣选量安排对应的人员处理拣选任务。

例如月 30 天，淡季，共 4 周，配送中心只有 3 人处理拣选任务，拣选量为 30000 单，每人每天工作 6 小时，每周双休。计算该配送中心的单人拣选效率。

配送中心的单人拣选效率＝拣选量/(拣选人员数量×每日拣选时间×工作天数)，得出 75.76。

下月为旺季，全月总天数为 30 天，共 4 周，拣选量预计为 80000 单，为保持现有拣选效率，配送中心将下月双休改为单休，且每人每天工作时长比原来多 2 小时，需保持当前的拣选效率。请预测应安排多少人员处理拣选任务。

拣选人员数量＝(拣选量/单人拣选效率)/(每日拣选时间×工作天数)＝(80000/75.76)/(8×26)＝5.07，为完成任务预测安排 6 个人。

（2）拣选货品。拣取的过程可以由人工、机械辅助作业或自动化设备完成。常用的拣货方法有以下几种：

① 扫码拣货法，在无线手持终端上发出指令开始拣货。拣货员根据提示到相应货位将商品取下，扫描货品条码，若无误再点好具体数量，在无线手持终端

上确认。一条指令确认完成后,系统自动跳出下一个货位的拣货指令,直到该单全部拣货完成。

② 语音拣货法,系统发出第一条拣货指令,提示货位、商品和数量。拣货员拣货,回复完成。提示下一条指令,直到该单全部拣货完成。

③ 按灯拣货法,是一组安装在货架储位上的电子设备,通过计算机与软件的控制,由灯光显示作为辅助工具,引导工人完成拣货工作。

④ 电子标签拣货法,在拣货操作区中的所有货架上,为每一种货物安装一个电子标签,并与系统的其他设备连接成网络。控制电脑可根据货物位置和订单数据,发出出货指令并使货架上的电子标签亮灯,操作员根据电子标签所显示的数量完成拣货作业。

> **知识小栏目**
>
> 拣货作业为仓储或者配送物流中心最重要也是最占成本的环节,拣货作业的效率及正确性都大大地影响着企业的服务质量。拣选方式和技术直接影响着整个物流中心的拣选效率,关系到企业物流成本的高低。

三、发货作业

1. 分播墙认知

(1) Rebin wall 概述。Rebin wall 译为分播墙,就是墙上有很多小格子,按照订单分播再包装。应用 Rebin wall 可以把多品类的订单分开拣选,拣选后到同一地点汇总,按订单顺序把不同品项的物品汇集起来,也能够起到复核作用。分播墙如图 1-4-25 所示。

(2) 分播墙的基本结构。可以将分播墙视为柜式结构,它被划分为一系列隔间,也称为储位或斜槽。在典型的分播墙场景中,一侧安排一名或多名操作员,负责将产品放入各自订单指定的储位,另一侧安排一名或多名操作员,负责随后打包这些订单中包含的商品。分播墙的基本结构如图 1-4-26 所示。

图 1-4-25 分播墙

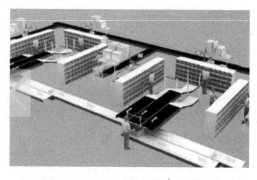

图 1-4-26 分播墙的基本结构

（3）分播墙的拣选流程。利用分播墙拣选时，涉及接收订单启动波次、各区域拣货、合流至分播区、PTL分播、打包集货五个环节，分播墙的拣选流程如图1-4-27所示。

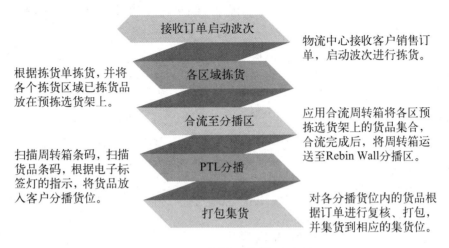

图1-4-27　分播墙的拣选流程

（4）分播墙在拣选中的应用。

① 应用范围：年配货金额大、单体仓库大、硬件投资水平高、拣货准确性要求高的物流中心，适合采用分播拣货模式。对大型的物流中心，可以结合应用自动分拣机，自动将客户包裹分播到各个配送站点的集货位或者集货笼车，大幅提高分拣效率。

② 应用优势：非常适合定期促销、限时抢购或季节性特价的多线订单；支持混合和单品SKU订单的高效拣选；可调整的硬件和配置软件能够让储位配置灵活多变；能够与仓储系统软件、播种式拣货系统硬件、语音和自动化输送系统相结合；结合仓储系统能够实现智能播种和打包操作、不同波次间的调整和订单分配、拣选以及包装；分播墙配置能够充分考虑人体工程学和效率，有效降低拣选工作强度。

2. 复核打包

（1）出库复核的概述。商品出库复核，是指商品出库过程各个工序中根据商品出库凭证进行的反复核对工作，主要是保证出库商品的数量准确、质量完好、包装完善，避免差错事故。

（2）出库的复核形式。出库复核主要有专职复核、交叉复核和环环复核3种。如设有专职复核，复核员以单对卡、以卡对货，进行单、货、卡现场三核对。物品备好后要全面复核查对。

（3）出库复核的内容。物品备好后，为了避免和防止备货过程可能出现的差错，复核人员应该按照出库凭证上所列物品进行核查，核查的具体内容包括：

① 怕震怕潮等物品，衬垫是否稳妥，密封是否严密。

② 每件包装是否有装箱单，装箱单上所列项目是否和实物、凭证等相符合。

③ 收货人、到站、箱号、危险品或防震防潮等标志是否正确、明显。

④ 是否便于装卸搬运作业。

⑤ 包装能否承受装载物的重量，能否保证在运输装卸中不致破损，保障物品的安全。

经反复核对确实不符时，应立即调换，并将原错备物品上印刷的标记除掉，退回原库房，复核结余物品数量或重量是否和保管账目、物品货卡结余数相符，发现不相符应立即查明原因，及时更正。

（4）复核的打包质量控制。

① 复核打包产品的摆放规则：重量上先重后轻；体积上先大后小；形状上先规则后不规则。

② 复核打包产品的摆放目标：箱体不凸起；箱内产品不晃动；产品破损率降低。

（5）出库后问题的处理。

① 发货出库后，用户反映规格混串、数量不符等问题，如确属发货差错，应及时纠正并致歉；如不属发货差错，应耐心向用户解释清楚，请用户另找妥善的办法解决。

② 凡属易碎商品，发货后用户要求调换时，应以礼相待，婉言谢绝。如果用户要求帮助解决易碎配件，仓储业务部门要积极协助联系解决。

③ 凡属用户原因，型号规格开错时，经制票员同意方可退货。发货业务员应按入库验收程序重新验收入库，如果发现包装损坏或产品损坏时，入库业务员不予办理退货。待修复后，再按入库质量要求重新办理入库手续。

④ 凡属产品内在质量问题，用户要求退货和换货时，应由质检部门出具质量检查证明、试验记录等书面文件，经货品主管部门同意后，方可以退货或换货。

⑤ 退货或换货的货品必须达到验收入库的标准，否则不准入库。

⑥ 商品出库后，若发货员发现账实不符时，应及时查明原因，当确认发货有错时，要及时与提货人取得联系，进行核查，双方协商解决有关事宜，以免造成损失。

人工复核

RF系统复核

3. 出库流程

货物出库流程如图 1-4-28 所示，在出库流程中，出库前准备、拣选作业部分内容前面已学习，接下来主要补充关于订单处理、清点交接和出库整理与退货处理的内容。

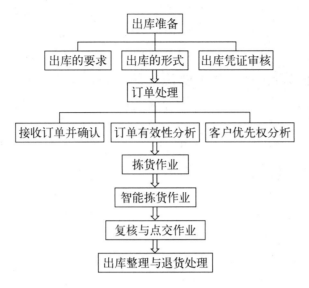

图 1-4-28　货物出库流程

> **知识小栏目**
>
> 　　货物出库操作流程包含出库前的准备、配货作业、拣货作业、复核、自动化包装、清点交接和发货后处理等,要求具备规范操作、细致严谨的工作态度。

下达拣货任务并拣货

复核发货

执行分拣

打印单据

装箱打包

(1) 订单处理。

① 订单处理作业的含义。

出库仓管员收到客户订货信息后,经确认核查其真实性和内容,传达拣货和出货信息,这一过程即为订单处理,也就是指从接到客户订货开始至准备着手拣货之间的作业过程。对于规模较大、货种规格较多的仓库中心,订单处理是个很复杂的信息作业活动。

首先,客户的订货形式和内容不同,有的上门订货,有的口头订货,订货

理论篇　137

量、品种规格、送货时间等条件各不相同，订单的形式和内容差别也很大。其次，客户订单转换为拣选单也常常比较麻烦，需要在一定的时间点上将品种、数量归并后形成。最后，还要制作送货单并通知客户收货。

订单处理通常包括有关客户及订单的资料确认、存货查询、单据处理、出货配发等。订单处理可以由人工或电脑信息系统来完成，其中，人工处理的弹性较大，但只适合少量的订单，一旦订单数量稍多，人工处理就变得缓慢且容易出错。而利用电脑信息系统来处理订单，能够实现订单格式的统一，客户在相同的信息窗口内输入订货信息，可以实现订货信息的快速、准确地传递和转换。通过辅助软件的开发和应用，实现合理而迅速的订单分批和订单分割。计算机处理订单能提供较大速率及较低的成本，适合大量的订单处理。

② 订单处理作业流程（见图 1-4-29）。

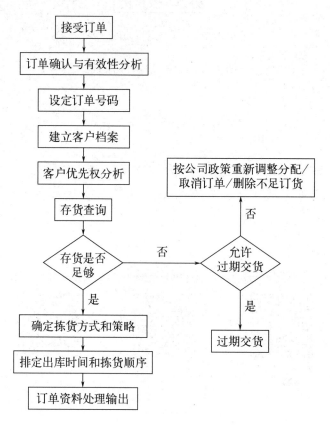

图 1-4-29　订单处理作业流程

> **知识小栏目**
>
> 国外研究机构的调研结果表明，与订单准备、订单传输、订单录入、订单履行相关的物流活动占到整个订单处理周期的 50%～70%。所以，出库时要认真管理订单处理作业过程中的各项活动。

③ 接收订单。处理订单首先从接收订单开始,接收订单主要是指订单员从客户处接收订单资料,客户的订货方式不同,订单的接收方式也不相同。客户订货的方式主要有传统订货方式和电子订货方式两大类,如表1-4-12所示。电子订货方式与传统订货方式相比,具有传递速度快、可靠性好、准确性高及运行成本低等优势,因此电子订货方式将会成为订货信息的主要传递方式。

表1-4-12 客户订货方式

客户订货方式	分类	解释说明
传统订货方式	厂商铺货	供应商直接将商品放在车上,一家家地去送货,缺多少补多少
	厂商巡货,隔日送货	供应商派巡货人员前一天先至各客户处巡查需要补充的货品,隔天再予以补货
	电话口头订货	订货人员将商品名称及数量,以电话口述向厂商订货
	传真订货	客户将所缺货资料整理成书面材料利用传真机传给厂商
	客户自行取货	客户自行到供应商处看货、补货,这种方式常用于传统杂货店且与供应商距离较近时
	业务员跑单接单	业务员至各客户处推销产品,后将订单携回或紧急时以电话先联络公司通知客户订单。这种方式订货数量难以准确,且容易造成商品管理混乱
电子订货方式	订货簿或货架商品标签配合手持终端机及扫描器	订货人员携带订货簿及手持终端机巡视货架,若发现商品缺货则用扫描器扫描订货簿或货架上的商品标签,再输入订货数量,当所有订货资料皆输入完毕后,利用数据机将订货信息传给供应商或配送中心
	POS订货	适合于连锁商业企业的销售终端向仓储中心订货
	电子订货系统EOS	将应用系统产生的订货资料,由转换软件转成与供应商约定的共同格式,在约定的时间里将资料转送出去

④ 订单确认。订单确认的具体内容主要包括以下几点:确认货物品种、数量、日期;确认订单形态与类型;确认订单订货价格;确认加工包装。

⑤ 建立客户档案。将客户信息详细记录,不但能让交易更容易进行,且有利于增加以后的合作机会。客户档案除一般性的客户资料外,还应包含订单处理需要用到的及与物流作业相关的资料。

> **知识小栏目**
>
> 高效科学的客户关系管理,把企业的注意力集中在客户身上,使企业能够最大限度地利用其以客户为中心的资源,从而提高客户满意度、忠诚度,提高企业的盈利能力。

⑥ 订单有效性分析。对收到的客户订单逐一分析，判定订单是否有效，仅将有效订单纳入拣选计划的编制，无效订单则予以锁定。订单处理有效性分析流程如图1-4-30所示。无论是何种订单，接收订单后都要查核客户的财务状况，以确定是否有能力支付该订单的账款（如客户与企业之间存在隶属关系特殊对待）。一般情况下，重点检查客户的应收账款是否已超过信用额度。核查完客户信用状况后，若订单属于正常订单，则进入下一环节。若订单属于问题订单，如金额有误、应收账款超过信用额度等，则应锁定订单并上报主管，订单进一步审核。

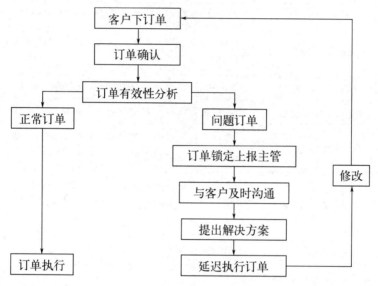

图1-4-30 订单处理有效性分析流程

⑦ 订单资料处理结果输出。订单资料经上述处理后，即可开始打印一些出货单据，以展开后续的物流作业。

（2）清点交接。如果是收货人自提或者客户自提的方式，仓库要将出库商品与提货人当面清点，办理交接手续。如果是客户委托仓库方面送货或者代运，仓库要将出库商品与承运人当面清点，办理交接手续。如果该承运人是仓库内部的，也要办理内部交接手续，即由保管人员向运输、配送人员清点交接。

商品出库管理清点交接的工作要点主要有以下几方面：

① 仓库方面与提货人、承运人等要当面点交。

② 关于重要商品、特殊商品的技术要求、使用方法、运输注意事项等，仓库方面要主动向提货人、承运人交代清楚。

③ 清点交接完毕后，提货人、承运人必须在相关出库单证上签认，同时仓库保管员应做好出库记录。

（3）出库整理与退货处理的内容。

① 销账。在货物出库完毕后，仓管员应及时将货物从仓库保管账上进行核销，取下垛牌，以保证仓库账账相符、账卡相符、账实相符，并将留存的单证、文件存档。在有仓储系统的仓储企业中，销账环节是在拣货作业中通过RF手持

终端扫描货架及货物条码,并录入出库数量信息,由系统自动核销完成。

② 清理。商品出库后,有的货垛被拆开,有的货位被打乱,有的现场还留有垃圾、杂物。保管员应根据储存规划要求,该并垛的并垛,该挪位的挪位,并及时清扫发货现场,保持清洁整齐,腾出新的货位、库房,以备新的入库商品之用。同时清查发货设备和工具有无丢失、损坏等。

③ 退货管理。商品退货管理是指在完成物流配送活动中,由于用户方对于配送物品的有关影响因素存在异议,而进行处理的活动。

④ 退货原因。导致退货原因多种多样,一般而言,可以分为以下几种。

协议退货:与仓库订有特别协议的季节性商品、试销商品、代销商品等,协议期满后剩余商品仓库给予退回;

有质量问题的退货:对于不符合质量要求的商品,接收单位提出退货,仓库也将给予退货;

搬运途中损坏退货:商品在搬运过程中造成产品包装破损或污染,仓库将给予退回;

商品过期退回:食品及有保质期的商品在送达接收单位时或销售过程中超过商品的有效保质期,仓库予以退回;

商品送错退回:送达客户的商品不是订单所要求的商品,如商品条码、品项、规格、重量、数量等与订单不符,都必须退回。

⑤ 退货处理的方法。

无条件重新发货:对于因为发货人按订单发货发生的错误,应由发货人更新调整发货方案,将错发货品调回,重新按照原正确订单发货,中间发生的所有费用应由发货人承担;

运输单位赔偿:对于因为运输途中产品受到损坏而发生退货的,根据退货情况,由发货人确定所需的修理费用或赔偿金额,然后由运输单位负责赔偿;

收取费用,重新发货:因为客户自身原因导致订购商品与客户要求不符,可以再根据客户新的订单重新发货,但客户应该承担退换货过程中产生的费用。

重新发货或替代:对于因为产品有缺陷,客户要求退货,配送中心接到退货指示后,营业员应安排车辆收回退回货品。将货品集中到仓库退货处理区域进行处理。

传统出库流程

智慧仓货到人拣货出库作业流程

四、线体平衡人力配置

1. 线体平衡的概述

线体平衡指构成物流生产线各道工序所需的时间处于平衡状态,作业人员的作业时间保持一致,从而消除各道工序间的时间浪费,根据订单数量进行人员与称重机配置,对线体的全部工序进行均衡,消除工时浪费,实现效率与经济性最优。简单地说,线体平衡即对生产的全部工序环节进行平均化,调整作业负荷,实现"一个流",目的是消除各工序不平衡的效率损失以及生产过剩。

2. 线体平衡人力配置的定义及意义

(1) 线体平衡人力配置的定义。线体平衡人力配置即为了实现线体平衡,根据各工序环节的操作效率配置人力。

(2) 线体平衡人力配置的意义。

① 减少工序环节之间的准备时间,缩短生产周期。

② 提升整体生产效率,减少因线体不平衡产生局部生产过剩带来的浪费。

③ 消除员工等待现象,提升员工士气。

3. 物流线体平衡及人力配置

(1) 物流线体工序环节构成。物流线体工序由拣货、分拣、复核包装、码托、出库五个环节构成。本案例中物流线体各工序环节的效率如下:拣货的效率为 150 单/(人·小时),分拣的效率为 100 单/(人·小时),复核包装的效率为 80 单/(人·小时),码托的效率为 200 单/(人·小时),出库的效率为 400 单/(人·小时)。物流线体工序环节构成图如图 1-4-31 所示。

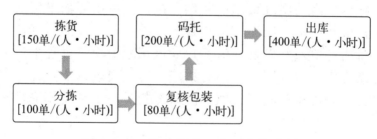

图 1-4-31 物流线体工序环节构成图

(2) 瓶颈分析及改善方法。物流线体平衡的瓶颈岗位是复核包装,因为复合包装的效率仅为 80 单/(人·小时),是线体中效率最低的工序岗位。具体的改善方法包括:

① 作业手势。查看和对比瓶颈工序的操作员工的作业手势,讨论是否有调整的可能。

② 工序操作的设备。分析瓶颈工序的设备,是否有更先进的设备提升作业

速度（该部分一般改善周期较长，实际操作性不强，但改善手法一定要分析，方便在后续的生产中使用）。

③ 辅助工具的开发。分析瓶颈工序，就生产过程中，是否可以开发辅助工具，减少生产过程中的判断、控制等人力的投入，同时也要确保品质。

④ 人员调配。人员调配，更换为技能更强或作业速度更快的员工作业。

(3) 作业环节人力配置方法。物流线体平衡中，各作业环节的需求作业人员数量=单量/作业环节平均作业效率，取整原则为向上取整。作业环节平均作业效率如表 1-4-13 所示。

表 1-4-13　作业环节平均作业效率

作业环节	拣货	分拣	复核包装	码托	出库
平均作业效率/[单/(人·小时)]	150	100	80	200	400

(4) 生产线传送带速度配置的计算方法。计算生产线传送带的速度时，一般是将 1 小时内需处理的订单数量，乘上包裹的最大长度（本课程内最大的包裹长度为 0.8m），再进行 2 倍放大，即传送带 1 小时内要通过的距离。设置的调整皮带速度，需大于或等于传送带速度的 1.25 倍；设置的称重皮带速度需大于或等于调整皮带速度。

(5) 理想订单场景最佳人力配置演练。当订单数量为所有工序环节作业效率的公倍数时，各工序环节可出现最佳人数配置状态，整个线体处于最理想的平衡状态，如表 1-4-14 所示。

表 1-4-14　理想订单场景最佳人力配置表

工序环节	拣货	分拣	复核包装	码托	出库
平均作业效率/[单/(人·小时)]	150	100	80	200	400
1200 单/小时人力配置数量	8	12	15	6	3
2400 单/小时人力配置数量	16	24	30	12	6
1200N 单/小时人力配置数量	8N	12N	15N	6N	3N

计算提示如下。

参考公式：需求作业人员数量=单量÷作业环节平均作业效率。

以 1200 单/小时人力配置为例，可计算得：拣货=1200÷150=8；分拣=1200÷100=12；复核包装=1200÷80=15；码托=1200÷200=6；出库=1200÷400=3，以此类推。

(6) 实时订单场景最佳人力配置实例演练。

实时订单数量越多，局部工序环节的生产过剩情况越少，整体生产效率提高，线体越趋近平衡。实时订单场景最佳人力配置表如表 1-4-15 所示。

表 1-4-15　实时订单场景最佳人力配置表

工序环节	拣货	分拣	复核包装	码托	出库
平均作业效率/[单/(人·小时)]	150	100	80	200	400
100 单/小时人力配置数量	1↑	1	2↑	1↑	1↑
500 单/小时人力配置数量	4↑	5	7↑	3↑	2↑
1000 单/小时人力配置数量	7↑	10	13↑	5	3↑
2000 单/小时人力配置数量	14↑	20	25	10	5

计算提示如下。

参考公式：需求作业人员数量＝单量÷作业环节平均作业效率；主要参考点：取整原则，向上取整，以此类推。

4. 案例——常见的仓库规划方案及最佳人力配置

【例 4-4】　假设某仓库某天 7:00—22:00 共有 19000 单，其中 11:00—14:00 时间段内共有 6000 单，平均每小时 2000 单，17:00—19:00 时间段内共有 3000 单，平均每小时 1500 单，其他时间段内共有 10000 单，平均每小时 1000 单，员工采用 12 小时工作制，请依此描述进行最佳人力配置。

案例分析：根据波动订单出单情况计算各工序环节所需的人力配置数量，波动订单出单情况表如表 1-4-16 所示。

表 1-4-16　波动订单出单情况表

工序环节	拣货	分拣	复核包装	码托	出库
平均工作效率/[单/(人·小时)]	150	100	80	200	400
2000 单/小时人力配置数量					
1500 单/小时人力配置数量					
1000 单/小时人力配置数量					

根据波动订单所需人员配置数量和对应时间段核算人力配置分布情况。其中 11:00—14:00 时间段内共有 6000 单，平均每小时 2000 单，17:00—19:00 时间段内共有 3000 单，平均每小时 1500 单，其他时间段内共有 10000 单，平均每小时 1000 单。结合公式计算出结果，如表 1-4-17 所示。

表 1-4-17　波动订单所需人力配置表

工序环节	拣货	分拣	复核包装	码托	出库
平均工作效率/[单/(人·小时)]	150	100	80	200	400
2000 单/小时人力配置数量	14	20	25	10	5
1500 单/小时人力配置数量	10	15	19	8	4
1000 单/小时人力配置数量	7	10	13	5	3

结合各时间段人员配置分布筛选波峰人力配置数量,再结合波峰人力配置情况与工作制进行班次配置,各时间段人力需求配置表如表 1-4-18 所示,波峰及早晚班人力需求配置表如表 1-4-19 所示。

表 1-4-18　各时间段人力需求配置表

时间段	拣货 150	分拣 100	复核包装 80	码托 200	出库 400
7:00—8:00	7	10	13	5	3
8:00—9:00	7	10	13	5	3
9:00—10:00	7	10	13	5	3
10:00—11:00	7	10	13	5	3
11:00—12:00	14	20	25	10	5
12:00—13:00	14	20	25	10	5
13:00—14:00	14	20	25	10	5
14:00—15:00	7	10	13	5	3
15:00—16:00	7	10	13	5	3
16:00—17:00	7	10	13	5	3
17:00—18:00	10	15	19	8	4
18:00—19:00	10	15	19	8	4
19:00—20:00	7	10	13	5	3
20:00—21:00	7	10	13	5	3
21:00—22:00	7	10	13	5	3

表 1-4-19　波峰及早晚班人力需求配置表

班次	拣货	分拣	复核包装	码托	出库
波峰人力需求	14	20	25	10	5
早班	7	10	13	5	3
晚班	7	10	13	5	3

知识小栏目

结合波峰与波谷人力需求数量与工作制进行各班次人力配置,得出各班次相加的人数总量需求大于或等于波峰人力需求的数量。

【模块测评】

一、单项选择题（以下各题有且只有一个正确答案，请将正确答案的代号填在括号里）

1. 为了避免因物资价格上涨造成损失或为了从物资价格上涨中获利而建立的库存是（　　）。
   A. 安全库存　　　B. 投机库存　　　C. 促销库存　　　D. 在途库存

2. 为了防止不确定因素（如大量突发性订货、供应商突然延期交货等）而准备的库存是（　　）。
   A. 安全库存　　　B. 投机库存　　　C. 促销库存　　　D. 在途库存

3. 对库存量没有影响的库存过程是（　　）。
   A. 订货阶段　　　B. 进货阶段　　　C. 保管阶段　　　D. 销售出库阶段

4. 2023年1月1日，某仓库的矿泉水库存数量为5420箱，1月的入库量和出库量分别是985箱、673箱，请问2023年1月31日该仓库的矿泉水库存数量为（　　）箱。
   A. 6405　　　B. 4747　　　C. 7078　　　D. 5732

5. 能够有效衡量库存可持续销售的时间，并且与销售速度密切相关，随着销售速度变化而变化的库存数据分析指标是（　　）。
   A. 期末库存　　　B. 库存天数　　　C. 平均库存量　　　D. 库存周转率

6. 企业向其他企业提供服务或产品的业务叫作（　　）。
   A. TOB　　　B. DASS　　　C. BaaS　　　D. TOC

7. 为了提高拣货作业效率，将多张客户订单集合成一批，进行批次拣取作业的TOB订单拣货策略为（　　）。
   A. 仓储分区　　　B. 订单分割　　　C. 订单分批　　　D. 订单分类

8. 用于衡量每个订单的平均价值大小的指标是（　　）。
   A. CR　　　B. AOV　　　C. CLV　　　D. CPA

9. 反映顾客保持活跃状态的平均时间长度的指标是（　　）。
   A. 留存期　　　B. 购买频率　　　C. 转化率　　　D. 平均订单价值

10. 由于用户跨店铺结算而导致的订单拆分属于（　　）。
    A. 仓库维度　　　B. 商品品类维度
    C. 商家维度　　　D. 物流维度

11. 由收货人或其代理持取货凭证直接到库取货，仓库凭单发货的出库方式属于（　　）。
    A. 送货　　　B. 收货人自提　　　C. 过户　　　D. 转仓

12. 所谓（　　），主要是指发货人员由于对物品种类规格很不熟悉，或者由于工作中的疏忽，把错误规格、数量的物品发出库的情况。

A. 串发和错发货 B. 漏记账
C. 错记账 D. 重复发货

13. 在发货过程中，如果物品包装破漏，发货时都应经过整理或更换包装，方可出库，否则造成的损失应由（　　）承担。

A. 收货人　　B. 仓储部门　　C. 验收人员　　D. 运输单位

14. 出库程序包括核单备货、复核、（　　）、点交、登账、清理等过程。

A. 检验　　B. 计价　　C. 包装　　D. 清理现场

15. 提货方式是由要货单位凭（　　），自备运输工具到仓储企业取货的一种方式。

A. 库存凭证　　B. 入库凭证　　C. 拣货单　　D. 提货单

16. 过户是一种就地划拨的出库形式，物品虽未出库，但是（　　）已从原存货户头转移到新存货户头。

A. 所有权　　B. 使用权　　C. 存储权　　D. 保管权

17. 仓库管理部门备完货后，到运输单位办理货运手续，通过承运部门将物品运送到物品需要用部门所在地，然后由其去提取，这种出库方式是（　　）。

A. 自提　　B. 托运　　C. 转仓　　D. 送货

18. 属于货主单位漏记账而多开出库数，处理时（　　）。

A. 应由货主单位出具新的提货单，重新组织提货和发货

B. 应由仓库出具新的提货单，重新组织提货和发货

C. 应由仓库负责人出具新的提货单，重新组织提货和发货

D. 拒绝出库

19. 仓储过程中的损耗造成实存数小于提货数时，合理范围内的损耗，应由货主单位承担；而超过合理范围之外的损耗，应（　　）。

A. 由仓库经营人或保管人按合同约定进行赔偿

B. 由仓库业务部门负责解决库存数与提货数的差额

C. 由企业按合同约定进行赔偿

D. 根据实际情况决定赔偿方

20. 拣货方式可以最简单地划分为订单拣选、（　　）及复核拣选三种。

A. 摘果式拣选　　B. 单一拣选　　C. 批量拣选　　D. 指令式拣选

二、多项选择题（以下各题，有 2 个或 2 个以上的答案，请将正确答案的代号填在括号里）

1. 按库存的预测性分类，可将库存分为（　　）。

A. 独立需求库存　　　　　　B. 在途库存
C. 相关需求库存　　　　　　D. 积压库存

2. 以下属于库存控制的作用的是（　　）。

A. 平滑需求　　B. 防止脱销　　C. 扩大生产　　D. 减少费用

3. 进行库存数据分析时，涉及的步骤包括（　　）。
   A. 库存数据收集　　　　　　　　B. 库存数据整理
   C. 库存数据分析及可视化展示　　D. 库存数据处理
4. 在制定拣选策略时，主要考虑的因素包括（　　）。
   A. 仓储分区　　B. 订单金额　　C. 订单分割　　D. 订单分类
5. 以下属于订单拆分的维度的是（　　）。
   A. 商品销量　　B. 商品品类　　C. 仓库　　D. 物流
6. 在进行电商运营数据分析时，根据第三方的订单信息，始终都要围绕"成交"这个核心目标。其中涉及的概念包括（　　）。
   A. 人　　B. 财　　C. 货　　D. 场
7. 热销品是指在市场上深受消费者欢迎、销售流动率高的产品，一般具有的特点有（　　）。
   A. 创新性　　B. 革新性　　C. 改进性　　D. 继承性
8. 以下属于订单数据分析维度的是（　　）。
   A. 订单所在城市　　　　B. 下单时间
   C. 订单金额　　　　　　D. 商品品类占比
9. 以下属于电商增长指标的是（　　）。
   A. 转化率　　B. 库存周转率　　C. 库存天数　　D. 结账放弃率
10. 与留存期密切相关的电商增长指标为（　　）。
    A. 单次转化费用　　B. 留存率
    C. 转化率　　　　　D. 流失率
11. 物品出库要求做到"三不、三核、五检查"，其中"三核"是指在发货时要核实（　　）。
    A. 凭证　　B. 账卡　　C. 实物　　D. 货物质量
12. 出货管理应遵循的原则有（　　）。
    A. 先入先出原则　　B. 货物一致性原则
    C. 货位清空原则　　D. 货物数量满足原则
13. 物品出库要求做到"三不、三核、五检查"，其中"三不"是指（　　）。
    A. 未接单据不翻账　　B. 未经审核不备货
    C. 未经复核不出库　　D. 未经登记不出库
14. 拣货单位是指拣货作业中拣取货物的包装单位，通常拣货单位可分为（　　）。
    A. 销售包装　　B. 托盘　　C. 箱（外包装）　　D. 单件（小包类）
15. 物品出库要做到的"五检查"包括有（　　）。
    A. 品名检查　　B. 规格检查　　C. 包装检查　　D. 件数检查
16. 常见的拣货技术有（　　）。
    A. 人到货　　B. 货到人　　C 自动分拣　　D. 摘果法

17. 常见的拣选方式有（　　　）。
　　A. 播种式　　　　B. 人工拣货　　　C. 复合拣选　　　D. 摘果式
18. 波次拣选策略有（　　　）。
　　A. 分区策略　　　　　　　　　　　B. 订单分割策略
　　C. 订单分批策略　　　　　　　　　D. 分类策略
19. 订单分批策略包括（　　　）。
　　A. 总和计量分批　　　　　　　　　B. 时窗分批
　　C. 固定订单量分批　　　　　　　　D. 智慧型分批
20. 以下属于企业常用拣选路径的有（　　　）。
　　A. 穿越式　　　　B. 回转式　　　　C. U 型　　　　D. I 型

三、判断题（正确的在前面括号里打"√"，错误的打"×"）

（　　）1. 库存是为达到某种目的而储存的物品，存在的形式一定是在仓库中保证静止不动的物品。

（　　）2. 按照生产过程的不同阶段划分，可将库存划分为库存存货、在途库存、委托加工库存和委托代销库存。

（　　）3. 为了控制库存需要重点关注进货阶段和保管阶段这两方面。

（　　）4. 库存控制的目标是维持必要的库存，减少不必要的库存。

（　　）5. SKU 即最小存货单位，是库存进出计量的基本单元。

（　　）6. TOB 订单业务模式是以个人作为服务主体，为个人客户提供平台、产品或服务并赚取利润的业务模式。

（　　）7. 跨境商品需要订单、支付单和运单三单对碰才能够清关。

（　　）8. 对于跨境商品而言，一般都支付之后进行拆单。

（　　）9. 结账放弃率是指商品添加到购物车后离开，未购买的访问者所占的百分比。

（　　）10. 如果要使营销活动能够获利，无论是常规还是特殊的营销行为，CPA 都必须高于顾客生命周期价值（CLV）。

（　　）11. 仓库的作业过程，从入库到出库不是连续进行的，而是间断进行的。

（　　）12. 接运可在车站、码头、仓库或专用线进行，因而可以简单分为到货和提货两种方式。提货形式下，仓库不需要组织库外运输，到货形式下，仓库要组织库外运输。

（　　）13. 仓库必须建立严格的出库和发运程序，严格遵循"先进后出"的原则。

（　　）14. 漏记账是指在商品出库后核销明细账时没有按实际发货出库的商品名称、数量等登记，从而造成账实不相符的情况。

（　　）15. 货位补货方式较适合体积大或出货量多的物品。

（　　）16. 分拣作业中关键的环节是补货作业。

（　　）17. 双主通道多小通道穿越分割回转拣货，适用于 SKU 较多的仓库，SKU 容量高，避免合流。

（　　）18. 拣货时从通道一端拣货到另一端，然后再进入第二、第三等通道顺序拣货，最后返回出发点是回转式拣选。

（　　）19. 拣货路径没有最优选项，只有最适合选项。

（　　）20. 拣货路径的设计依托于货架、商品的摆放等。

四、简答题

1. 简述库存的优缺点。
2. 简述按照不同的角度划分出的库存类型。
3. 简述订单数据分析的维度。
4. 简述出库基本要求。
5. 简述出库的基本流程。
6. 简述出库前需做的准备。
7. 简述订单确认的具体内容。
8. 简述线体平衡人力配置的意义。

五、案例分析题

某物流有限公司是一家大型的仓储配送型第三方物流公司，主要为客户提供定制化仓储与配送服务。康师傅控股有限公司、联合利华集团、酷8电子商务有限公司是该物流有限公司的主要客户，公司仓库储存这几家客户的货物品类主要包括食品饮料、洗护用品、服装箱包、光盘等，并且货物都存放于C库房。

2023年3月23日，该物流有限公司C库房仓库管理员沈军接到仓库主管的工作指示，要完成当天的出库任务。沈军通过查看当日出库通知，发现3月23日有三个客户的货物需要出库，分别是康师傅控股有限公司、酷8电子商务有限公司及联合利华集团。

问题：如果你是沈军，你接到出库单后，如何进行货物的出库作业？

模块五

智慧仓配配送作业

【学习背景】

京东集团 2007 年开始自建物流，2017 年 4 月正式成立京东物流集团。京东物流自 2016 年起开始致力于智能快递车的研发和应用，是首家将自动驾驶应用到物流配送实际场景中的企业。截至 2022 年，京东物流在全国 30 座城市已经投入运营超 700 台无人车。600 台智能快递车和超 100 台室内配送机器人的投用，为消费者提供"最后一公里"和"最后 100 米"末端配送服务，不仅覆盖社区、商圈的快递配送，还跟山姆、七鲜等多个商超配送系统打通，提供超市订单无人即时配送服务。京东物流无人配送已经实现了对城市社区、商业园区、办公楼宇、公寓住宅、酒店、校园、商超、门店 8 大场景的覆盖，满足消费者的多元需求。最新推出的智能零售车，不仅具备 L4 级别的自动驾驶能力，还搭载冷藏零售柜系统，可以在规划区域内移动售卖饮料或零食，缓解人员密集区的零售服务压力。

【学习目标】

通过本章的学习，学生能够掌握物流企业配送作业的整体业务流程，通过了解智慧物流配送的发展趋势，扩大学生对物流产业的知识面，丰富学识、增长见识、感悟道理。通过综合考虑订单要求、货物特性、运输条件、交通状况等条件，制订适用的配装配载计划，掌握优化配送路线的方法，减少或避免迂回路线，提高车辆满载率，有效降低企业配送成本。本章旨在提升学生严谨认真的职业素养，培养学生独立分析和解决问题的能力，成为职业应用型人才。

❖ 知识目标

1. 掌握配送的定义、功能和种类；
2. 理解配送与送货及运输的区别和联系；
3. 掌握配送中心的定义、功能和种类；
4. 熟悉配送中心作业流程；

5. 掌握制订与运行配送计划的方法。

❖ 能力目标

1. 能够制订合理的配装配载计划；
2. 能够选择合适的方法对配送路线进行优化，并进行效率效益分析。

❖ 素养目标

1. 培养学生分析问题和解决问题的思维方式，提高科学素养；
2. 培养学生严谨踏实的工作态度和求真务实的敬业精神，树立正确职业观。

【案例导读】

配送作为智慧物流的终端环节，在物流行业中占据着重要的作用。随着科技的进步与发展，社会消费逐渐向数字化消费场景转变，无人配送由此出现，尤其在2020年采用"无接触配送"服务的用户订单占总量的80%以上。无人配送在特殊时期扮演的重要角色，提高了无人物流在社会中的认可度和支持度，充分体现智慧物流在未来市场的发展潜力。

2020年，苏宁重磅打造的全链路"无人物流"系统实现高效流畅的无接触模式：包裹从无人仓出发，通过无人驾驶的无人重卡被迅速运输到分拨中心，然后经由最后一公里无人配送机器人或无人机，送至无人快递柜（或送到客户手中），真正做到全流程无人配送。

党的二十大报告指出，我们要实现好、维护好、发展好最广大人民根本利益，紧紧抓住人民最关心最直接最现实的利益问题，坚持尽力而为、量力而行，深入群众、深入基层，采取更多惠民生、暖民心举措，着力解决好人民群众急难愁盼问题。

2022年，国务院接连印发多项"十四五"发展规划提出鼓励推进无人配送研发、应用和推广。科技的本质是为人服务。推进智慧物流配送的技术应用，不仅可以提升配送效率，还可以节省人力成本，降低配送难度，满足公众对及时配送效率的需求，让消费终端享受到更便捷的取件服务，切实解决物流配送"最后一公里"的痛点。

【知识任务】

任务一　认知配送

配送是随着社会化大生产诞生、专业化分工发展的一种必然产物,它是连接物流系统和消费者的纽带和桥梁,是物流的一种特殊的、综合的活动形式。它将商流与物流紧密结合,既包含了商流活动和物流活动,也包含了物流活动中的若干功能要素。

一、配送的相关知识

配送作为商业物流的基本功能之一,在商业物流活动中占据相当重要的地位和作用。物流的最终目的是满足用户的最终需求,它多是由配送来完成的。

1. 配送的概念和内涵

我国国家标准《物流术语》(GB/T 18354—2021)中将配送定义为:根据客户要求,对物品进行分类、拣选、集货、包装、组配等作业,并按时送达指定地点的物流活动。

配送几乎包括了所有的物流功能要素,是物流的一个缩影或在某小范围中物流全部活动的体现。一般物流是运输及保管,而配送则是运输及分拣配货,分拣配货是配送的独特要求,也是配送中有特点的活动,以送货为目的的运输则是最后实现配送的主要手段,从这一主要手段出发,常常将配送简化地看成运输中的一种。图 1-5-1 和图 1-5-2 分别为无有配送中心的流通示意图。

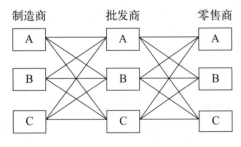

图 1-5-1　无配送中心的流通示意图

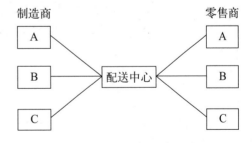

图 1-5-2　有配送中心的流通示意图

配送的内涵如下。

(1) 配送要以满足顾客对物流服务的需求为前提。在买方市场条件下,顾客需求灵活多变,消费特点是多品种、小批量,配送企业的地位是服务地位而非主导地位,配送应该是建立在市场营销策划基础上的企业经营活动,是多项物流活动的统一体。

(2) 配送是"配"与"送"的有机结合。配送利用有效的分拣、配货等理货工作,使送货达到一定的规模,以利用规模优势取得较低的送货成本。通过合理的"配",才能实现低成本、快速度的"送"。

(3) 配送是在经济合理区域范围内的送货。配送不宜在大范围内实施,通常仅局限在一个城市或地区范围内进行,经济半径为 30~50km。

2. 配送的种类和功能要素

配送作为一种现代流通组织形式,根据配送主体、配送对象、配送时间等的不同,将配送作业划分为多种基本形式。

(1) 按配送商品种类和数量多少分类。

① 少(单)品种、大批量配送,这种配送形式适用于客户所需商品品种较少,单独一种或少数品种商品,而需求数量较大的情况,可使用整车运输,提高车辆利用率。

② 多品种、少批量、多批次配送,按客户要求配备齐全所需的各种商品,凑成整车后由配送节点送达客户手中。这种配送作业水平要求高、计划难度大,需要较复杂的设备和高水平的组织工作保证和配合。

③ 配套成套配送,为满足企业生产需要,将生产装配所需的零部件、成套设备定时送达企业生产线进行组装的配送形式。

(2) 按配送时间及数量多少分类。

① 定时配送,按规定的时间、时间间隔进行配送。定时配送有以下几种具体形式。

a. 小时配,接收订货要求后,1h 内将货物送达的配送方式。这种方式适用于一般消费者突发的个性化需求而产生的配送要求,也常用于应急配送。

b. 日配,接收订货要求后,24h 内将货物送达的配送方式。这种方式实行较为广泛,可使用户基本上无须保持库存。

c. 准时配,按照双方协议时间,准时将货物送达用户的方式。这种方式不同于日配针对社会上随机性的需求,而是通过协议计划来确定配送时间,可以绝对实现用户"零库存"。

d. 快速配,以快递服务的方式综合利用小时配、日配等在较短时间实现送达的方式。这种方式不明确送达具体时间,一般用作社会广泛服务。

② 定量配送,在指定的时间范围内按规定的批量进行配送。配送货物数量固定,计划性强,配送成本较低。

③ 定时定量配送,按规定的时间和货物数量进行配送。配送计划难度大,配送成本较高。

④ 定时定路线配送,在规定的运行路线上制定配送车辆到达时间表,按运行时间表进行配送。

⑤ 即时配送,在没有预先确定配送时间、配送路线及配送数量的情况下,完全按照用户要求的时间和数量进行配送。这是一种灵活性较高的应急方式,配送成本较高。

(3) 按配送组织者不同分类。

① 配送中心配送，组织者是以配送为专职的配送中心。规模大，专业性较强；有配套的设施、设备和装备；设施流程专门设计，能力强，配送品种多、数量大。服务对象配送关系固定，机动灵活性差，投资较高。

② 仓库配送，一般以仓库为节点进行配送。它可以将仓库改造作为配送中心，也可以在保持仓库原仓储功能的基础上增加一部分配送职能。

③ 商店配送，组织者从事商业零售网点配送工作。网点主营业务为商品零售，规模不大，品种齐全，容易组织配送，可实行专营配送形式或兼营配送形式。

(4) 按配送经营方式不同分类。

① 销售配送，配送企业是销售性企业，其配送对象不固定，配送随机性较强。

② 供应配送，企业为满足自己的供应需求而自行组建配送节点进行配送。

③ 销售—供应一体化配送，销售企业在销售产品的同时承担客户的配送，既是销售者又是客户的供应代理人。

④ 代存代供配送，客户委托配送企业代存、代供自己的货物，商品所有权在配送前后均属客户所有，配送企业并不能获得商品销售的经营性收益。

(5) 按配送专业程度不同分类。

① 综合配送，在一个配送节点中组织不同专业领域的产品对客户进行配送。

② 专业配送，按照产品性质的不同适当划分专业领域进行配送。

除以上分类标准外，还可以按配送功能不同分为转送模式配送、分销模式配送、储存模式配送和加工模式配送；按加工程度不同分为加工配送和集疏配送。

配送作为物流系统的最末端，在庞大的物流系统中具有重要作用和意义，具体体现在以下方面。

(1) 完善了输送及整个物流系统。配送具有较强灵活性、适应性和服务性，能使支线运输及小搬运的输送过程得以优化和完善。

(2) 提高了末端物流的经济效益。通过增大经济批量来实现经济订货的规模效益，将各种商品用户集中起来一次发货，取代向不同用户小批量发货的配送方式，使末端物流经济效益得到提高。

(3) 通过集中库存使企业实现低库存和"零库存"。采用准时化配送方式使生产企业依靠配送中心的准时化配送进行准时化生产。

(4) 简化手续，方便用户。用户只需向一个进货单位订购货物，避免因多个配送单位的高频接货而产生的工作量和负担，节约订货等事务开支。

(5) 提高了供应保证程度。配送中心具有较强的存储能力和更为精准的配送时效，免去生产企业因受库存费用制约等因素导致无法保证准时供应的担忧。

3. 配送的发展趋势

随着社会数字化转型的不断推进，网络技术、电子商务、交通运输和管理逐步实现现代化，推动现代物流配送向整个物流系统管理现代化的转变，配送各环节作业向自动化、智能化转型。

（1）智能配送。在制订配送规划时运用计算机技术、图论、运筹学、统计学等方面的技术，由计算机根据配送的要求，选择最佳的配送方案。智能配送系统具备六大特征：广泛应用IT技术、互联网技术和物联网等技术；导入以制造执行系统（Manufacturing Execution System，MES）为代表的管理信息系统；实时采集物料需求数据；实时智能决策配送任务；配备智能配送车辆；进行智能路径规划。

（2）智慧配送装备。应用于物流配送过程中，具备复杂环境感知、智能决策、协同控制等功能，能够实现自动化、智能化、无人化运行的物流装备。具有三大特征：强调人机交互、智能感知与决策和无人化运行。

① 无人机，是指利用无线电遥控设备和自备的程序控制装置操纵的不载人飞机。其主要特征为：不载人且无人驾驶；具有以飞控系统为核心的无人机系统；具有能够执行一定任务的载荷设备；可在视距内或超视距飞行。无人机配送具有调度灵活、成本低、方便高效、可实现超越时空配送的优势，但也容易受恶劣天气影响，面临砸伤地面人员或人为"劫机"的风险。

无人机在物流行业中主要有两大应用场景（见图1-5-3）。一是末端无人机配送，空中直线距离一般在10km以内，载重在5~20kg左右，单程飞行时间为15~20min，如应急物资、医疗用品等派送业务。二是无人机仓储管理，比如大型高架仓库和储存区的检视和盘点，集装箱堆场、散货堆场的盘点或检查巡视。

图1-5-3 无人机的应用场景

知识小栏目

多年来，深圳市持续通过政策引领的方式，推动无人机产业的快速发展。2023年2月23日，美团无人机团队宣布其城市低空物流解决方案已通过中国民航局审定，并获颁《特定类无人机试运行批准函》和《通用航空企业经营许可证》，试运行地点位于深圳。美团城市低空物流解决方案中的调度系统，连接着远程机组、飞行器、机场以及空中交通规划控制模块等单元,借助先进的人工智能技术,可自主调度半径600km内的无人机。该系统理论上可同时完成每平方公里7000架无人机的调度工作;同时,它还会实时收集无人机队状态信息并提供给远程机组与其他重要系统。智能识别设备的运行情况,任何类型的异常发生,系统均会在100ms内做出判断,系统会基于判断自动触发无人机悬停、避障、重新规划航线以及紧急备降等操作,在必要时还会控制降落系统,完成开伞动作,最大限度地化解了飞行安全风险。

② 无人配送车,又称配送机器人,是指基于移动平台技术、全球定位系统、智能感知技术、智能语音技术、网络通信技术和智能算法等技术支撑,具备感知、定位、移动、交互能力,能够根据用户需求,收取、运送和投递物品,完成配送活动的机器人。

无人配送车具有定位和移动、智能感知和避让、人机交互以及信息同步四大主要功能,既能够提高配送效率,又能提升用户体验,主要应用于快递配送、生鲜配送、外卖送餐、医院物流、餐饮服务和酒店服务等场景(见图1-5-4)。

图 1-5-4　无人配送车的应用场景

③ 智能快递柜,又称自助提货柜、智能快递存储柜等,是指在公共场合(小区),可以通过二维码或者数字密码完成投递和提取快件的自助服务设备,是一个基于物联网,能够对快件进行识别、暂存、监控和管理的设备。具有可实现智能化集中存取,为用户提供24小时自助式服务,并进行远程监控和信息发布的三大特征。

智能快递柜是占领末端市场的重要砝码,不仅解决最末端配送效率低的问题,降低人力成本,减轻快递员工作负荷,还能有效保护用户隐私,方便用户进行灵活取件。

知识小栏目

近年来，中国物流市场迅速增长。国家邮政管理局数据显示，仅快递业务2021年的业务量就已达到1083亿件。但快递人员数量的增长却与市场增长严重失衡，快递人员短缺成为困扰行业发展的最大难题之一。据人社部发布的2021年第四季度全国招聘大于求职"最缺工"的100个职业排行中，快递员排名第10位。最后1公里快递配送多靠快递员"跑断腿"来完成，人们从业意愿不足。无人配送车的应用不仅可以提升配送效率，还可以节省人力成本。毫末智行副总裁蔡娜算了一笔账：毫末智行发布的第二代末端物流自动配送车"小魔驼"2.0售价为12.88万元。以北京为例，一名配送员的年薪大概在10万～12万元，而毫末"小魔驼"2.0以现在12.88万元的定价，加上其他维护费用，可以在两年之内持平人工成本，后续一台自动配送车将持续产生效益。

为了应对无人机、无人配送车等智慧配送装备在社会场景中的广泛应用，智能快递柜纷纷升级，配备自动传动系统（见图1-5-5），可上承无人机、下接无人车实现24小时全天候无人作业，实现人、柜、机、车＋用户协同。

图1-5-5　菜鸟驿站升级为快递塔"快递擎天柱"

④ 城市地下智慧物流管网，是指运用自动导向车（AGV）和两用卡车（DMT）等承载工具，通过大直径底下管道、隧道等运输通路，对固体货物实行输送的一种全新概念的运输和供应系统。

建设地下智慧物流管网一是能够降低公共道路设施的土地占用，缓解城市交通拥堵问题；二是可降低城市货物运输成本，提高服务质量，同时避免因恶劣气象灾害引发的物流损坏问题，安全且经济；三是因采用清洁能源作为运载工具，可以降低能源消耗和环境污染，助推绿色低碳的物流行业改革。

> **知识小栏目**
>
> 城市地下物流系统凭借其高效、快速、环保的优势,很好地解决了现代物流体系的主要瓶颈,是未来物流发展的高级运输模式。2018年,京东物流宣布成立城市智能物流研究院(雄安)。在雄安试行一项由无人车、无人管道构成的新型物流计划,将雄安新区打造成全球智能物流样板城市和中国物流创新示范高地。2019年,京东发布构想的智慧物流地下智能枢纽中心视频。用户线上下单,智慧地下物流系统的快递员进行发货操作,包裹通过超级无人配送中枢被分拣配送到不同路线轨道,经过地下超级智能枢纽中心进行配送路线规划,通过城市管廊系统分配到不同楼宇到达用户手中。2020年4月,国务院在《河北雄安新区总体规划(2018—2035年)》第75条关于物流体系中提出,积极探索利用地下空间构建地下智能物流系统。建设智慧物流信息平台,实现智能配置物流资源、智能优化物流环节、智能提升物流效率。雄安新区作为国内高质量城市建设的示范区,其完善的系统性地下物流体系未来能够对全国城市配送效率的提升和交通拥堵的缓解贡献重要的一份力量。

(3) 发展趋势。

① 集约化、共同化趋势。配送突破单个企业的个别化配送模式,出现了整个行业、整个产业组团式的配送活动。这种趋势有利于提高车辆使用效益,减少城市交通拥堵,带来良好的社会效益和经济效益。

② 区域化趋势。配送辐射范围突破了一个城市的范围,发展为跨省、跨国乃至全世界的辐射范围,进一步带动国际物流的发展。

③ 产地直送化趋势。把货物从产地直接送到客户手中,缩短物流渠道,优化流通环节,提高配送效率,大幅降低物流成本。

④ 信息化趋势。借助现代化技术重构配送系统,信息化作为其他先进物流技术应用的基础,可以给物流配送带来一场革命。

⑤ 条码化、数字化及组合化趋势。条码是信息的一种载体,顺应配送信息化和自动化的发展要求,被广泛应用于配送作业,让分拣、配货工作更简便、准确。

⑥ 自动化、机械化趋势。自动化立体仓库的出现取代了传统体力劳动和手工劳动,为实现高效、优质、快速的配送服务提供了技术支持。

⑦ 多种配送方式组合最优化趋势。将小批量快速配送、准时配送、分包配送、托盘配送、柔性配送、巡回服务式配送、按时配送、定时定路线配送、厂家到家门的配送、产地直送配送等方式进行组合优化,有效解决配送过程、配送对象、配送手段的复杂化问题。

二、配送与运输

1. 配送与一般送货的区别和联系

配送与一般送货都是物流过程中的一个环节，配送的实质是送货，但配送相比较一般送货更具有专业化。配送与一般送货有着明显的区别，一般送货只是供需双方的一种实物交接形式，而配送的含义要广泛得多，其主要区别如表1-5-1所示。

表 1-5-1 配送与一般送货的区别

项目	一般送货	配送
目的	是企业的推销手段，通过送货上门达到提高产品销量的目的	是社会化大生产、物流领域专业化分工的产物，是提升企业竞争力的重要手段，是商品流通社会化的发展趋势
内容	仅仅是送货	根据客户需求对货物进行拣选、加工、包装、组配等工作
工作性质	由生产企业承担，送货只是附带性工作，技术装备设施简单	是流通企业的专职工作，通常表现为配备完善信息系统的配送中心的工作
时间要求	计划性较差，送达时间不准确	计划性强，送货时间准确

2. 配送与运输的区别和联系

运输和配送同属物流活动的七大功能要素之一，二者既有联系，又有区别，存在辩证关系。联系在于，两者都是物流系统中的线路活动，都是为了实现物资或货物的空间位移。但运输以远距离、大批量货物的位置转移为主；配送则主要从事近距离、小批量货物高频率的位置转移，并辅以多种服务功能，属于短距离的末端运输。两者区别如表1-5-2所示。

表 1-5-2 配送与运输的区别

项目	运输	配送
运输性质	长距离、干线运输	短距离、直线运输、区域内运输、末端运输
货物性质	少品种、大批量	多品种、小批量
运输工具	大型货车、火车、轮船、飞机	小型货车、工具车
管理重点	效率优先	服务优先
附属功能	装卸、捆包	装卸、保管、包装、分拣、流通加工、订单处理等

任务二　认知配送中心

配送中心是专门从事货物配送业务的物流场所和经济组织,是连接物流供应方与需求方的桥梁,为供应链下游经销商、零售商、末端客户提供配送服务,配送中心的发展对推动物流的发展有着重要意义。

一、配送中心的定义

我国国家标准《物流术语》(GB/T 18354—2021)将配送中心定义为:具有完善的配送基础设施和信息网络,可便捷地连接对外交通运输网络,并向末端客户提供短距离、小批量、多批次配送服务的专业化配送场所。

二、配送中心的类型

配送中心按照功能、运营方式、服务范围不同,可按照不同标准划分不同类别。

1. 按经营主体不同分类

(1) 制造商主导型配送中心,以生产企业为主体建立的配送中心,这种制造中心的物品全部自制,可降低流通费用,提高售后服务质量。

(2) 批发商主导型配送中心,以批发企业为主体建立的配送中心,这种配送中心的物品来自多个制造商,社会化程度高。

(3) 零售商主导型配送中心,以零售企业为主体建立的配送中心,当零售企业发展到一定规模后,为减少流通环节,降低物流成本而建立自己的配送中心。

(4) 物流企业主导型配送中心,以第三方物流企业为主体建立的配送中心,此类配送中心提供物流服务,其货物仍属于制造商或供应商。

2. 按经济功能不同分类

(1) 储存型配送中心,以存储为主要业务的配送中心,具有较强的储存功能。

(2) 流通型配送中心,以货物通过或转运为主要业务的配送中心,基本上没有长期储存功能,仅以暂存或随进随出的方式进行配货和送货。

(3) 加工型配送中心,以流通加工为主要业务的配送中心。

3. 按服务范围不同分类

(1) 城市配送中心,以城市为配送范围的配送中心,适用于多品种、小批量、配送距离短的用户订单,提供门到门服务,多采用小型汽车进行配送。

(2) 区域配送中心,具有较强辐射能力和库存能力,以省(州)际、全国乃至国际为配送范围的配送中心,这种配送中心规模较大,配送批量也较大,通常是给下一级城市进行配送。

4. 按货物属性不同分类

根据配送货物的属性不同,可分为食品配送中心、日用品配送中心、医药品配送中心、家电用品配送中心、服饰产品配送中心等。

 知识小栏目

> 河南信阳卷烟物流配送中心,在分拣卷烟的包装上舍弃了不利于降解和回收的热塑膜,改用更加绿色经济环保的软塑周转箱;完善"配送单元服务区域划分、配送单元内网格划分、网格内线路排程、智能弹性送货、柔性访送"等算法模型,构建物流网格化智能配送应用平台,将配送客户按照路程远近进行线性排序,智能配送系统每日根据访销户数、配送量等数据下达配送任务,节省送货路程和油耗;实行卷烟"无纸化配送",取消纸质送货小票,利用商零在途系统手持终端电子签收,减少纸张、油墨使用量,提升卷烟货物交接效率,商户通过微信公众号及时方便查询到订单信息。一项项举措将绿色环保、节能减排、降本降耗写进了物流配送每一道环节,让配送之路只此"青绿"。

三、配送中心的功能

配送中心是一个集合仓储、运输、装卸搬运、包装、流通加工、信息处理等多重物流功能为一体的流通型物流节点,具体有以下功能:

(1) 采购功能,采购是配送的准备工作或基础工作,包括寻找货源订货、集货、进货、质检等。配送可以集中用户需求进行规模采购,降低采购成本。

(2) 存储功能,按一定时期的配送经营储存一定数量商品以保证配送服务的完成。储备数量较大,储备品种丰富,储备结构较完整。

(3) 分拣功能,配送中心服务对象众多,用户需求不尽相同,依据不同客户的订货要求,迅速准确地将商品拣选出来有效组织配送,可大大提高送货服务水平。

(4) 配装功能,配装是配送系统中有现代特点的功能要素,也是现代配送不同于以往送货的重要区别。配装送货能够在满足用户小批量、多批次进货要求的前提下,降低送货成本。

(5) 衔接功能,配送中心可以把各种生活生产资料直接送到用户手中,起到连接生产和消费的作用。通过储存和发散货物,配送中心又起到调节市场供需平衡的作用,使供需双方实现无缝衔接。

(6) 流通加工功能,配送加工作为物流活动的增值服务,虽然不具有普遍性，但可以大大提高用户满意度。

（7）信息处理功能。配送中心连接供需双方，不仅是实物的连接，更是起到信息传递和处理的重要作用。

四、配送中心作业流程

从总体上讲，配送中心的主要活动由进货入库、储存保管、分拣配货、配装配载和送货运输五个基本环节组成，每个环节又包括若干项具体、细节的作业活动。配送中心作业流程的合理性及其效率高低都直接影响整个物流系统的正常运作。如图1-5-6所示。

配送中心作业流程

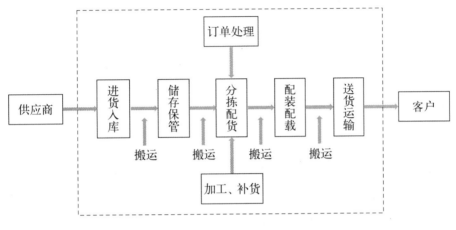

图1-5-6 配送中心作业流程图

1. 进货入库

配送中心向生产商订货或接收货主订购的货物，组织货源，待货物到达后接货、卸货，对货物数量、质量、包装情况等进行验收登记，与发货单据核对无误后入库。

2. 储存保管

按货物的性质、形状、类别的不同，分门别类地存储于相应的设施或场所之中，对其进行码垛、上架、上苫下垫、货区标识、维护、保养等作业活动。采用科学的先进存储技术和设备，如托盘货架、自动输送系统等来提高存储作业的机械化和自动化程度，提高作业效率。

3. 分拣配货

分拣及配货作业是配送作业的中心环节，其中涉及订单处理、分类、拣选、补货、加工作业活动。为确保商品能保质保量送到指定拣货区进行分拣，需要进行补货作业。根据货物的特点或是用户的要求，对货物进行加工作业可增加货物附加价值。采用自动化分拣技术及设备，为配送中心快速响应用户的配送需求奠定了良好的基础。

理论篇 163

4. 配装配载

在单个用户配送数量不能达到车辆的有效载运负荷时，应充分利用运能、运力，集中不同用户的配送货物进行搭配装载。装载时应注意装载货物不得超高、超宽、超重；货件标识为便于看见而朝外；按照不同用户的货物到达的先后进行先送后装；进行适当的遮盖并捆扎固定。

5. 送货运输

配送作业的终结，注意要点包括：明确订单内容、明确配送地点、选择配送路线等。

任务三 配送计划的制订与运行

配送计划是从事配送活动的物流配送项目和物流配送运作的总称,是配送中心在一定时间内编制的生产计划,是配送中心生产经营的首要职能和中心环节。

主要依据客户订单、客户分布、运输路线距离、配送货物特征和运输装卸条件来制订配送计划。配送计划的主要内容应包括配送时间、车辆选择、货物装载以及配送路线、配送顺序等的具体选择。拟订配送计划的基本流程如图 1-5-7 所示。

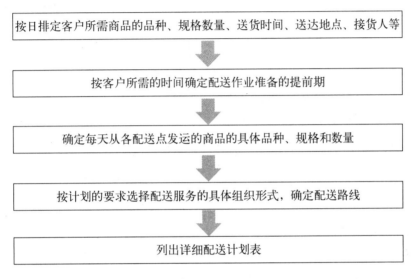

图 1-5-7 拟订配送计划的基本流程图

一、制订配装配载计划

配装和配载是物流配送的重要环节,在满足客户需求的条件下,为客户配送合理数量,有效利用车辆空间,提高车辆装载率,节省运力,缩短配送车辆运输时间,降低运输费用,实现物流效益的增长。

配装和配载都是为了提高车辆利用率。其中,配装研究对象为货物装载过程,强调装车过程,旨在充分利用车辆的装载空间,使得车辆载重和容积利用率最大。配载研究的是车辆的配载过程,强调车辆的调度,旨在选择合适的配送车辆。配装配载作业流程如图 1-5-8 所示。

1. 选择车辆及配送路线

(1) 车辆调度。车辆调度是根据客户的订单需求及配送中心的配送资源,制订行车路线,使车辆在满足一定的约束条件下,有序地通过一系列装货点和卸货点,达到路程最短、费用最小、耗时最少等目标的过程。

图 1-5-8 配装配载作业流程图

车辆调度的基本原则：

① 从全局出发，局部服从全局的原则。保证重点，统筹兼顾，贯彻"先重点、后一般"的原则。

② 安全第一、质量第一的原则。始终把运行安全和质量控制放在首要位置。

③ 计划性原则。根据客户订单要求并以运行计划为依据，监督和检查计划的执行情况，按计划进行送货作业。

④ 合理性原则。根据货物性能、体积、重量、车辆技术状况、道路通行条件、气候变化等因素合理调度车辆并安排运行路线，有效降低运输成本。

车辆调度的特点：

① 计划性。配送车辆按照事先划分好的配送区域线路执行每日的配送工作。

② 机动性。加强运输信息反馈，及时了解运输状况，灵活处理各种问题，准确发布调度指令，保证运输计划的完成。

③ 预防性。运输过程中影响因素多，情况多变，调度人员应对生产中可能产生的问题有预见。

④ 及时性。调度工作的时间尤为重要，无论是配送环节的衔接，还是装卸效率的提高，都强调了时间观念。

合理的车辆调度可保证配送任务按期完成，调度工作覆盖了订单从接受到实施的整个过程，能够及时了解配送任务的执行情况，促进配送及相关作业的有序进行，最终实现最小的运力投入。

（2）配送路线选择。配送路线是指各送货车辆向各个客户送货时所要经过的路线。配送线路合理与否，对配送效率、成本、效益具有重大影响，采用科学的方法确定配送线路是配送活动中非常重要的一项工作。配送路线选择的前提是根据配送的具体要求、配送中心的客观条件来确定配送目标，明确特定目标下的约束条件，优化配送路线。

配送目标的确定原则：

① 以效益最高目标为原则。

② 以成本最低目标为原则。

③ 以路程最短目标为原则。

④ 以吨公里最小目标为原则。
⑤ 以准确性最高目标为原则。
⑥ 以运力利用最合理目标为原则。
⑦ 以劳动消耗最低目标为原则。

配送路线的约束条件：
① 满足所有收货人对货物品种、规格、数量的要求。
② 满足收货人对货物送到时间范围的要求。
③ 在允许通行的时间内进行配送。
④ 各配送路线的货物量不超过车辆容积和载重量的限制。
⑤ 在配送中心现有运力允许的范围内。

2. 设计车辆配装计划

货物配装是配送的一个重要环节，运输成本占配送成本的比重较大，这就要求我们最大程度发挥装载工具容积和承载能力，在容积和载重量一定的情况下，尽量做到满载满装，从而降低配送成本。货物配装问题解决得好坏直接关系到车辆空间、载重的利用率和物流成本的高低，合理的配装有利于物流企业提高空间利用率、降低运营成本、提高配送效率。

（1）车辆积载。车辆积载是指在具体装车时，为充分利用车厢载重量、容积而采用的方法，积载是根据所配送货物的性质和包装来确定堆积的行、列和层数及码放的规律。

（2）车辆积载的原则。在明确客户的配送顺序后，为提高车辆在容积和载重量两方面的利用率，降低配送成本，应遵循以下原则：
① 将货物依照"先送后装"顺序装车。
② 到达同一地点的适合配载的货物尽量一次积载。
③ 货物按照"重不压轻，大不压小"进行装载搭配。
④ 考虑不同货物性质进行拼装。
⑤ 货物总体积不得超过车辆有效容积。
⑥ 货物总重量不得超过车辆额定载重量。
⑦ 应将车厢内货物堆码均匀分布，保持重心平衡。
⑧ 货物之间、货车之间应适当衬垫，防止相互碰撞导致货损。
⑨ 货物标签朝外，方便查看装卸。

（3）容重配装法。在货物种类较少，货物特征明显且客户要求相对简单的情况下，以车辆的最大容积和载重量为限制条件建立相应的简单二元方程，进行车辆配装。

假设需要配送 A、B 两种货物，A 货物重量为 G_1，单件体积为 V_1，B 货物重量为 G_2，单件体积为 V_2，车辆额定载重为 G，最大容积为 V，计算最佳配装方案。

$$\begin{cases} x \cdot V_1 + y \cdot V_2 = V \\ x \cdot G_1 + y \cdot G_2 = G \end{cases}$$

通过求解方程组求得答案，其中 x、y 的数值分别为 A、B 货物配装数值。

【例 5-1】 百顺物流接到订单运送水泥和玻璃两种货物，水泥质量体积为 $0.9\text{m}^3/\text{t}$，玻璃质量体积为 $1.7\text{m}^3/\text{t}$，计划使用的车辆载重量为 20t，车厢容积为 21m^3。试问如何装载使用车辆的载重量能力和车厢容积都被充分利用？

解：设水泥载重 xt，玻璃载重 yt，列出方程组：

$$\begin{cases} x \cdot 0.9 + y \cdot 1.7 = 21 \\ x + y = 20 \end{cases}$$

解得：
$$\begin{cases} x = 16.25 \\ y = 3.75 \end{cases}$$

答：水泥载重 16.25t，玻璃载重 3.75t 时，车辆的载重量能力和车厢容积都被充分利用。

二、优化配送路线

配送线路优化的目标是让客户满意的同时尽可能降低运输成本。客户满意体现在货物尽快交付，也就是送货时间尽可能短。送货时间短可以通过提高送货速度或缩短送货路程来实现。提速意味着费用高，成本难以控制；缩短送货路程则能以较为经济的速度来满足客户要求，因此优化配送路线通常以路程最短为原则进行。

根据配送作业实际情况，配送业务中主要出现以下两种情况：一是单个配送中心向单个客户往返送货；二是单个配送中心向多个客户循环送货后返回。对于这两种情况的最短路线设计可以归纳为两类问题，即两点间最短路径问题和单起点多回路最优路径问题。

1. 图上作业法

破圈法

图上作业法是指货物从发出点到接收点之间，有两条及以上路线交织成网状，并形成回路，在此运输网络中，任取一个圈，去掉圈中权数最大的边（如果存在两条及以上的边最大权数相等，去除任意一条），在余下的圈中，重复这个步骤，直到余下的运输图不再含圈，从而计算出配送的最短路径。又称为破圈法，用于解决配送起点和终点都只有一个的情况，适用于寻求两点间最短路径的问题。

【例 5-2】 一批数码电子器材要从配送中心 P_1 送往数码城 P_7 处，具体路线如图 1-5-9 所示，求最短路径。

解：破圈过程如下。

P_1-P_2-P_4-P_6-P_3 形成回路，去掉权数 5 的路线 P_1-P_2；

P_2-P_4-P_6-P_5 形成回路，去掉权数 7 的路线 P_2-P_5；
P_5-P_6-P_7 形成回路，去掉权数 6 的路线 P_6-P_7；
至此，余下路线不再含圈（见图 1-5-10）：

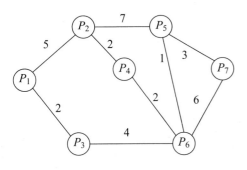

图 1-5-9　破圈法例题用图 1

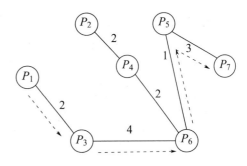

图 1-5-10　破圈法例题用图 2

可知最短配送路径为：P_1-P_3-P_6-P_5-P_7，里程为：$2+4+1+3=10$（km）。

2. 节约里程法

当一个配送中心向多个客户进行循环送货，最后返回配送中心的路线即为单起点多回路的线路问题，因为存在客户送货时间、送货线路、车辆载重量的制约，需要设计多条线路完成配送作业。利用节约里程法可以有效解决此类问题，从而在保证货物及时送达客户的基础上，节约行驶里程，缩短配送时间，压缩费用；客观上还能减少交通流量，缓解交通紧张压力，打造绿色物流。

快递员刘明的烦恼

(1) 基本原理。配送中心 P 要向客户 A、B 送货，P 到客户 A 和客户 B 的距离分别为 a 和 b，客户 A 和客户 B 的距离为 c。配送路线如图 1-5-11 所示。

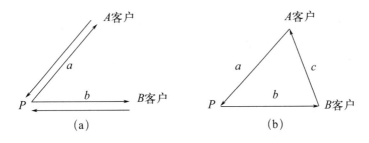

图 1-5-11　节约里程法基本原理

(a) 配送方案，P 点分别向 A、B 客户配送的总里程为：$2a+2b$；(b) 配送方案，P 点向 A、B 客户进行循环配送的总里程为：$a+b+c$。对比两种方案的配送里程，(a) 方案 −(b) 方案 $=2a+2b-(a+b+c)=a+b-c$。

根据三角形"两边之和大于第三边"的几何性质，可以认定 $a+b-c>0$。

也就是说，(b) 配送方案优于 (a) 配送方案，节约里程数为：$a+b-c$。

(2) 核心思想。依次将运输问题中的两个回路合并为一个回路，每次使合并后的总运输距离减小的幅度最大，直到达到一辆车的装载限制时，再进行下一辆车的优化。

(3) 适用条件。

① 适用于服务稳定客户群的配送中心。

② 各配送线路的负荷要尽量均衡。

③ 要考虑客户要求的交货时间。

④ 装载的货物总量不得超过车辆额定载重量。

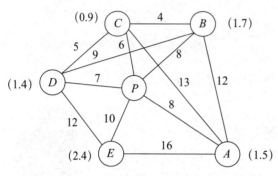

图 1-5-12 节约里程法例题用图 1

【例 5-3】 某配送中心 P 向 A、B、C、D、E 这 5 个用户配送货物，其配送路线网络、配送中心与用户的距离以及用户之间的距离如图 1-5-12 所示，括号内数字表示客户需求量（单位：t），节点间的数字表示两点之间的距离（单位：km），配送中心有 2 台 2t 卡车和 3 台 4t 两种车辆可供使用。

(1) 请利用节约里程法制定最优的配送方案；

(2) 假定卡车行驶的平均速度为 50km/h，试比较优化后的方案比单独向各客户分送可节约多少时间。

解：

步骤一：作最短里程表，列出配送中心到用户及用户间的最短距离。

根据两点间直线距离最短和三角形"两边之和大于第三边"的几何原则进行路径选择，在图中列出两点间的最短路径距离。以 AD 为例：$AD=AP+PD=15$；$AD=AE+ED=28$；$AD=AC+CD=18$；$AD=AB+BD=21$，因此 AD 两点间最短距离为 15。以此类推，得出图 1-5-13。

需求量/t	P					
1.5	8	A				
1.7	8	12	B			
0.9	6	13	4	C		
1.4	7	15	9	5	D	
2.4	10	16	18	16	12	E

图 1-5-13 节约里程法例题用图 2

步骤二：算节约里程数，按节约里程公式求得相应的节约里程数。

如：在回路 P-A-B 中，PA+PB−AB=8+8−12=4；

再如：在回路 P-B-D 中，PB+PD−BD=8+7−9=6，以此类推，结果如图 1-5-14 内的数值。

需求量/t	P				
1.5	8	A			
1.7	8	12 (4)	B		
0.9	6	13 (1)	4 (10)	C	
1.4	7	15 (0)	9 (6)	5 (8)	D
2.4	10	16 (2)	18 (0)	16 (0)	12 (5)	E

图 1-5-14　节约里程法例题用图 3

步骤三：排节约里程顺序，将节约里程数按从大到小顺序排列（见表 1-5-3）。

表 1-5-3　节约里程法例题用表 1

序号	路线	节约里程/km	序号	路线	节约里程/km
1	B-C	10	6	A-E	2
2	C-D	8	7	A-C	1
3	B-D	6	8	A-D	0
4	D-E	5	9	B-E	0
5	A-B	4	10	C-E	0

步骤四：组配送路线，根据载重量约束与节约里程大小，顺序连接各客户节点，形成配送路线（见图 1-5-15）。

（1）综上可知，初始方案为 P 向五个客户单独送货，行驶路程=(8+8+6+7+10)×2=78(km)，优化后的配送路线为 2 条：P-B-C-D-P 和 P-A-E-P（见表 1-5-4）。

① P-B-C-D-P 路线。
运量=1.7+0.9+1.4=4（t）；
行驶路程=8+7+4+5=24（km）；
节约里程=10+8=18（km）。

② P-A-E-P 线路。

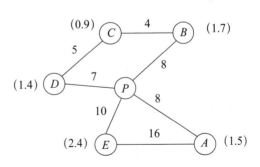

图 1-5-15　节约里程法例题用图 4

运量＝1.5＋2.4＝3.9（t）；
行驶路程＝10＋8＋16＝34（km）；
节约里程＝2km。

表 1-5-4　节约里程法例题用表 2

序号	车辆额定吨位/t	运输途经用户					总重量/t	行驶路程/km
1	4	P	B	C	D	P	4	24
2	4	P	A	E	P	—	3.9	34

（2）节约总里程＝18＋2＝20（km）；
节约时间＝20km÷50km/h＝0.4h。

三、配送效率效益分析

配送经济的发展不仅对配送需求日益增加，同时也对配送水平提出更高要求，只有对配送作业进行效率效益分析，才能有效优化配送中心的经营能力，增加配送中心及整个供应链的整体效益。

1. 进出货作业

进出货作业环节主要考虑作业人员的工作量安排是否合理、装卸设备及站台泊位利用率如何、进出货时间集中度控制如何等方面问题。

（1）通过人员效率可以考核工作分配是否合理，评价作业效率：

$$每人每小时处理进货量 = \frac{进货量}{拣取人员数 \times 每日拣货时数 \times 工作天数}$$

$$每人每小时处理出货量 = \frac{出货量}{出货人员数 \times 每日出货时数 \times 工作天数}$$

（2）如果进出货共用一批人员，可合并计算：

$$每人每小时处理进出货量 = \frac{进出货量}{进出货人员数 \times 每日进出货时数 \times 工作天数}$$

2. 订单处理作业

从接到客户订单开始到着手准备拣货之间的作业阶段，主要评价指标如下。

（1）订单分析指标：

$$日均受理订单数 = \frac{订单数量}{工作天数}$$

（2）订单交货延迟状况：

$$订单延迟率 = \frac{延迟交货订单数}{订单数量}$$

（3）订单快速处理能力：

$$\text{紧急订单响应率} = \frac{\text{未超过 12 小时出货订单}}{\text{订单数量}}$$

（4）订单缺货情况：

$$\text{订单缺货率} = \frac{\text{接单缺货数}}{\text{出货量}}$$

3. 拣货作业

由于拣货作业大多依靠人力配合简单机械完成，属于劳动密集型作业，耗费成本较大，而拣货时间、拣货策略及拣货精确度对配送质量影响较大。因此，必须重视拣货作业指标，提高效率。常用的拣货作业效率指标主要如下。

（1）当人工拣货或机械化程度较低时，或出货多属于少批量、多品种的配送作业时，可采用"每人时拣取品项数"来评价人员拣货效率：

$$\text{每人时拣取品项数} = \frac{\text{订单总品项数}}{\text{拣取人员数} \times \text{每日拣货时数} \times \text{工作天数}}$$

（2）当自动化程度较高，或出货多属于大批量、少品种的配送作业时，多采用"每人时拣取件数"来评价拣货效率：

$$\text{每人时拣取件数} = \frac{\text{订单累计总件数}}{\text{拣取人员数} \times \text{每日拣货时数} \times \text{工作天数}}$$

（3）为反应单位时间处理订单数的能力，可采用"单位时间处理订单数"来评价拣货系统处理订单的能力：

$$\text{单位时间处理订单数} = \frac{\text{订货数量}}{\text{每日拣货时数} \times \text{工作天数}}$$

4. 送货作业

送货作业是将货品送达客户的活动，也是配送作业绩效的最终体现。

（1）了解送货人员负担：

$$\text{人均送货量} = \frac{\text{送货量}}{\text{送货人员数}}$$

（2）分析车辆利用效率：

$$\text{每车周转量} = \frac{\text{送货总距离} \times \text{总吨数}}{\text{送货车辆总数}}$$

（3）把握配送质量：

$$\text{送货延误率} = \frac{\text{送货延误车次}}{\text{送货总车次}}$$

【例 5-4】 A 市物流配送中心某年 1-4 月的配送量分别为 26000 件、30000 件、30000 件、23000 件。由于处于淡季，只有 4 人处理拣选业务，每人每天工作 8 小时，周末双休。6 月份迎来大促活动，拣选量预计是 4 月拣选量的一倍，为保证完成拣选任务，配送中心 6 月份将由双休改为单休。为方便计算，假设每月周六、周日均为 4 天。计算结果保留两位小数。试计算：

(1) 4月份的单人拣选效率;

(2) 在每人每天工作时间和拣选效率不变的情况下,6月份应安排多少人处理拣选任务?

解:根据公式每人时拣取件数=订单累计总计数/(拣选人员数×每日拣货时数×工作天数)

(1) 4月的单人拣选效率=23000÷(4×8×22)=32.67(件/时)

(2) 6月安排人数=23000×2÷8÷26÷32.67=6.77≈7(人)

四、信息与数据处理

在大数据背景下,物流行业及相关企业借助"大数据+"构建智慧物流,智慧物流就是以大数据处理技术为基础,利用软件系统把人和设备更好地结合起来,系统不断提升智能化水平,让人和设备能够发挥各自的优势,达到系统最佳的状态,并且不断进化。物流数据处理就是按照物流需求,用一定的方法与手段对数据进行采集、存储、传输、加工和输出,提取有用的信息,从而实现及时响应市场,调整市场策略,发现潜在商机,优化仓储与配送物流。

物流数据处理可以提高资源利用率,对物流各层级作业环节实现可视化管理,同时对数据进行分析后形成报表,为决策提供依据,也能作为员工绩效考核的依据。

Excel是最基础也是最主要的数据分析工具,具备多种强大功能,如数据运算、数据存储、数据图表化、数据分析等,容易上手,操作方便。用一个案例进行演示。

【例5-5】 某配送站现有5名送货人员,为了获悉配送人员的服务水平,针对性地提高配送人员的服务质量,统计了这5名送货人员3个月的业务量和投诉量数据如表1-5-5所示。

表1-5-5 送货人员3个月的业务量和投诉量

配送员	1月份		2月份		3月份	
	业务量	投诉量	业务量	投诉量	业务量	投诉量
甲	3523	60	3739	151	3185	49
乙	3260	124	3069	129	3665	168
丙	3975	155	3521	115	3198	148
丁	3683	213	3533	219	3538	286
戊	3718	167	3240	1678	3968	305

(1) 将5名配送员按照投诉率从高到低进行排序;

(2) 绘制1-3月投诉率5位配送员的投诉情况可视化图——百分比堆积柱形图;

(3) 确定投诉率连续增长的配送员。

解：

步骤一：计算每个配送员的月投诉率和三个月的综合投诉率；

打开 Excel 软件，制作表格，并输入相关项目，如图 1-5-16 所示。月投诉率＝月投诉量/月业务量，因此在 E6 单元格中输入“＝D6/C6”，数值以百分比显示，并保留两位小数，其他月投诉率以此类推，得到结果如图 1-5-17 所示。综合投诉率＝所有月份投诉总量/所有月份业务总量，因此在 L6 单元格中输入“＝(D6＋G6＋J6)/(C6＋F6＋I6)”，数值以百分比显示，并保留两位小数，完成其余四个送货员的综合投诉率计算，得到结果如图 1-5-18 所示。

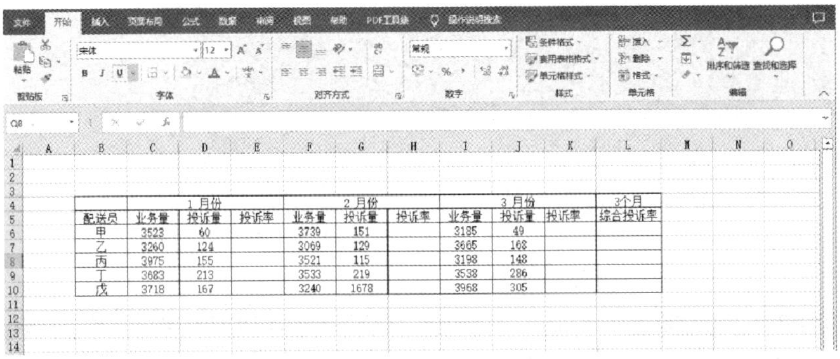

	1 月份			2 月份			3 月份			3个月
配送员	业务量	投诉量	投诉率	业务量	投诉量	投诉率	业务量	投诉量	投诉率	综合投诉率
甲	3523	60		3739	151		3185	49		
乙	3260	124		3069	129		3665	168		
丙	3975	155		3521	115		3198	148		
丁	3683	213		3533	219		3538	286		
戊	3718	167		3240	1678		3968	305		

图 1-5-16　基础数据图

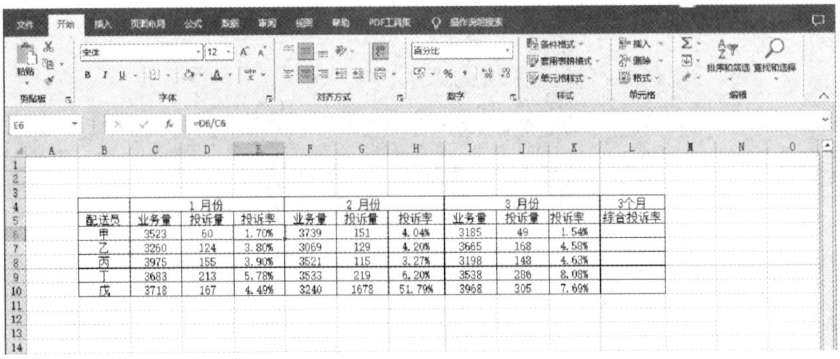

=D6/C6

	1 月份			2 月份			3 月份			3个月
配送员	业务量	投诉量	投诉率	业务量	投诉量	投诉率	业务量	投诉量	投诉率	综合投诉率
甲	3523	60	1.70%	3739	151	4.04%	3185	49	1.54%	
乙	3260	124	3.80%	3069	129	4.20%	3665	168	4.58%	
丙	3975	155	3.90%	3521	115	3.27%	3198	148	4.63%	
丁	3683	213	5.78%	3533	219	6.20%	3538	286	8.08%	
戊	3718	167	4.49%	3240	1678	51.79%	3968	305	7.69%	

图 1-5-17　月投诉率计算结果图

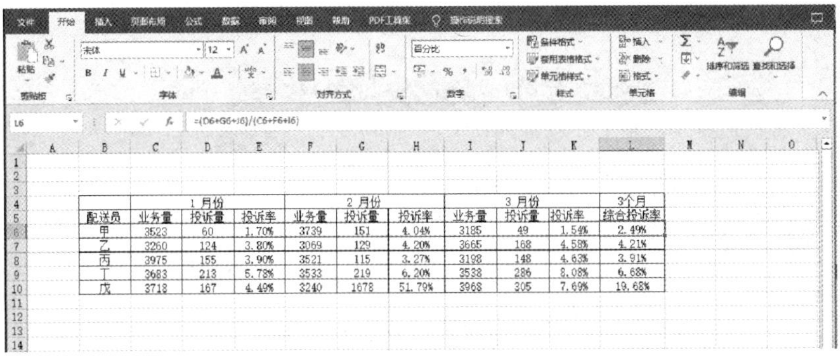

=(D6+G6+J6)/(C6+F6+I6)

	1 月份			2 月份			3 月份			3个月
配送员	业务量	投诉量	投诉率	业务量	投诉量	投诉率	业务量	投诉量	投诉率	综合投诉率
甲	3523	60	1.70%	3739	151	4.04%	3185	49	1.54%	2.49%
乙	3260	124	3.80%	3069	129	4.20%	3665	168	4.58%	4.21%
丙	3975	155	3.90%	3521	115	3.27%	3198	148	4.63%	3.91%
丁	3683	213	5.78%	3533	219	6.20%	3538	286	8.08%	6.68%
戊	3718	167	4.49%	3240	1678	51.79%	3968	305	7.69%	19.68%

图 1-5-18　综合投诉率计算结果图

步骤二：根据综合投诉率将 5 名配送员进行排序；

首先，选中要进行排序处理的数据，如图 1-5-19 所示。然后，点击工具栏【数据】-【排序】，会弹出如图 1-5-20 所示的对话框。由于要依据综合投诉率进行降序处理，因此在【排序依据】中选择"综合投诉率"，在【次序】中选择"降序"，如图 1-5-21 所示。点击"确认"即可得到结果，如图 1-5-22 所示。

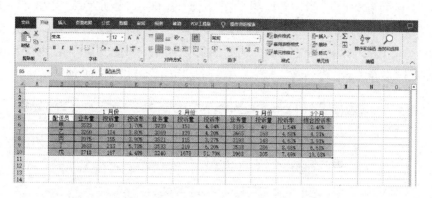

图 1-5-19 综合投诉率数据选择

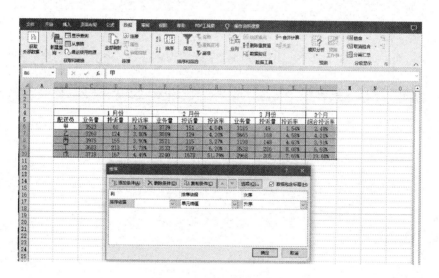

图 1-5-20 排序对话框

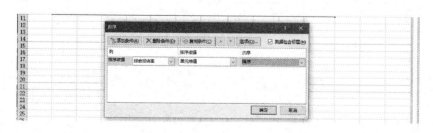

图 1-5-21 排序条件选择

	1月份			2月份			3月份			3个月
配送员	业务量	投诉量	投诉率	业务量	投诉量	投诉率	业务量	投诉量	投诉率	综合投诉率
戊	3718	167	4.49%	3240	1678	51.79%	3968	305	7.69%	19.68%
丁	3683	213	5.78%	3533	219	6.20%	3538	286	8.08%	6.68%
乙	3260	124	3.80%	3069	129	4.20%	3665	168	4.58%	4.21%
丙	3975	155	3.90%	3521	115	3.27%	3198	148	4.63%	3.91%
甲	3523	60	1.70%	3739	151	4.04%	3185	49	1.54%	2.49%

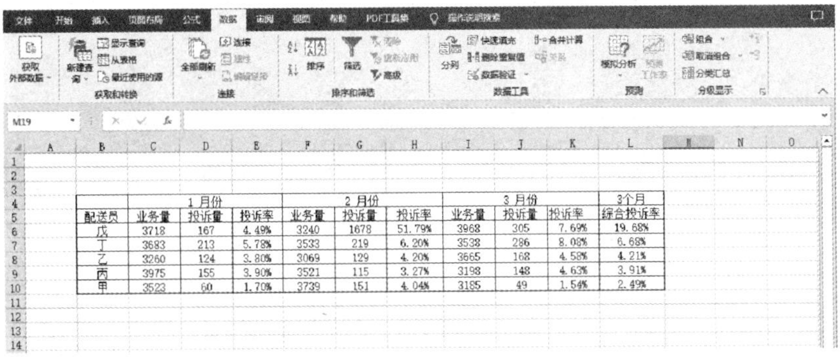

图 1-5-22　排序结果

步骤三：绘制百分比堆积柱形图；

首先在上述结果中提取制图所需的数据制作表格，如图 1-5-23 所示。然后选中绘制数据，点击工具栏中的【插入】-【图表】-【柱形图】-【百分比堆积柱形图】，得到如图 1-5-24 所示的柱形图。点击柱形图添加数据图表，点击“图标标题”修改为“投诉率统计”，从而得到如图 1-5-25 所示的百分比堆积柱形图。

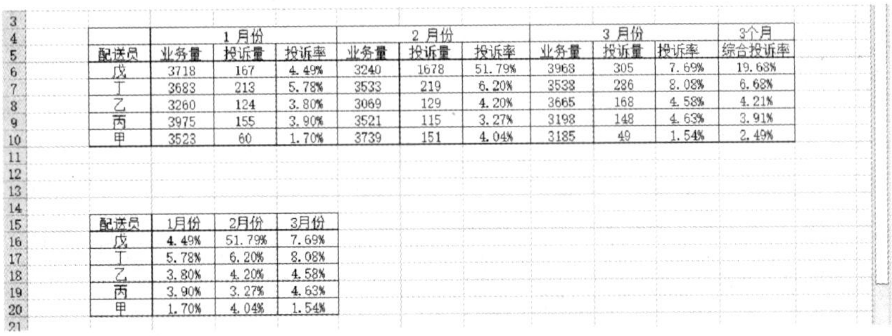

	1月份			2月份			3月份			3个月
配送员	业务量	投诉量	投诉率	业务量	投诉量	投诉率	业务量	投诉量	投诉率	综合投诉率
戊	3718	167	4.49%	3240	1678	51.79%	3968	305	7.69%	19.68%
丁	3683	213	5.78%	3533	219	6.20%	3538	286	8.08%	6.68%
乙	3260	124	3.80%	3069	129	4.20%	3665	168	4.58%	4.21%
丙	3975	155	3.90%	3521	115	3.27%	3198	148	4.63%	3.91%
甲	3523	60	1.70%	3739	151	4.04%	3185	49	1.54%	2.49%

配送员	1月份	2月份	3月份
戊	4.49%	51.79%	7.69%
丁	5.78%	6.20%	8.08%
乙	3.80%	4.20%	4.58%
丙	3.90%	3.27%	4.63%
甲	1.70%	4.04%	1.54%

图 1-5-23　提取数据表格

配送员	1月份	2月份	3月份
戊	4.49%	51.79%	7.69%
丁	5.78%	6.20%	8.08%
乙	3.80%	4.20%	4.58%
丙	3.90%	3.27%	4.63%
甲	1.70%	4.04%	1.54%

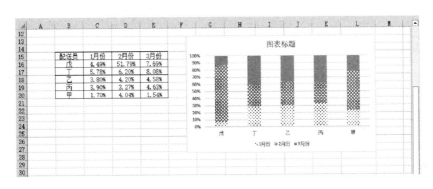

图 1-5-24　柱形图

由图可以清晰地看到，丁和乙两位配送员投诉率每月连续增加，配送中心应积极寻找他们投诉率增加的原因，并给予相应的处理措施和提出有效解决方案。

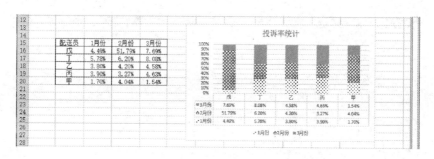

图 1-5-25　百分比堆积柱形图

【模块测评】

一、单项选择题（以下各题有且只有一个正确答案，请将正确答案的代号填在括号里）

1. 配送是指在（　　）。
   A. 经济合理区域范围内　　B. 城市范围内
   C. 工厂区域内　　D. 城市之间
2. 配送将物流和（　　）紧密结合起来。
   A. 装卸　　B. 供应链　　C. 商流　　D. 仓储
3. 配送以（　　）为出发点。
   A. 自身需求　　B. 市场规模　　C. 用户要求　　D. 产品特点
4. 几个配送中心联合起来，共同制订计划，共同对某一地区用户进行配送，具体执行时共同使用配送车辆，称为（　　）。
   A. 集中配送　　B. 共同配送　　C. 分散配送　　D. 加工配送
5. 在配送中，配送加工这一功能要素（　　）。
   A. 具有普遍性　　B. 是没有利润的
   C. 不具有普遍性　　D. 是必备的
6. （　　）是指装有自动导引装置，能够沿规定路径行驶，在车体上还具有编程和停车选择装置、安全保护装置以及各种物料移载功能的搬运车辆。
   A. 自动导引搬运车　　B. 插腿式叉车
   C. 自动化立体仓库　　D. 堆垛起重机
7. 按规定的批量进行配送，但不严格确定时间，只是规定在一个指定的时间范围内配送称为（　　）。
   A. 定时配送　　B. 定量配送
   C. 定时定量配送　　D. 即时配送
8. 路线的选择与确定工作的核心目标应该是（　　）。
   A. 效益最高　　B. 准时性最高　　C. 成本最低　　D. 劳动消耗最低
9. 配装配载是提高运输工具（　　）的一种有效形式。

A. 装卸效率　　　B. 运输效率　　　C. 装载率　　　D. 实载率

10. 节约里程法的基本思想是（　　）。

A. 各点间运送的总里程最短　　　B. 三角形的两边之和大于第三边

C. 服务的客户数量最多　　　D. 各点间运送的总时间最少

11. 车辆调度应遵循（　　）原则。

A. 先近后远　　　B. 先重后轻

C. 先重点后一般　　　D. 先高价后低价

12. 送货延误率属于（　　）方面的指标。

A. 配送作业效率　　　B. 配送作业安全

C. 客户服务效果　　　D. 配送作业质量

13. 补货作业是将货物从（　　）搬运到（　　）的工作。

A. 月台，仓库　　　B. 仓库，配送中心

C. 仓库保管区域，拣货区　　　D. 暂存区，拣货区

14. 在此运输网络中，任取一个圈，去掉圈中权数最大的边（如果存在两条及以上的边最大权数相等，去除任意一条），在余下的圈中，重复这个步骤，直到余下的运输图不再含圈，从而计算出配送的最短路径的方法是（　　）。

A. 图上作业法　　　B. 节约里程法　　　C. 经验法　　　D. 容重配装法

15. 订单处理作业环节评价指标不应包括（　　）。

A. 紧急响应率　　　B. 呆废货品率　　　C. 延迟率　　　D. 缺货率

16. 下列的配送中心（　　）是按功能角度来分类。

A. 零售商型配送中心　　　B. 批发商型配送中心

C. 加工配送中心　　　D. 化妆品型配送中心

17. 物流中心与配送中心的关系是（　　）。

A. 前者是后者的特殊形式　　　B. 后者是前者的特殊形式

C. 没有关系　　　D. 配送中心涵盖物流中心

18. 配送中心的最重要特征之一是对货物进行（　　）。

A. 搬运　　　B. 检验　　　C. 运输　　　D. 组配

19. 配送是物流活动的一种综合形式，是"配"和"送"的有机结合，可为客户提供（　　）服务。

A. 门到门　　　B. 专业运输　　　C. 联合运输　　　D. 装卸搬运

20. 杭州娃哈哈集团给市内各饮用水供应的配送饮用水的配送形式为（　　）。

A. 共同配送　　　B. 定量配送　　　C. 定时配送　　　D. 生产企业配送

二、**多项选择题**（以下各题，有2个或2个以上的答案，请将正确答案的代号填在括号里）

1. 传统的配送中心管理有三大缺陷，主要表现在（　　）。

A. 处理需求单一　　　B. 反应太快

C. 反应太慢　　　D. 库存太大

2. 配送的内涵包括（　　）。
   A. 要以满足顾客对物流服务的需求为前提
   B. 是在经济合理区域范围内的送货
   C. 是在某小范围内物流全部活动的体现
   D. 是"配"与"送"的有机结合
3. 从事配送业务的场所或组织，应基本符合下列（　　）等要求。
   A. 主要为特定用户服务　　　　B. 配送功能健全
   C. 完善的信息网络　　　　　　D. 辐射范围小
4. 定时配送有（　　）的具体形式。
   A. 日配　　　B. 小时配　　　C. 准时配　　　D. 快速配
5. 在送货过程中，常常进行（　　）三种选择。
   A. 运输方式　　B. 理货　　C. 运输路线　　D. 运输工具
6. 订单处理作业通常包括（　　）。
   A. 订单资料确认　　　　　　B. 存货查询
   C. 货物拣取　　　　　　　　D. 单据处理
7. 配送作业可根据（　　）划分为多种基本形式。
   A. 配送商品种类和数量多少　　B. 配送功能不同
   C. 配送组织者不同　　　　　　D. 配送经营方式不同
   E. 配送专业程度不同
8. 配送中心作业流程环节包括（　　）。
   A. 采购进货　　B. 分类拣选　　C. 储存保管　　D. 配货出库
9. 配送中心是一个集合仓储、（　　）装卸搬运等多重物流功能为一体的流通型物流节点。
   A. 信息处理　　B. 运输　　C. 包装　　D. 流通加工
10. 按经济功能不同，可将配送中心分为（　　）。
    A. 运输型　　B. 储存型　　C. 加工型　　D. 流通型
11. 存货分配模式可分为（　　）。
    A. 单一订单分配　　　　　　B. 批次分配
    C. 数量分配　　　　　　　　D. 时间分配
12. 配送的发展趋势具体表现为自动化、机械化趋势，条码化、数字化及组合化趋势，以及（　　）。
    A. 区域化趋势　　　　　　　B. 集约化、共同化趋势
    C. 信息化趋势　　　　　　　D. 产地直送化趋势
13. 在进行车辆配载时，应遵循的原则包括（　　）。
    A. 充分利用车辆的有效容积和载重量
    B. 重不压轻，大不压小
    C. 尽量做到"先送后装"

D. 货物标签朝外，方便装卸

14. 以下车辆配载时的注意事项正确的有（　　）。
A. 外观相近、容易混淆的货物分开装载
B. 包装不同的货物视车辆空间可以混装
C. 不将散发粉尘的货物与清洁货物混装，危险货物要单独装载
D. 切勿将渗水货物与易受潮货物一同存放

15. 节约法的适用条件包括（　　）。
A. 要考虑客户要求的交货时间
B. 适用于有稳定客户群的配送中心
C. 货物总量不能超过车辆的额定载重量
D. 各配送线路的负荷要尽量均衡

16. 配送送货作业的特点包括（　　）。
A. 范围广　　　B. 距离短　　　C. 批量小　　　D. 频率高

17. 配送作业质量指标可以包括（　　）。
A. 送达货物完好率　　　　　B. 平均配送速率
C. 准时送货率　　　　　　　D. 无误交货率

18. 在进行配送路线的选择时，要考虑的约束条件包括（　　）。
A. 满足所有收货人对货物品种、规格以及数量的要求
B. 满足收货人对货物送到时间范围的要求
C. 在已有送货运力资源允许的范围内
D. 在允许通行时间内进行配送，各配送路线的货物量不得超过车辆容积和载重量的限制

19. 车辆配装就是（　　）。
A. 尽可能降低配送费用　　　B. 充分利用车辆的载重
C. 充分利用车辆的容积　　　D. 不需要考虑货物特性

20. 配送路线合理与否对（　　）影响很大。
A. 配送成本　　　B. 配送速度　　　C. 配送效益　　　D. 配送准确性

三、判断题（正确的在前面括号里打"√"，错误的打"×"）

（　）1. 运输和配送都是线路问题，因此他们可以互相替代。
（　）2. 配送与运输相比，更直接面对并靠近客户。
（　）3. 流通加工型配送中心除展开配送服务外，还依据用户的需要在配送前对商品进行流通加工。
（　）4. 备货工作包括寻找货源、订购、集货、进货及相关的商品质检、财务结算、货物交接等工作。
（　）5. 送货仅仅是配送的最后一道环节，无关紧要。
（　）6. 以零售经营为主体的配送中心是社会化程度最高的配送中心。
（　）7. 配送运输是一种长距离、大批量的运输形式。

（　　）8. 配装研究的是车辆的配载过程，强调车辆的调度，旨在选择合适的配送车辆。

（　　）9. 直送式配送运输是一个供应点对一个客户专门送货。

（　　）10. 节约里程法用于解决配送起点和终点都只有一个的情况，适用于寻求两点间最短路径的问题。

（　　）11. 运输主要是长距离、干线运输，而配送则是短距离、区域内运输、末端运输。

（　　）12. 加工型配送中心以货物通过或转运为主的配送中心，基本上没有长期储存功能，仅以暂存或随进随出的方式进行配货和送货。

（　　）13. 利用节约里程法进行计算的步骤—制作运输里程表，只需列出配送中心到用户及用户间的距离即可。

（　　）14. 通过增大经济批量来实现经济订货的规模效益，将各种商品用户集中起来一次发货，取代向不同用户小批量发货的配送方式，使末端物流经济效益得到提高。

（　　）15. 拣选是配送中心作业活动的核心内容。

（　　）16. 当一个配送中心向多个客户进行循环送货，最后返回配送中心的路线即为两点间最短路径问题。

（　　）17. 运输主要从事近距离、小批量货物高频率的位置转移。

（　　）18. 当人工拣货或机械化程度较低时，或出货多属于少批量、多品种的配送作业时，可采用"每人时拣取品项数"来评价人员拣货效率。

（　　）19. 配送就是送货。

（　　）20. 车辆配载的依据是配送商品特性。

四、简答题

1. 简述配送与运输的相同点和区别。
2. 简述配送的内涵。
3. 简述节约里程法的适用条件。
4. 简述配送中心作业流程。
5. 简述配送路线选择的约束条件。

五、计算题

1. 合福超市向配送中心订购了百岁山矿泉水和西湖龙井茶叶两种货物若干。已知百岁山矿泉水每箱重20kg，体积为$0.03m^3$；西湖龙井茶叶每箱重10kg，体积为$0.02m^3$。配送车辆载重10t，容积为$20m^3$。请对两种货物进行模拟配装，使车辆有效容积利用率达90%，载重利用率达100%。

2. 一批新书要从配送中心C_1运到书城C_6，具体线路如图1-5-26所示，求最短路径线路及里程数。

3. 配送中心P向美家（A）、美蓝（B）、美鄢（C）、美乐（D）、美福（E）、美来（F）、美程（G）、美翔（H）、美麟（I）等9家公司配送货物。具体路线如图 1-5-27，连线上的数字表示公路里程（km）。靠近各公司括号内的数字，表示各公司对货物的需求量（t）。配送中心备有 2t 和 4t 载重量的汽车，且汽车一次顺时针巡回走行里程不能超过 35km，设送到时间均符合用户要求，求该配送中心的最优送货方案。

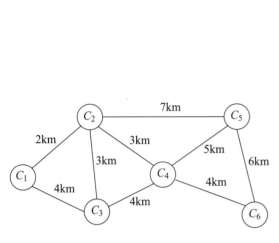

图 1-5-26　计算题示例图 1

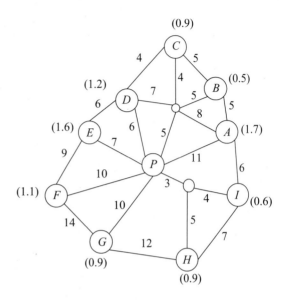

图 1-5-27　计算题示例图 2

模块六

库存管理的方法

【学习背景】 >>>

　　某物流公司是一家在市场上蓬勃发展的现代物流企业。在面对数字时代的挑战时，积极引入先进的库存管理方法，紧跟时代潮流，推动公司的数字化和智慧化转型，提高公司的运营效率，降低成本，增强市场竞争力，为公司的长远发展奠定坚实基础。

　　某物流公司认识到，要实现库存管理的数字化和智慧化，需要引入一种能够快速计算、分析和处理库存数据的方法。与此同时，公司也认识到，传统的定量订购控制法、ABC 库存分析法、经济订货批量法、ERP 与企业物流是实现智慧化库存管理的方法基础。其中，定量订购控制法可以通过预订量的方式，确保在满足客户需求的前提下，有效减少库存水平；ABC 库存分析法可以有效识别和优先管理关键库存资产；经济订货批量法可以制定最小化总成本的订购策略；ERP 与企业物流则能够实现企业内部信息的共享与协同，提高供应链的管理效率。

【学习目标】 >>>

　　本章主要学习定量订购控制法、ABC 库存分析法、经济订货批量法、ERP 与企业物流。通过学习这些内容，目标是掌握库存管理的不同方法和工具，理解其原理和应用，以提高库存管理的效率和准确性，并培养工匠精神和劳动精神，遵循社会主义核心价值观。

❖ 知识目标

1. 理解定量订购控制法的原理和步骤；
2. 掌握 ABC 库存分析法的概念和应用；
3. 理解经济订货批量法的计算公式和影响因素；
4. 了解 ERP 系统在库存管理中的作用和功能；
5. 了解企业物流的概念和重要性。

◆ 能力目标

1. 能够根据需求和供应情况，运用定量订购控制法确定合理的订货量；
2. 能够根据产品的重要性和库存需求，运用ABC库存分析法进行库存分类和管理；
3. 能够使用经济订货批量法计算最佳的订货批量，并优化库存成本。

◆ 素养目标

1. 培养工匠精神，追求卓越品质，通过精细管理提高物流效率；
2. 培养劳动精神，坚持不懈地努力工作，为企业的发展贡献力量。

【案例导读】

高质量发展是全面建设社会主义现代化国家的首要任务。在质量强国建设过程中，无论是产品创新、服务升级还是工程建设，企业一头连接着广大人民群众的直接体验感受，一头关系国家质量建设的底色，是不可或缺的重要主体。

2022年中山市推动596家规模以上工业企业实现数字化转型，带动3000多家骨干企业用上云平台。2023年中山市再推动500家企业数字化改造升级、提质增效，到2025年中山主要大中型骨干企业基本实现数字化升级改造，制造业数智化转型的大幕徐徐拉开。

走进中山古镇欧普照明股份有限公司数智化工厂，一排排机械手上下挥舞，吊挂系统、监测系统有序前行，智能搬运机器人自主穿梭。这个有着27年历史的生产园区，见证了欧普照明的发展过程：从全手工，到半自动化替代，再到今天数智化演进。瞄准大湾区智能制造新高地的目标，欧普照明应用云计算、AI、AR等技术，打造集数字化、智能化、绿色低碳的5G智慧园区，实现全流程的数智化，2022年欧普照明中山园区获得"中山市数字化智能化示范工厂"认定。

数智化改造后，欧普照明实现了订单全流程数字化可视化管理，工厂订单交付周期缩短20%以上，库存周转率大幅提升，生产效率也得到了提升。

【知识任务】

任务一 定量订购控制法

一、商品的在库管理

1. 概念

在库管理是指企业通过对商品库存进行系统化、定量的控制和监督,以实现合理的库存水平和高效的库存操作。定量订购控制法是一种用于管理商品库存的方法,通过确定合理的订购量和订购周期,以最小化库存成本并确保满足客户需求。

在库管理包括对库存的定量控制和监测,确保库存安全和准确性。它涉及对库存的分类、计数、盘点、入库和出库等操作,以及对库存数据的数据分析和库存成本的管理。通过对库存进行有效管理,企业可以提高库存周转率、减少物料的浪费和滞销现象。

2. 内涵

在库管理的内涵主要包括以下几个方面。

（1）商品库存管理：包括对商品的分类、编码、标识和定量控制，以确保库存的准确性和可追溯性。

（2）库存订购控制：通过定量订购控制法确定合理的订购量和订购周期，以避免库存的过剩或不足，最大限度地降低库存成本。

（3）库存监测和盘点：通过定期盘点和库存监测，及时发现和处理库存异常情况，保证库存的准确性和安全性。

（4）库存数据分析：通过对库存数据的分析，了解库存变化趋势和库存成本的构成，为制定合理的库存管理策略提供依据。

应用定量订购控制法可以优化商品的在库管理。通过合理设定订购量和订购周期，企业可以避免因过量订购而导致的库存积压和库存陈旧问题，同时避免因订购量过少而导致的缺货问题。它可以帮助企业在满足客户需求的前提下，实现库存的最优管理，降低库存成本，提高资金利用率。

 知识小栏目

常见的库存控制方法包括以下几种。

1. 定量订购控制法（EOQ）：根据销售量和订购成本，计算出每次订购的最优量，以最小化库存成本和满足客户需求为目标。

2. 定期盘点法：根据一定的周期，如每月或每季度，对库存进行盘点，以确定实际库存量与系统记录之间的差异，从而进行调整和补充。

3. ABC分类法：将库存商品按照销售额、销售次数或利润等指标进行分类，分别管理不同分类的商品，以便更精细地管理高价值、高销售额的商品。

4. JIT(Just-in-Time) 库存管理法：根据实际需求，在需要时及时补充库存，以减少库存持有成本和仓储空间，提高资金周转率。

5. 定期补充法：按照固定的时间间隔，如每周或每月，定期进行库存补充，以确保库存水平不低于某个设定值。

每种方法都有其适用的场景和优势。企业一般根据自身的需求和情况，选择合适的方法来进行库存管理。

二、定量订购控制法

1. 定量订购控制法的概念

定量订购控制法是一种用于管理商品库存的方法，在确定合理的订购量和订购周期的基础上，以最小化库存成本和满足客户需求为目标。它可以帮助企业避免库存过剩或不足的问题，提高库存管理的效率和准确性。

2. 定量订购控制法的优缺点

（1）定量订购控制法的优点。

① 减少库存成本：通过控制订购量和订购周期，避免库存积压和过度订购，降低库存成本。

② 提高客户服务水平：通过满足客户需求，避免因库存不足导致的缺货问题，提高客户满意度。

③ 简化库存管理：通过定期订购和规范的库存管理步骤，简化库存管理流程，提高工作效率。

（2）定量订购控制法的缺点。

① 对需求预测的依赖：准确预测客户需求是定量订购控制法的前提，若预测出现偏差，可能导致库存过剩或不足。

② 需要数据支持：定量订购控制法需要准确的库存数据和需求数据，企业需建立完善的数据收集和分析系统。

3. 定量订购控制法的计算和应用方法的步骤

（1）确定经济订购量：根据商品的销售量和订购成本，通过经济订购量公式计算出每次订购的最优量。

（2）确定订购周期：根据商品的销售速度和库存管理目标，确定订购周期，即每隔一段时间订购一次。

（3）计算安全库存：根据客户需求的不确定性和供应周期，确定安全库存的水平，以确保库存充足。

（4）订购补充点：确定补充点，当库存低于此点时，进行订购操作。

任务二 ABC 分类法

一、ABC 分类法及应用

1. ABC 分类法的概念

ABC 分类分析是帕累托"二八原则"在库存管理中的应用，其核心思想是识别出对库存管理产生重要影响的关键库存品，并对其进行重点管理。具体而言，是将不同品目的库存品按某一指标（如资金占用额、销售额等）区分为重要性程度不同的 A、B、C 三类，进而按类别区别管理。

知识小栏目

> ABC 分类可以用来帮助确定不同产品的订购补充点和安全库存水平。通常来说，A 类产品具有更小的订购补充点和安全库存，因为它们的销售变化可能较大、风险较高，需要更精细的供应链管理。相比之下，C 类产品的订购补充点和安全库存则可以更高，因为它们的销售相对稳定、风险较低。
>
> 综合考虑定量订货库存控制法和 ABC 分类可以更好地管理库存，确保企业能够平衡销售需求、采购成本和库存水平，从而提高供应链的效率和绩效。

2. ABC 分类分析的一般步骤

（1）收集数据。按照分类依据指标收集所需的对应数据。如以库存品的平均资金占用额为分类依据，需要收集的数据为每种库存品的平均库存量及其单价；如以销售额为分类依据，则需收集的数据为销量及价格。

（2）处理数据。对收集的数据资料进行整理，计算分类指标数值。如以每种库存品的平均库存量乘以单价，即可求得其平均资金占用额，以销量乘以单价可求得销售额。

（3）绘制 ABC 分类分析表。按照分类指标数值对所有库存品进行降序排序，绘制 ABC 分类分析表。

（4）根据 ABC 分类分析表确定分类。综合考虑品目累计百分比和分类指标值（如平均资金占用额、销售额等）累计百分比两个参数得到库存品的具体分类。一般分类标准为：A 类库存品，品目数占总库存的 5%～15%，分类指标值占总库存的 60%～80%；B 类库存品，品目数占总库存的 20%～30%，分类指标值占总库存的 20%～30%；C 类库存品，品目数占总库存的 60%～80%，分类指标值占总库存的 5%～15%。

(5) 绘制 ABC 分类分析图。为增强分类的直观效果，还可以绘制 ABC 分类分析图。以累计品目百分数为横坐标，以累计分类指标值（如平均资金占用额、销售额等）百分数为纵坐标，按 ABC 分类分析表的数据，在坐标图上取点，联结各点绘成 ABC 分类分析曲线。

3. 技能竞赛中 ABC 分类法的一般解题思路

(1) 依据出库量分类。

竞赛样题选编：请根据近一年出入库月报表，进行全年出库汇总报表的制作，并依据出库量对货品进行 ABC 分类［分类标准：累计所占百分比（%）为 $0 < C$ 类 ≤ 17，$17 < B$ 类 ≤ 50，$50 < A$ 类 ≤ 100］，计算出库量、入库量和库存结余等内容。

解题思路。此题 ABC 分类属于最普通的分类类型，解题步骤如下。

第一步，完成题目要求的时间段汇总表制作；

第二步，按照每种商品的出库量汇总值从大到小排序；

第三步，计算所有商品的出库总量；

第四步，计算每种商品出库量占总出库量的比例；

第五步，依次计算累计出库量占比；

第六步，根据题目给定的 ABC 分类条件进行 ABC 分类。

(2) 多条件分类。若题目要求中需要根据多条件判断 ABC 分类时，一般情况下都有一个主要条件，主要条件用于汇总数据的排序。主要判断条件可能是金额，也可能是出库量（物动量），具体根据题目判断。

竞赛样题选编：根据近 10 天的托盘货架区商品出库量以及货品出库金额，对托盘货架区中 A 区和 B 区的货品进行 ABC 分类。分类标准如下：

累计出库量所占百分比（%）为 $0 < A$ 类 ≤ 15，$15 < B$ 类 ≤ 40，$40 < C$ 类 ≤ 100；

累计出库金额所占百分比（%）为 $0 < A$ 类 ≤ 80，$80 < B$ 类 ≤ 90，$90 < C$ 类 ≤ 100。

解题思路。要完成此题的 ABC 分类需要货品同时满足累计出库占比和累计出库金额占比两个条件，因此，在制作商品汇总表时需要至少完成累计出库量占比和累计出库金额占比的计算。具体解题思路如下。

第一步，计算出近 10 日所有商品的出库量；

第二步，计算出近 10 日所有商品的出库金额；

第三步，按照商品的出库金额从大到小排序；

第四步，计算所有商品的出库总量和出库总金额；

第五步，依次计算每种商品出库量占总出库量的比例；

第六步，依次计算每种商品累计出库量所占比例；

第七步，依次计算每种商品累计出库金额所占比例；

第八步,根据题目给定的 ABC 分类条件进行 ABC 分类。

(3) ABC 分类案例。

竞赛样题选编: 根据托盘货架 A 区近 10 天的总出库量,完成托盘货架 A 区的 ABC 分类,过程保留两位小数(例:12.12)。分类标准如下。

累计出库量所占百分比(%)为 0＜A 类≤60,60＜B 类≤90,90＜C 类≤100。

解题思路:

根据题目要求可知,此题要求的 ABC 分类为单条件分类,即按累计出库量所占百分比进行分类。按照前面讨论的 ABC 分类基本操作步骤,结合题目已知信息,第一步,需要得到托盘货架 A 区近 10 天的总出库量,结果见表 1-6-1。

表格扫一扫
托盘货架A区近10天的总出库量表

表 1-6-1 托盘货架 A 区近 10 天的总出库量

序号	货物名称	出库量/箱
1	尖叫活性肽运动饮料 550mL	163
2	尖叫纤维饮料 550mL	189
3	尖叫植物饮料 550mL	124
4	农夫果园 100%橙汁 380mL	169
5	农夫果园 100%番茄汁 380mL	139
6	农夫果园 100%胡萝卜汁 380mL	117
7	农夫果园 30%混合果蔬橙味 1.5L	223
8	农夫果园 30%混合果蔬橙味 500mL	31
9	农夫果园 30%混合果蔬番茄味 1.5L	80
10	农夫果园 30%混合果蔬番茄味 500mL	217
11	农夫果园 30%混合果蔬芒果味 1.5L	76
12	农夫果园 30%混合果蔬芒果味 500mL	174
13	农夫山泉饮用天然水 1.5L	27
14	农夫山泉饮用天然水 19L	340
15	农夫山泉饮用天然水 380mL	194
16	农夫山泉饮用天然水 4L	128
17	农夫山泉饮用天然水 550mL	445
18	农夫山泉饮用天然水 5L	58
19	水溶 C100 柠檬味 445mL	455
20	水溶 C100 青皮桔味 445mL	40
21	水溶 C100 西柚味 445mL	54

第二步,按照出库量大小对所有货品进行排序,排序依据为按照出库量大小

降序排列，得到表1-6-2所示的数据。

表1-6-2　按照出库量降序排列之后的统计表

序号	货物名称	出库量/箱
1	水溶C100柠檬味445mL	455
2	农夫山泉饮用天然水550mL	445
3	农夫山泉饮用天然水19L	340
4	农夫果园30％混合果蔬橙味1.5L	223
5	农夫果园30％混合果蔬番茄味500mL	217
6	农夫山泉饮用天然水380mL	194
7	尖叫纤维饮料550mL	189
8	农夫果园30％混合果蔬芒果味500mL	174
9	农夫果园100％橙汁380mL	169
10	尖叫活性肽运动饮料550mL	163
11	农夫果园100％番茄汁380mL	139
12	农夫山泉饮用天然水4L	128
13	尖叫植物饮料550mL	124
14	农夫果园100％胡萝卜汁380mL	117
15	农夫果园30％混合果蔬番茄味1.5L	80
16	农夫果园30％混合果蔬芒果味1.5L	76
17	农夫山泉饮用天然水5L	58
18	水溶C100西柚味445mL	54
19	水溶C100青皮桔味445mL	40
20	农夫果园30％混合果蔬橙味500mL	31
21	农夫山泉饮用天然水1.5L	27

第三步，计算所有商品的出库总量，在C23单元格中的输入求和公式"=SUM(C2：C22)"，计算结果见表1-6-3。

表1-6-3　计算所有商品的出库总量

序号	货物名称	出库量/箱
1	水溶C100柠檬味445mL	455
2	农夫山泉饮用天然水550mL	445
3	农夫山泉饮用天然水19L	340
4	农夫果园30％混合果蔬橙味1.5L	223
5	农夫果园30％混合果蔬番茄味500mL	217
6	农夫山泉饮用天然水380mL	194

续表

序号	货物名称	出库量/箱
7	尖叫纤维饮料 550mL	189
8	农夫果园 30％混合果蔬芒果味 500mL	174
9	农夫果园 100％橙汁 380mL	169
10	尖叫活性肽运动饮料 550mL	163
11	农夫果园 100％番茄汁 380mL	139
12	农夫山泉饮用天然水 4L	128
13	尖叫植物饮料 550mL	124
14	农夫果园 100％胡萝卜汁 380mL	117
15	农夫果园 30％混合果蔬番茄味 1.5L	80
16	农夫果园 30％混合果蔬芒果味 1.5L	76
17	农夫山泉饮用天然水 5L	58
18	水溶 C100 西柚味 445mL	54
19	水溶 C100 青皮桔味 445mL	40
20	农夫果园 30％混合果蔬橙味 500mL	31
21	农夫山泉饮用天然水 1.5L	27
	汇总	3443

第四步，计算每种商品出库量占总出库量的比例，在 D2 单元格录入计算公式"＝C2/＄C＄23"，然后将计算公式复制到 D3～D21 单元格中，计算结果见表 1-6-4。

表 1-6-4　每种商品出库量占总出库量的比例

序号	货物名称	出库量/箱	出库量占比
1	水溶 C100 柠檬味 445mL	455	13.22％
2	农夫山泉饮用天然水 550mL	445	12.92％
3	农夫山泉饮用天然水 19L	340	9.88％
4	农夫果园 30％混合果蔬橙味 1.5L	223	6.48％
5	农夫果园 30％混合果蔬番茄味 500mL	217	6.30％
6	农夫山泉饮用天然水 380mL	194	5.63％
7	尖叫纤维饮料 550mL	189	5.49％
8	农夫果园 30％混合果蔬芒果味 500mL	174	5.05％
9	农夫果园 100％橙汁 380mL	169	4.91％
10	尖叫活性肽运动饮料 550mL	163	4.73％
11	农夫果园 100％番茄汁 380mL	139	4.04％

续表

序号	货物名称	出库量/箱	出库量占比
12	农夫山泉饮用天然水 4L	128	3.72%
13	尖叫植物饮料 550mL	124	3.60%
14	农夫果园 100%胡萝卜汁 380mL	117	3.40%
15	农夫果园 30%混合果蔬番茄味 1.5L	80	2.32%
16	农夫果园 30%混合果蔬芒果味 1.5L	76	2.21%
17	农夫山泉饮用天然水 5L	58	1.68%
18	水溶 C100 西柚味 445mL	54	1.57%
19	水溶 C100 青皮桔味 445mL	40	1.16%
20	农夫果园 30%混合果蔬橙味 500mL	31	0.90%
21	农夫山泉饮用天然水 1.5L	27	0.78%
	汇总	3443	

第五步，依次计算累计出库量占比，在 E2 单元格录入计算公式"＝SUM（＄D＄2：D2）"，然后将计算公式复制到 E3～E21 单元格中，计算结果见表 1-6-5。

表 1-6-5　累计出库量占比

序号	货物名称	出库量/箱	出库量占比	出库量累计占比
1	水溶 C100 柠檬味 445mL	455	13.22%	13.22%
2	农夫山泉饮用天然水 550mL	445	12.92%	26.14%
3	农夫山泉饮用天然水 19L	340	9.88%	36.02%
4	农夫果园 30%混合果蔬橙味 1.5L	223	6.48%	42.49%
5	农夫果园 30%混合果蔬番茄味 500mL	217	6.30%	48.79%
6	农夫山泉饮用天然水 380mL	194	5.63%	54.43%
7	尖叫纤维饮料 550mL	189	5.49%	59.92%
8	农夫果园 30%混合果蔬芒果味 500mL	174	5.05%	64.97%
9	农夫果园 100%橙汁 380mL	169	4.91%	69.88%
10	尖叫活性肽运动饮料 550mL	163	4.73%	74.62%
11	农夫果园 100%番茄汁 380mL	139	4.04%	78.65%
12	农夫山泉饮用天然水 4L	128	3.72%	82.37%
13	尖叫植物饮料 550mL	124	3.60%	85.97%
14	农夫果园 100%胡萝卜汁 380mL	117	3.40%	89.37%
15	农夫果园 30%混合果蔬番茄味 1.5L	80	2.32%	91.69%
16	农夫果园 30%混合果蔬芒果味 1.5L	76	2.21%	93.90%
17	农夫山泉饮用天然水 5L	58	1.68%	95.59%

续表

序号	货物名称	出库量/箱	出库量占比	出库量累计占比
18	水溶C100西柚味445mL	54	1.57%	97.15%
19	水溶C100青皮桔味445mL	40	1.16%	98.32%
20	农夫果园30%混合果蔬橙味500mL	31	0.90%	99.22%
21	农夫山泉饮用天然水1.5L	27	0.78%	100.00%
	汇总	3443		

第六步，根据题目给定的ABC分类条件进行ABC分类，A类累计出库量所占百分比小于等于60%，B类累计出库量所占百分比小于等于90%，剩下的为C类。因此，最终的分类结果见表1-6-6。

表1-6-6 ABC分类结果

序号	货物名称	出库量/箱	出库量累计占比	ABC分类结果
1	水溶C100柠檬味445mL	455	13.22%	A
2	农夫山泉饮用天然水550mL	445	26.14%	A
3	农夫山泉饮用天然水19L	340	36.02%	A
4	农夫果园30%混合果蔬橙味1.5L	223	42.49%	A
5	农夫果园30%混合果蔬番茄味500mL	217	48.79%	A
6	农夫山泉饮用天然水380mL	194	54.43%	A
7	尖叫纤维饮料550mL	189	59.92%	A
8	农夫果园30%混合果蔬芒果味500mL	174	64.97%	B
9	农夫果园100%橙汁380mL	169	69.88%	B
10	尖叫活性肽运动饮料550mL	163	74.62%	B
11	农夫果园100%番茄汁380mL	139	78.65%	B
12	农夫山泉饮用天然水4L	128	82.37%	B
13	尖叫植物饮料550mL	124	85.97%	B
14	农夫果园100%胡萝卜汁380mL	117	89.37%	B
15	农夫果园30%混合果蔬番茄味1.5L	80	91.69%	C
16	农夫果园30%混合果蔬芒果味1.5L	76	93.90%	C
17	农夫山泉饮用天然水5L	58	95.59%	C
18	水溶C100西柚味445mL	54	97.15%	C
19	水溶C100青皮桔味445mL	40	98.32%	C
20	农夫果园30%混合果蔬橙味500mL	31	99.22%	C
21	农夫山泉饮用天然水1.5L	27	100.00%	C
	汇总	3443		

详细操作步骤，参见二维码讲解。

假设题目背景信息中给出了每种货品的单箱价格如表 1-6-7。

表 1-6-7　商品单箱价格信息

序号	货物名称	单箱价格/元
1	水溶 C100 柠檬味 445mL	52
2	农夫山泉饮用天然水 550mL	53
3	农夫山泉饮用天然水 19L	25
4	农夫果园 30%混合果蔬橙味 1.5L	28
5	农夫果园 30%混合果蔬番茄味 500mL	48
6	农夫山泉饮用天然水 380mL	24
7	尖叫纤维饮料 550mL	32
8	农夫果园 30%混合果蔬芒果味 500mL	36
9	农夫果园 100%橙汁 380mL	35
10	尖叫活性肽运动饮料 550mL	34
11	农夫果园 100%番茄汁 380mL	38
12	农夫山泉饮用天然水 4L	32
13	尖叫植物饮料 550mL	42
14	农夫果园 100%胡萝卜汁 380mL	38
15	农夫果园 30%混合果蔬番茄味 1.5L	53
16	农夫果园 30%混合果蔬芒果味 1.5L	30
17	农夫山泉饮用天然水 5L	30
18	水溶 C100 西柚味 445mL	44
19	水溶 C100 青皮桔味 445mL	26
20	农夫果园 30%混合果蔬橙味 500mL	31
21	农夫山泉饮用天然水 1.5L	27

现要求对商品按照如下标准进行 ABC 分类。

累计出库量所占百分比（%）为 0＜A 类≤60，60＜B 类≤88，88＜C

类≤100；

累计出库金额所占百分比（%）为 0＜A 类≤70，70＜B 类≤90，90＜C 类≤100。

按照前面讨论的 ABC 分类基本操作步骤，结合题目已知信息，在第一步和第二步，需要得到托盘货架 A 区近 10 天的总出库量和总出库金额，结果见表 1-6-8。

表 1-6-8 商品总出库量和总出库金额

序号	货物名称	单箱价格/元	出库量/箱	出库金额/元
1	尖叫活性肽运动饮料 550mL	34	163	5542
2	尖叫纤维饮料 550mL	32	189	6048
3	尖叫植物饮料 550mL	42	124	5208
4	农夫果园 100%橙汁 380mL	35	169	5915
5	农夫果园 100%番茄汁 380mL	38	139	5282
6	农夫果园 100%胡萝卜汁 380mL	38	117	4446
7	农夫果园 30%混合果蔬橙味 1.5L	28	223	6244
8	农夫果园 30%混合果蔬橙味 500mL	31	31	961
9	农夫果园 30%混合果蔬番茄味 1.5L	50	80	4000
10	农夫果园 30%混合果蔬番茄味 500mL	48	217	10416
11	农夫果园 30%混合果蔬芒果味 1.5L	50	76	3800
12	农夫果园 30%混合果蔬芒果味 500mL	36	174	6264
13	农夫山泉饮用天然水 1.5L	24	27	648
14	农夫山泉饮用天然水 19L	60	340	20400
15	农夫山泉饮用天然水 380mL	24	194	4656
16	农夫山泉饮用天然水 4L	32	128	4096
17	农夫山泉饮用天然水 550mL	53	445	23585
18	农夫山泉饮用天然水 5L	30	58	1740
19	水溶 C100 柠檬味 445mL	52	455	23660
20	水溶 C100 青皮桔味 445mL	26	40	1040
21	水溶 C100 西柚味 445mL	44	54	2376

第三步，按照商品的出库金额从大到小排序，排序调整后的结果见表 1-6-9。

表 1-6-9 按照商品的出库金额从大到小排序

序号	货物名称	单箱价格/元	出库量/箱	出库金额/元
1	水溶 C100 柠檬味 445mL	52	455	23660
2	农夫山泉饮用天然水 550mL	53	445	23585

续表

序号	货物名称	单箱价格/元	出库量/箱	出库金额/元
3	农夫山泉饮用天然水 19L	60	340	20400
4	农夫果园 30%混合果蔬番茄味 500mL	48	217	10416
5	农夫果园 30%混合果蔬芒果味 500mL	36	174	6264
6	农夫果园 30%混合果蔬橙味 1.5L	28	223	6244
7	尖叫纤维饮料 550mL	32	189	6048
8	农夫果园 100%橙汁 380mL	35	169	5915
9	尖叫活性肽运动饮料 550mL	34	163	5542
10	农夫果园 100%番茄汁 380mL	38	139	5282
11	尖叫植物饮料 550mL	42	124	5208
12	农夫山泉饮用天然水 380mL	24	194	4656
13	农夫果园 100%胡萝卜汁 380mL	38	117	4446
14	农夫山泉饮用天然水 4L	32	128	4096
15	农夫果园 30%混合果蔬番茄味 1.5L	50	80	4000
16	农夫果园 30%混合果蔬芒果味 1.5L	50	76	3800
17	水溶 C100 西柚味 445mL	44	54	2376
18	农夫山泉饮用天然水 5L	30	58	1740
19	水溶 C100 青皮桔味 445mL	26	40	1040
20	农夫果园 30%混合果蔬橙味 500mL	31	31	961
21	农夫山泉饮用天然水 1.5L	24	27	648

第四步，计算所有商品的出库总量和出库总金额，在 D23 单元格录入计算公式"＝SUM（D2：D22）"计算出库总量，在 E23 单元格录入计算公式"＝SUM（E2：E22）"计算出库总金额，得到的计算结果见表 1-6-10。

表 1-6-10　出库总金额和出库总量计算结果

序号	货物名称	单箱价格/元	出库量/箱	出库金额/元
1	水溶 C100 柠檬味 445mL	52	455	23660
2	农夫山泉饮用天然水 550mL	53	445	23585
3	农夫山泉饮用天然水 19L	60	340	20400
4	农夫果园 30%混合果蔬番茄味 500mL	48	217	10416
5	农夫果园 30%混合果蔬芒果味 500mL	36	174	6264
6	农夫果园 30%混合果蔬橙味 1.5L	28	223	6244
7	尖叫纤维饮料 550mL	32	189	6048
8	农夫果园 100%橙汁 380mL	35	169	5915

理论篇

续表

序号	货物名称	单箱价格/元	出库量/箱	出库金额/元
9	尖叫活性肽运动饮料 550mL	34	163	5542
10	农夫果园 100%番茄汁 380mL	38	139	5282
11	尖叫植物饮料 550mL	42	124	5208
12	农夫山泉饮用天然水 380mL	24	194	4656
13	农夫果园 100%胡萝卜汁 380mL	38	117	4446
14	农夫山泉饮用天然水 4L	32	128	4096
15	农夫果园 30%混合果蔬番茄味 1.5L	50	80	4000
16	农夫果园 30%混合果蔬芒果味 1.5L	50	76	3800
17	水溶 C100 西柚味 445mL	44	54	2376
18	农夫山泉饮用天然水 5L	30	58	1740
19	水溶 C100 青皮桔味 445mL	26	40	1040
20	农夫果园 30%混合果蔬橙味 500mL	31	31	961
21	农夫山泉饮用天然水 1.5L	24	27	648
	汇总		3443	146327

第五步，依次计算每种商品出库总量占比，在 F2 单元格录入计算公式"＝D2/＄D＄23"，然后将公式向下复制到 F22 单元格，得到每种商品的出库占比，结果见表 1-6-11。

表 1-6-11　每种商品的出库占比

序号	货物名称	单箱价格/元	出库量/箱	出库金额/元	出库占比
1	水溶 C100 柠檬味 445mL	52	455	23660	13.22%
2	农夫山泉饮用天然水 550mL	53	445	23585	12.92%
3	农夫山泉饮用天然水 19L	60	340	20400	9.88%
4	农夫果园 30%混合果蔬番茄味 500mL	48	217	10416	6.30%
5	农夫果园 30%混合果蔬芒果味 500mL	36	174	6264	5.05%
6	农夫果园 30%混合果蔬橙味 1.5L	28	223	6244	6.48%
7	尖叫纤维饮料 550mL	32	189	6048	5.49%
8	农夫果园 100%橙汁 380mL	35	169	5915	4.91%
9	尖叫活性肽运动饮料 550mL	34	163	5542	4.73%
10	农夫果园 100%番茄汁 380mL	38	139	5282	4.04%
11	尖叫植物饮料 550mL	42	124	5208	3.60%
12	农夫山泉饮用天然水 380mL	24	194	4656	5.63%
13	农夫果园 100%胡萝卜汁 380mL	38	117	4446	3.40%

续表

序号	货物名称	单箱价格/元	出库量/箱	出库金额/元	出库占比
14	农夫山泉饮用天然水 4L	32	128	4096	3.72%
15	农夫果园 30%混合果蔬番茄味 1.5L	50	80	4000	2.32%
16	农夫果园 30%混合果蔬芒果味 1.5L	50	76	3800	2.21%
17	水溶 C100 西柚味 445mL	44	54	2376	1.57%
18	农夫山泉饮用天然水 5L	30	58	1740	1.68%
19	水溶 C100 青皮桔味 445mL	26	40	1040	1.16%
20	农夫果园 30%混合果蔬橙味 500mL	31	31	961	0.90%
21	农夫山泉饮用天然水 1.5L	24	27	648	0.78%
	汇总		3443	146327	

第六步，依次计算每种商品累计出库总量占比，在 G2 单元格输入计算公式"=SUM(F2:F2)"，并向下复制到 G22 单元格，得到累计出库占比，结果见表 1-6-12。

表 1-6-12 每种商品累计出库占比

序号	货物名称	出库量/箱	出库占比	出库累计占比
1	水溶 C100 柠檬味 445mL	455	13.22%	13.22%
2	农夫山泉饮用天然水 550mL	445	12.92%	26.14%
3	农夫山泉饮用天然水 19L	340	9.88%	36.02%
4	农夫果园 30%混合果蔬番茄味 500mL	217	6.30%	42.32%
5	农夫果园 30%混合果蔬芒果味 500mL	174	5.05%	47.37%
6	农夫果园 30%混合果蔬橙味 1.5L	223	6.48%	53.85%
7	尖叫纤维饮料 550mL	189	5.49%	59.34%
8	农夫果园 100%橙汁 380mL	169	4.91%	64.25%
9	尖叫活性肽运动饮料 550mL	163	4.73%	68.98%
10	农夫果园 100%番茄汁 380mL	139	4.04%	73.02%
11	尖叫植物饮料 550mL	124	3.60%	76.62%
12	农夫山泉饮用天然水 380mL	194	5.63%	82.25%
13	农夫果园 100%胡萝卜汁 380mL	117	3.40%	85.65%
14	农夫山泉饮用天然水 4L	128	3.72%	89.37%
15	农夫果园 30%混合果蔬番茄味 1.5L	80	2.32%	91.69%
16	农夫果园 30%混合果蔬芒果味 1.5L	76	2.21%	93.90%
17	水溶 C100 西柚味 445mL	54	1.57%	95.47%
18	农夫山泉饮用天然水 5L	58	1.68%	97.15%

续表

序号	货物名称	出库量/箱	出库占比	出库累计占比
19	水溶C100青皮桔味445mL	40	1.16%	98.32%
20	农夫果园30%混合果蔬橙味500mL	31	0.90%	99.22%
21	农夫山泉饮用天然水1.5L	27	0.78%	100.00%

第七步，依次计算每种商品累计出库金额所占比例，类似地，先计算出每种商品的出库金额占比，然后再计算出累计出库金额占比。在H2单元格录入计算公式"=E2/＄E＄23"，在I2单元格录入计算公式"=SUM(＄H＄2：H2)"，分别向下复制到H22和I22单元格中，计算结果见表1-6-13。

表1-6-13 商品出库金额占比和累计占比

序号	货物名称	出库金额/元	出库金额占比	出库金额累计占比
1	水溶C100柠檬味445mL	23660	16.17%	16.17%
2	农夫山泉饮用天然水550mL	23585	16.12%	32.29%
3	农夫山泉饮用天然水19L	20400	13.94%	46.23%
4	农夫果园30%混合果蔬番茄味500mL	10416	7.12%	53.35%
5	农夫果园30%混合果蔬芒果味500mL	6264	4.28%	57.63%
6	农夫果园30%混合果蔬橙味1.5L	6244	4.27%	61.89%
7	尖叫纤维饮料550mL	6048	4.13%	66.03%
8	农夫果园100%橙汁380mL	5915	4.04%	70.07%
9	尖叫活性肽运动饮料550mL	5542	3.79%	73.86%
10	农夫果园100%番茄汁380mL	5282	3.61%	77.47%
11	尖叫植物饮料550mL	5208	3.56%	81.03%
12	农夫山泉饮用天然水380mL	4656	3.18%	84.21%
13	农夫果园100%胡萝卜汁380mL	4446	3.04%	87.25%
14	农夫山泉饮用天然水4L	4096	2.80%	90.05%
15	农夫果园30%混合果蔬番茄味1.5L	4000	2.73%	92.78%
16	农夫果园30%混合果蔬芒果味1.5L	3800	2.60%	95.38%
17	水溶C100西柚味445mL	2376	1.62%	97.00%
18	农夫山泉饮用天然水5L	1740	1.19%	98.19%
19	水溶C100青皮桔味445mL	1040	0.71%	98.90%
20	农夫果园30%混合果蔬橙味500mL	961	0.66%	99.56%
21	农夫山泉饮用天然水1.5L	648	0.44%	100.00%

第八步，根据题目给定的ABC分类条件进行ABC分类，分类结果见表1-6-14。

表 1-6-14 ABC 分类结果

序号	货物名称	出库累计占比	出库金额累计占比	ABC 分类结果
1	水溶 C100 柠檬味 445mL	13.22%	16.17%	A
2	农夫山泉饮用天然水 550mL	26.14%	32.29%	A
3	农夫山泉饮用天然水 19L	36.02%	46.23%	A
4	农夫果园 30% 混合果蔬番茄味 500mL	42.32%	53.35%	A
5	农夫果园 30% 混合果蔬芒果味 500mL	47.37%	57.63%	A
6	农夫果园 30% 混合果蔬橙味 1.5L	53.85%	61.89%	A
7	尖叫纤维饮料 550mL	59.34%	66.03%	A
8	农夫果园 100% 橙汁 380mL	64.25%	70.07%	B
9	尖叫活性肽运动饮料 550mL	68.98%	73.86%	B
10	农夫果园 100% 番茄汁 380mL	73.02%	77.47%	B
11	尖叫植物饮料 550mL	76.62%	81.03%	B
12	农夫山泉饮用天然水 380mL	82.25%	84.21%	B
13	农夫果园 100% 胡萝卜汁 380mL	85.65%	87.25%	B
14	农夫山泉饮用天然水 4L	89.37%	90.05%	C
15	农夫果园 30% 混合果蔬番茄味 1.5L	91.69%	92.78%	C
16	农夫果园 30% 混合果蔬芒果味 1.5L	93.90%	95.38%	C
17	水溶 C100 西柚味 445mL	95.47%	97.00%	C
18	农夫山泉饮用天然水 5L	97.15%	98.19%	C
19	水溶 C100 青皮桔味 445mL	98.32%	98.90%	C
20	农夫果园 30% 混合果蔬橙味 500mL	99.22%	99.56%	C
21	农夫山泉饮用天然水 1.5L	100.00%	100.00%	C

详细操作步骤，参见二维码讲解。

视频扫一扫

多条件ABC分类操作

知识小栏目

应用ABC分类法需要注意的是，采用单一分类指标（如资金占用额）划分类别有时会导致分类不合理。如有些B、C类库存品尽管占用金额不高，但对生产影响大，且采购周期较长，这类库存品按重要性程度也应归为A类予以重点管控。因此，在实际应用ABC分类时应兼顾多种因素，适当予以灵活掌握。

二、全年出入库存量统计与分析

1. 出入库统计表制作

制作全年出入库存量统计报表可以提供对库存管理的整体了解和变化趋势的分析。制作全年出入库存量统计报表的具体步骤如下。

步骤1：定义报表目标和范围。确定报表的目标是提供全年库存量的统计和分析。定义需要包含的指标和统计周期，如出库数量、入库数量、统计周期（如每月）等。

步骤2：收集出入库数据。从库存管理系统或物料管理系统中获取全年的出入库数据。确保数据来源的准确性和完整性，确保数据的一致性。

步骤3：整理和清洗数据。创建一个专门的数据工作表，在工作表中创建相应的列标题，如货品名称、货品编号、出库数量、入库数量等。将收集到的出入库数据按照日期顺序分类整理到相应的列中。清除重复或错误的数据，并进行必要的数据清洗和修正。

步骤4：计算全年每种货品的总出入库数量。使用数据透视表汇总全年每种货品的总出入库数量。

步骤5：制作报表。根据数据透视表的透视结果，结合期初库存计算库存余额，并制作全年出入库汇总表，分别列出每种货品的总出库数量、总入库数量、库存结余等数据。

2. 出入库统计表制作案例

竞赛样题选编：根据托盘货架区2021年10月至2022年9月出入库月报表数据，完成托盘货架区2021年10月至2022年9月出入库汇总报表中出入库数据汇总，并计算出2022年9月30日17：30时托盘货架区每种货物的库存结余量。

解题思路。题目要求是根据月报表完成跨年度全年出入库统计报表的制作，并计算出结余。根据题目要求，不难看出，我们最终制作的报表需要呈现的数据包括货品名称、货品编号、出库总量、入库总量、库存结余量。因为在题目背景

表格扫一扫

全年出入库统计和可视化表

信息中给出了 2021 年 10 月至 2022 年 9 月出入库月报表数据,所以可以直接进入"步骤 3:整理和清洗数据",针对题目背景中给出的数据做格式化梳理,统一所有月度报表的行标题,如表 1-6-15 所示:

表 1-6-15　月度报表格式化样例

序号	商品条码	商品名称	出库量/箱	入库量/箱	月份
1	20200X00015	得力直液式走珠笔	87	79	12月
2	20200X00002	晨光蓝色中性笔	56	49	12月
3	20200S00013	不二家芒果味水果夹心棉花糖250g袋装	130	121	12月
4	20200X00010	晨光莫兰迪按动中性笔	156	149	12月
5	20200X00009	晨光无线装订本	121	120	12月
6	20200S00003	元气森林冬日草莓味苏打气泡水 480mL	87	88	12月
7	20200S00006	元气森林元气早餐椰汁 250mL	91	89	12月
8	20200S00007	元气森林元气满满原味奶茶 450mL	95	87	12月
9	20200S00008	元气森林青煎抹茶 460mL	121	128	12月
10	20200S00001	元气森林满分微气泡果汁 380mL	65	66	12月
11	20200X00017	晨光复古密码本	94	97	12月
12	20200S00016	不二家水果味棒棒糖 120g 袋装	177	175	12月
13	20200S00005	不二家混合口味奶糖 250g 袋装	153	139	12月
14	20200S00014	元气森林燃茶无糖乌龙茶 500mL	45	46	12月
15	20200S00021	海飞丝丝质柔顺护发素 200g	144	140	12月
16	20200S00012	海飞丝顺感舒爽去屑喷雾 100g	99	96	12月

首先,在 Excel 中,新建一张"出入库数据统计表"工作表,按照表 1-6-15 的样例格式,完成全年 12 个月份的月度统计报表的格式化。然后,将鼠标移至"A2 单元格"后同时按住"Ctrl 键+A 键",全选已经完成格式化的 12 个月份的报表数据。接下来,进入"步骤 4:计算全年每种货品的总出入库数量"。

计算全年出入库数量时,需要使用数据透视表完成快速计算。鼠标左键单击"插入",选择"数据透视表",系统会出现数据透视表的选项框,如图 1-6-1 的方框 1 和方框 2,在此不需要做任何其他操作,只需要单击"确定"按钮即可自动跳转到新建的数据透视表工作区。

跳转到数据透视表工作区域后,首先选择需要透视的字段名称,如图 1-6-2 右边的方框区域所示。根据前面的分析,最终需要制作的数据统计表包含的数据包括货品名称、货品编号、出库总量、入库总量、库存结余量,除库存

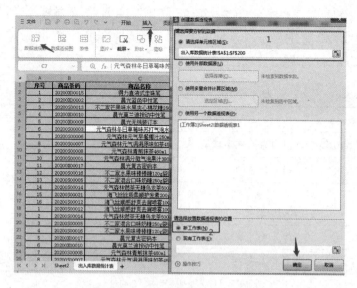

图 1-6-1　插入数据透视表步骤

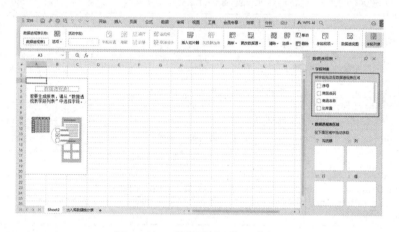

图 1-6-2　数据透视表工作区

结余量需要单独计算以外,其余数据都可以通过透视表汇总得出。

由此,在数据透视表的字段选择功能区,依次勾选商品条码、商品名称、出库量、入库量。完成勾选后,Excel 会自动将商品条码、商品名称放入下方的"行",出库量、入库量放入下方的"值"并自动设置值的计算方式为"汇总",同时,在左边区域显示出透视数据的雏形。

从图 1-6-3 可以看出,初始的数据透视表不具备可读性,需要对数据透视表的布局进行适当调整。鼠标选择"A3 商品条码单元格",单击"字段设置",系统会跳出字段设置的对话框,如图 1-6-4 所示。

在字段设置对话框中,选择"布局与打印",勾选"以表格形式显示项目标签"和"重复项目标签",最后单击"确定"按钮可以生成经过布局调整后的数据透视表,如图 1-6-5 所示。

图 1-6-3　选择数据透视表的字段

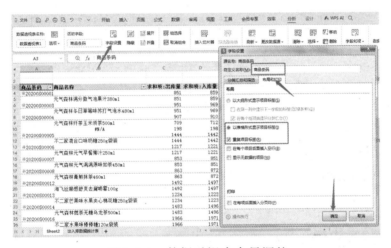

图 1-6-4　数据透视表布局调整

商品条码	商品名称	求和项:出库量	求和项:入库量
⊟20200S00001	元气森林满分微气泡果汁380ml	851	859
20200S00001 汇总		851	859
⊟20200S00003	元气森林冬日草莓味苏打气泡水480ml	951	969
20200S00003 汇总		951	969

图 1-6-5　布局调整后的数据透视表样例

可以看到，调整后的数据透视表在每一种货品的统计数据后多了一行汇总，这是因为字段设置中的"分类汇总与筛选"默认设置为"自动"，如图 1-6-6 所示。

因此，需要在字段设置中的"分类汇总与筛选"将"分类汇总"设置为"无"，单击"确定"按钮，如图 1-6-7 所示。

单击"确定"按钮后，生成了具备可读性的全年出入库统计表，如图 1-6-8 所示。

完成出入库统计后，接下来需要计算库存结余。根据库存结余的定义可知：库存结余＝期初库存＋统计周期内的入库量－统计周期内的出库量。在这里

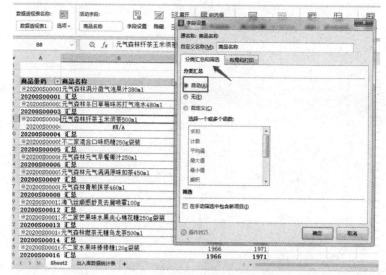

图 1-6-6　字段设置中的分类汇总与筛选

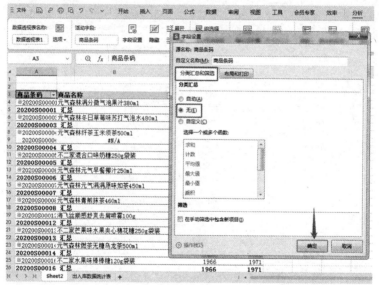

图 1-6-7　字段设置中的分类汇总方式设置为"无"

图 1-6-8　调整布局后的数据透视表

期初库存是未知数，需要从题目背景信息中得到。在此，可以使用VLOOKUP函数从托盘货架区的原始库存数据表中查询到各种商品对应的期初库存。在E4单元格录入函数公式"＝VLOOKUP(A4，托盘货架区初始库存！＄B＄2：＄D＄20，3，0)"，在F4单元格录入库存结余的计算公式"＝D4＋E4-C4"，然后将公式复制到最后一行，计算完成后，可以得到每种商品的库存结余量。

最终得到的全年出入库统计报表见图1-6-9。

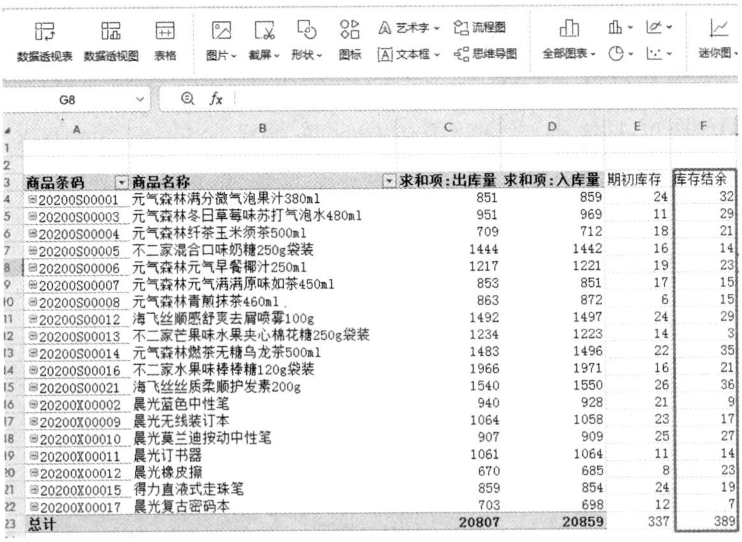

图1-6-9　全年出入库统计报表

3. 出入库统计可视化分析

可视化分析可以将抽象的数据转化为直观的图表或图形，使数据更具可读性和易理解性。通过图表，可以快速了解整体的出入库情况，清晰地展示库存的变化趋势以及相关指标的变化情况。常用的出入库统计数据可视化的方法有以下几种。

柱状图：柱状图是一种常见的可视化方式，用于展示不同时间点或类别的出入库数量。每个柱子代表一个时间点或类别，柱的高度表示出入库量的大小，可以直观地比较不同时间点或类别之间的差异。

折线图：折线图通常用于展示出入库数量的趋势变化。通过将时间作为横轴，出入库数量作为纵轴，在折线图上连续连接数据点，可以清晰地观察到出入库数量随时间的变化趋势。

饼图：饼图用于展示不同类别的出入库比例。将不同类别的出入库数量表示为饼图的扇形面积，可以直观地观察到每个类别在总体中所占的比例。

散点图：散点图常用于展示两个变量之间的关系。可以将时间作为横轴，出入库数量作为纵轴，在散点图上描绘出多个数据点，每个数据点代表一个时间点对应的出入库数量，可以了解到时间和数量之间的关系。

热力图：热力图通过使用颜色来表示出入库数量的大小，从而在一个区域或图表上展示数量的分布情况。不同颜色表示不同的数据量，可以在一个视图中对出入库数量的空间分布进行分析。

竞赛样题选编：（接续全年出入库统计报表）根据上述出入库统计报表，用Excel绘制12个月的出入库统计报表中库存结余量前五位货物的可视化图，并贴在Word上。

绘制要求： 图形为簇状柱形图，标题为"库存结余量前五位"，横坐标单位为品名，纵坐标单位为箱数，在底部显示入库量、出库量和库存结余的数据表。

解题思路：

题目要求绘制图形为"簇状柱形图"，并要求仅绘制库存结余量前五位的商品。因此，在绘制可视化图形前，需要按照库存结余量从大到小进行排序。单击"排序"，选择"自定义排序"，跳出自定义排序的对话框；主要关键字选择"库存结余"，排序依据选择"数值"，次序选择"降序"，完成选择后，点击"确定"按钮，即可完成根据库存结余量从大到小排序，如图1-6-10所示。

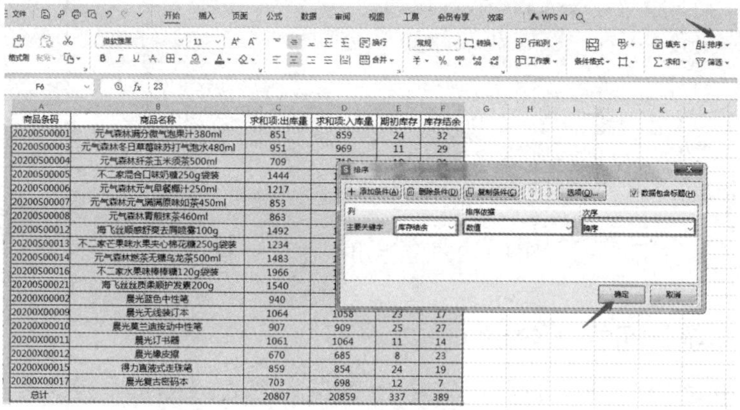

图1-6-10　库存结余自定义排序

完成排序后，可以轻松选出库存结余量排名前五的商品及其相关信息，如图1-6-11所示。

商品条码	商品名称	求和项:出库量	求和项:入库量	期初库存	库存结余
总计		20807	20859	337	389
20200S00021	海飞丝丝质柔顺护发素200g	1540	1550	26	36
20200S00014	元气森林燃茶无糖乌龙茶500ml	1483	1496	22	35
20200S00001	元气森林满分微气泡果汁380ml	851	859	24	32
20200S00003	元气森林冬日草莓味苏打气泡水480ml	951	969	11	29
20200S00012	海飞丝顺感舒爽去屑喷雾100g	1492	1497	24	29

图1-6-11　库存结余量前五的商品信息

确定库存结余量前五的商品后，可以进一步绘制"簇状柱形图"。单击"插入"，选择"全部图表"，点击"柱形图"，选择图1-6-12所示右边方框的图表类型，即可完成初始柱形图的绘制。

题目要求要在底部显示出入库报表数据，并将图表标题修改为"库存前五

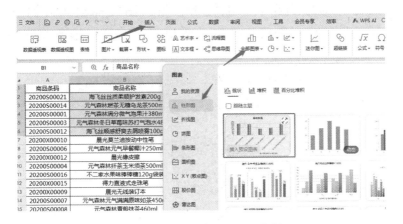

图 1-6-12　初始柱形图绘制

位"。因此,需要进一步调整柱形图的布局和标题元素。单击"图表元素"按钮,勾选"数据表"选项即可以完成数据表添加;单击默认图表标题,并将其修改为"库存结余量前五位",如图 1-6-13 所示。

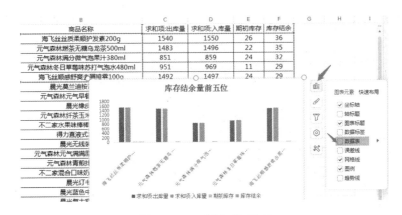

图 1-6-13　添加数据表

调整之后的柱形图见图 1-6-14 所示。

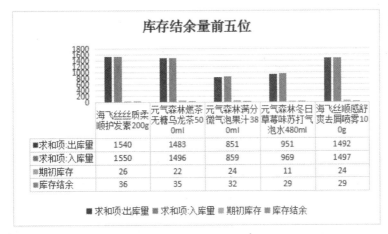

图 1-6-14　调整之后的柱形图

理论篇　211

在图1-6-14中,横轴为品名,纵轴为数量,图表标题和数据表都按照要求完成了添加,所绘制的柱形图可以清晰地看出库存结余量排名前五的商品的出入库大小情况。

出入库统计和可视化详细操作步骤,参见二维码讲解。

 知识小栏目

全年出入库存量统计与分析的注意事项:

1. 数据的准确性是制作报表的关键,务必核实数据的来源和准确性。

2. 在整理和清洗数据时,要注意处理缺失值、重复值和异常值。

3. 在计算总出入库数量时,要确保公式或函数的正确性,并使用适当的数据筛选和区间计算。

4. 在制作报表和图表时,要选择合适的图表类型和样式来展示数据,以增强可读性和易于理解。

5. 报表和图表应具有清晰的结构和布局,尽可能简洁明了。

任务三　经济订货批量法

一、经济订货批量法的内涵

1. 概念

经济订货批量法（Economic Order Quantity，EOQ），通过平衡进货（订货）成本和保管仓储成本，来实现最低总库存成本相对应的最佳订货量。经济订货批量是固定订货批量模型的一种，可以用来确定企业一次订货（外购或自制）的数量。当企业按照经济订货批量来订货时，可实现订货成本和储存成本之和最小化。

2. 经济订货基本模型假设

（1）存货总需求量是已知常数。
（2）订货提前期是常数。
（3）货物是一次性入库。
（4）单位货物成本为常数，无批量折扣。
（5）库存储存成本与库存水平呈线性关系。
（6）货物是一种独立需求的物品，不受其他货物影响。
（7）不允许缺货，即无缺货成本。
使存货总成本最低的进货批量，叫作经济订货批量或经济批量。

　知识小栏目

1. 资源，指用于满足人类需要的有形物品和无形物品。经济学讲的资源是经济资源——必须付出代价（成本）才能获取的稀缺资源。
2. 稀缺，指相对于人类多样无限的需要而言，满足需要的资源是有限的。
3. 选择，指资源配置，即如何利用既定的资源去生产量多质优的经济物品，以便更好地满足人类的需要。党的二十大报告指出，构建高水平社会主义市场经济体制。坚持和完善社会主义基本经济制度，毫不动摇巩固和发展公有制经济，毫不动摇鼓励、支持、引导非公有制经济发展，充分发挥市场在资源配置中的决定性作用，更好发挥政府作用。

二、库存成本的构成

与仓储相关的成本有两大类，订货成本和保管成本。

(1) 订货成本。包括每一次订货时所发生的费用，主要包括差旅费、通信费、手续费以及跟踪订单的成本等。在年需求一定的情况下，订货次数越多，则每次订货量越小，而全年订货成本越大，分摊到每次的订货费用也越大，可用公式表示为：$\dfrac{DC}{Q}$。

(2) 保管成本。是指保管存储物资而发生的费用，包括存储设施的成本、搬运费、保险费、折旧费、税金以及货物变质损坏等产生的费用，这些费用随库存量的增加而增加。可用公式表示为：$\dfrac{QK}{2}$。

在经济订货批量模型中，年库存总成本可用如下公式表示：

$$T_C = DP + \frac{DC}{Q} + \frac{QK}{2}$$

式中，T_C 为年总库存成本；P 为单位采购成本（产品单价）；Q 为经济订货批量（也称 EOQ）；D 为存货年需要量；C 为每次单位订货成本；K 为单件货物平均年保管（储存）成本。

三、经济订货批量法的公式

经济订货批量的计算公式为：

$$Q = \sqrt{2DC/K}$$

式中，D 为存货年需要量；C 为每次单位订货成本，K 为单件货物平均年保管（储存）成本。

根据以上公式，经济批量下：

最佳订货次数＝存货年需要量÷经济订货批量。

最佳订货期＝360÷最佳订货次数。

订购点＝平均日需求量×备用时间＋安全库存量。

（注意：在计算平均日需求量时一般一年按 360 天来算。）

四、经济订货批量法的应用

【例 6-1】 某公司为了降低库存成本，采用订购点法控制某种商品的库存，该商品的年需求量为 1000 件，单位准备或订购成本为每次 10 元。每年每单位商品的保管成本为 0.5 元。请计算该公司每次订购的最佳数量为多少？如果安全库存天数为三天，订购备用时间为四天，则该公司的订购点为多少？

解：(1) 已知：D＝1000，C＝10，K＝0.5。

根据公式：$Q = \sqrt{2DC/K}$

将数据代入公式：$Q = \sqrt{2 \times 1000 \times 10 \div 0.5} = 200$（件）

(2) 订购点＝平均日需求量×备用时间＋安全库存量

＝(1000÷360)×4＋3＝14.11≈15(天)

所以,每次订购的最佳数量为200件,该公司的订购点为15天。

【例6-2】 如果某产品的需求量（D）为每年2000个单位,价格为每单位2.5元,每次订货的订货成本（C）为25元,年持有成本率（F）为20%,则各次订货之间的最优检查间隔期（T_r）为多长时间?

解:从以上可知:订货成本$C=25$,单位价格$P=2.5$,单位持有成本$K=PF=2.5×20\%=0.5$,年需求量$D=2000$

$$T_r = \frac{EOQ}{D} = \frac{\sqrt{(2CD)/(pF)}}{D} = \frac{\sqrt{(2×25×2000)÷(2.5×0.2)}}{2000} = 0.22(年)$$

【例6-3】 康华公司全年需要A类零件2400件,每次的订货成本为800元,每件年存储成本为6元,问最佳经济订购批量是多少?如果每件A零件的价格为10元,如果一次订购超过1200件,可给予2%的批量折扣。问康华公司又应以多大批量订货?

解:已知:$D=2400$,$K=6$,$C=800$。

根据公式:$Q=\sqrt{2DC/K}$

将数据代入公式:$Q=\sqrt{2×2400×800÷6}=800$(件)

如果$P=10$,当$Q=800$时,根据公式$T_C=DP+\frac{DC}{Q}+\frac{QK}{2}$

总成本$=(2400×10)+(2400×800)÷800+(800×6)÷2=24000+2400+2400=28800$(元)

当一次订购量超过1200时,$T_C=DP×98\%+\frac{DC}{Q}+\frac{QK}{2}$

假设$T_C=28800$,$28800=2400×10×98\%+\frac{2400×800}{Q}+\frac{6Q}{2}$

经计算:Q约等于1247和513,当$Q=513$时不能享受2%折扣,因此舍去。

所以,最佳经济订购批量是800件,如果每件A零件的价格为10元,如果一次订购超过1200件,可给予2%的批量折扣,康华公司应以1247件批量订货。

 知识小栏目

1. 边际收益,是指厂商增加一单位产品销售所获得的收入增量。边际成本是指生产增加一单位产出所增加的成本。

2. 利润是总收益与总成本之间的差额,利润最大化是指企业边际收益等于边际成本时的产量。党的二十大报告指出,加快发展物联网,建设高效顺畅的流通体系,降低物流成本。

理论篇　215

任务四　ERP 与企业物流

一、ERP

1. ERP 的概念

ERP 是一种包含了所有现代企业业务流程的信息系统，其核心思想是供应链管理。即在制造资源计划（Manufacturing Resources Planning，MRP Ⅱ）的基础上，通过前馈的物流和反馈的信息流和资金流，把客户需求和企业内部的生产活动以及供应商的制造资源整合在一起，体现完全按照用户需求制造的一种供应链管理思想。它强调企业间合作，强调对市场需求快速反应、高度柔性的战略管理，以及降低风险成本实现高收益目标，从集成化角度管理供应链问题。

2. ERP 的起源、发展历史和演变

ERP 起源于 20 世纪 70 年代末，最初被称为物料需求计划（Material Requirement Planning，MRP）。MRP 是为了满足生产企业对于计划生产过程所需物料的需求而开发的。MRP 通过计算物料需求，并根据计划生产量和物料供应情况进行物料采购和生产计划的生成。随着信息技术的发展，MRP 逐渐演化为 MRP Ⅱ，将生产计划与财务、销售、采购和库存管理等业务流程进行整合。MRP Ⅱ 不仅关注物料需求计划，还包括人员、设备、资金等资源的管理，成为一个更全面的企业管理系统。20 世纪 90 年代，MRP Ⅱ 进一步发展为 ERP，具备了更强大的功能和更广泛的应用范围。ERP 不仅包括 MRP Ⅱ 的功能，还将企业的财务、人力资源、采购、销售、供应链管理等各个业务流程整合在一个系统中。ERP 通过实时数据共享和协同工作，提供了更好的整体控制和决策支持。

随着时间的推移，ERP 系统也逐渐演变为模块化架构，即将不同业务功能划分为独立的模块，每个模块专注于处理特定的业务流程。这个架构使得企业可以根据自身需求逐步实施和扩展，同时提高了系统的灵活性和维护效率。ERP 的发展阶段见图 1-6-15。

近年来，随着云计算和移动技术的快速发展，ERP 也跟随着这些技术趋势进行了演进。云 ERP 提供了更灵活、可扩展的部署方式，使得企业可以随时随地访问和管理系统。而移动 ERP 则使得用户可以通过手机或平板

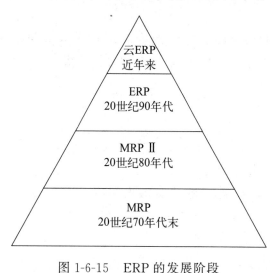

图 1-6-15　ERP 的发展阶段

电脑进行业务操作和信息查询，提高了实时性和便利性。

 知识小栏目

> ERP系统通常可以根据企业需求进行模块扩展和功能定制。这些扩展模块可以包括质量管理、项目管理、客户关系管理（CRM）、供应链管理、人力资源管理（HRM）、电子商务等，以满足不同行业和企业的特定需求。现代ERP系统开始整合智能技术，如人工智能（AI）、机器学习（ML）和大数据分析。这些技术可以应用于预测需求、优化供应链、自动化决策、自动化流程和自动化报告等方面，增强ERP系统的智能化和自动化能力。

二、企业物流

1. 企业物流的概念

企业物流是指企业在生产和销售过程中，通过合理的计划、组织、实施和控制，对货物、信息和资金的流动进行管理，以实现最佳的物流效率和成本控制的一系列活动。简而言之，企业物流是指企业在供应链中负责管理物流流程的部分。

企业物流涵盖了从原材料采购、生产制造、库存管理、订单处理、配送运输等方面的活动。它旨在将物流活动与企业的供应链战略和业务目标相协调，提高效率和降低成本，以满足客户需求并提高竞争优势。

2. 企业物流的信息化支持

企业物流的信息化支持是指通过信息技术和系统将物流运作过程中的各个环节进行数字化、自动化和智能化处理，提供精确的数据和实时的信息支持，以高效地管理和控制企业物流活动。具体来说，企业物流的信息化支持主要包括以下方面。

（1）信息系统的应用：企业可以引入ERP系统来集成和管理物流相关的各个模块，如采购、仓库管理、运输调度、订单管理等。ERP系统可以提供全面、准确的数据支持，帮助企业实时了解物流活动的状态和情况。

（2）WMS的应用：WMS系统用于管理和控制企业的仓储操作，包括入库、出库、库存管理、货位管理等。通过WMS系统，企业可以实现仓库内的物流信息共享、自动化的库存管理和准确的货物跟踪。

（3）数据分析与决策支持：通过数据分析和决策支持系统，企业可以对物流活动的数据进行深入分析，发现问题和及时改进。统计分析和预测模型可帮助企业进行需求预测、运输优化、库存控制等决策，提高物流效率和降低成本。

（4）电子商务和物流平台的应用：随着电子商务的快速发展，企业可以利用电子商务平台和物流平台来实现订单管理、供应链协同和配送调度等功能。这些平台可以连接供应商、物流服务商和客户，实现订单的快速传递和处理，提高物流效率。

（5）轨迹追踪与监控系统：通过运输工具和包裹的轨迹追踪系统，企业可以实时监控货物的位置和运输情况。这些系统可提供货物的实时跟踪信息，帮助企业及时掌握物流流程中的问题，并及时做出调整。

信息化支持（见图1-6-16）的目标是提高企业物流管理的效率、准确性和灵活性，降低物流成本，提供更好的客户服务体验。同时，信息化支持也为企业的物流决策提供了更科学、精确的数据依据，以实现物流活动的优化和持续改进。

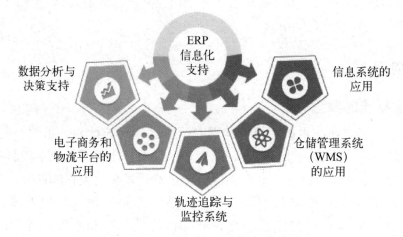

图1-6-16　企业物流的信息化支持

 知识小栏目

以下技术已经应用到企业物流的信息化决策支持中。

1. 人工智能与机器学习：人工智能和机器学习技术在物流中的应用越来越广泛。通过应用深度学习算法和数据分析，可以对大规模的物流数据进行智能化处理和预测，提高运输效率、优化库存管理、预测需求等。

2. 物联网与传感器技术：物联网和传感器技术的发展为物流提供了更高精度的实时数据采集和监控能力。通过连接和控制物流设备、运输工具和货物，可以实现更精细的物流跟踪、仓库和运输管理，提升整体效率和可见度。

3. 无人驾驶技术：无人驾驶技术在物流配送中的应用逐渐增多。无人驾驶卡车和无人机可以替代人力进行货物运输与交付，提高运输效率和安全性。此外，自动货架和自动拣选系统也可以减少人工操作，提高仓库管理的效率。

4. 区块链技术：区块链技术可以提供分布式数据库和可信的数据交换、共享平台，为供应链管理、货物跟踪和支付等方面提供高效、安全的解决方案。通过区块链，可以实现物流环节中的去中心化、透明化和不可篡改性等优势。

5. 虚拟现实与增强现实：虚拟现实和增强现实技术在物流操作和培训中有着广泛的应用。通过 AR 和 VR 技术，可以模拟物流环境、提供可视化的操作界面，加强人员的培训和实际操作的准确性。

三、基于ERP的企业物流典型采购模式类型

1. 基于ERP的企业物流典型采购模式类型

主要的采购模式有以下几种。

（1）自主采购模式：企业通过自有的采购团队或者采购部门直接与物流供应商进行合作，并使用 ERP 系统管理采购流程。这种模式下，企业可以根据自身需求和供应商的能力进行物流需求的分析和供应商的选择，通过 ERP 系统进行采购合同管理、订单管理、库存管理等过程，实现物流的采购管理。

（2）物流服务外包模式：企业将物流服务外包给专业的第三方物流服务供应商，通过 ERP 系统进行物流服务供应商的选择、合同管理和核算。企业需要根据自身需求和业务特点与物流供应商进行合作协商，并使用 ERP 系统进行合同管理、订单管理、运输跟踪等过程，实现与物流供应商的协同管理。

（3）物流伙伴关系模式：企业与一家或多家物流供应商建立长期稳定的伙伴关系，通过 ERP 系统进行物流需求的管理和供应商协同，实现供应链的整体优化。企业和物流供应商之间建立合作计划，共享信息、资源和技术，通过 ERP 系统进行供应商管理、流程管理和绩效评估，实现优质物流服务的提供。

（4）招投标采购模式：企业通过公开招标或者邀请投标的方式选择合适的物流供应商，通过 ERP 系统进行招投标文件的管理、评审结果的分析和选择供应商的过程。企业可以根据自身需求和标书要求进行供应商筛选、报价分析和合同管理，实现物流的招投标采购过程。

这些基于 ERP 的企业物流采购模式，可以根据企业的需求和业务特点进行选择和建立。通过 ERP 系统的应用，企业可以实现物流采购流程的标准化、全面化和规模化，提高采购效率和质量，降低采购成本，同时也促进了与物流供应商的合作和供应链的协同管理。

2. 基于ERP的企业物流典型采购模式的优缺点分析

（1）自主采购模式。

① 优点：企业对采购过程有更多的控制权，可以根据自身需求和要求选择

合适的物流供应商；ERP系统可以帮助企业管理采购流程，提高效率和质量。

② 缺点：企业需要有专门的采购团队或部门来管理物流采购，增加了内部资源的投入；对供应商的评估和选择可能需要花费较多的时间和精力。

（2）物流服务外包模式。

① 优点：将物流服务外包给专业的第三方供应商，企业可以专注于自身核心业务，减少非核心物流运营的管理负担；ERP系统可以协助企业管理物流合同、订单等过程。

② 缺点：企业与第三方物流供应商之间需要建立良好的合作关系，有可能需要面临合作风险；对于某些特殊需求或灵活性较高的物流操作，第三方供应商可能无法满足。

（3）物流伙伴关系模式。

① 优点：建立长期稳定的物流伙伴关系，可以促进信息的共享和资源的整合，实现供应链的优化；ERP系统可以帮助企业管理供应商和流程，促进协同管理。

② 缺点：建立伙伴关系需要时间和资源的投入，可能需要与供应商进行深入的协商和合作；对供应商的选择和绩效评估要求较高，需要建立有效的合作机制。

（4）招投标采购模式。

① 优点：通过公开招标或邀请投标方式选择供应商，可以获得更多的选择和竞争，获得较好的价格和服务；ERP系统可以辅助企业管理招投标文件和评审过程。

② 缺点：招投标过程可能较为复杂，需要投入大量的时间和资源；选择供应商的决策可能受到标书要求和报价的局限。

3. 企业基于ERP如何选择采购模式

基于ERP系统，选择物流采购模式时，需要综合考虑物流成本、供应链协同、可追溯性和透明度、供应商管理以及数据分析和决策支持等因素。同时，也要根据企业的具体情况和需求进行评估和选择。具体考虑因素如下。

（1）物流成本：通过ERP系统获取、分析和比较不同物流采购模式的成本信息，包括供应商费用、运输成本、仓储费用等。选择能够实现成本最优化的采购模式。

（2）供应链协同：ERP系统可以帮助企业实现供应链的信息共享和协同，因此在选择物流采购模式时，可以考虑与供应链合作伙伴的协同能力。例如，选择能够实现及时信息共享和协同配送的第三方物流合作伙伴。

（3）可追溯性和透明度：ERP系统可以跟踪和记录物流过程的详细信息，包括货物的来源、运输路径和交付状态等。选择具有良好可追溯性和透明度的物流采购模式，有助于提高物流过程的可控性和可靠性。

（4）供应商管理：通过ERP系统对供应商的绩效进行评估和管理，包括交货准时率、质量控制和售后服务等。选择与可靠和具备良好供应商管理能力的物流合作伙伴进行采购合作。

（5）数据分析和决策支持：ERP 系统可以提供丰富的数据分析和决策支持功能，通过对物流数据进行分析和挖掘，可以帮助企业优化物流采购决策。因此，选择能够与 ERP 系统无缝集成和提供高级数据分析功能的物流采购模式。

> **知识小栏目**
>
> 基于 ERP 系统选择物流采购模式的关键在于综合考虑多个因素。首先，企业需要全面识别和分析自身的物流需求，包括货物种类、规模和频率等。其次，确保 ERP 系统能够与物流供应商的系统进行有效的集成和数据交互，以实现信息的实时传递和协调。再次，选择合适的物流供应商，评估其服务能力、价格竞争力、运输网络覆盖范围和可靠性等关键指标。然后，优化运输网络也是重要的考量因素，包括仓储和配送中心的位置布局、运输路线的规划以及运输方式的选择等。最后，为了确保物流过程的可追溯性和管理控制，必须确保 ERP 系统能够提供足够的数据采集和分析功能，以便监控和评估物流活动的效率和质量，并及时作出调整和优化。

【模块测评】

一、单项选择题（以下各题有且只有一个正确答案，请将正确答案的代号填在括号里）

1. 在库管理的目标是（　　　）。
   A. 实现高效的库存操作　　　　B. 确保库存准确性和安全性
   C. 提高库存周转率　　　　　　D. 以上皆是

2. 定量订购控制法的优点不包括（　　　）。
   A. 减少库存成本　　　　　　　B. 提高客户服务水平
   C. 复杂的库存管理流程　　　　D. 简化库存管理

3. 安全库存的计算是基于（　　　）。
   A. 需求标准差　　B. 供应周期　　C. 库存持有成本　　D. 以上皆是

4. ABC 分类法的核心思想是（　　　）。
   A. 应用帕累托"二八原则"进行库存管理
   B. 进行关键库存品的重点管理
   C. 将库存按照金额进行分类
   D. 将库存按照出库量进行分类

5. ABC 分类法解题思路中，如果需要根据多个条件判断 ABC 分类，一般会选择（　　　）作为主要判断条件。

A. 商品条码　　　B. 商品名称　　　C. 库存金额　　　D. 出库量

6. ABC 分类法的分类标准一般不包括（　　）。

A. 销售额　　　B. 资金占用额　　　C. 入库数量　　　D. 出库数量

7. 每一次订货时所发生的费用称为（　　）。

A. 订货成本　　　B. 储存成本　　　C. 保管成本　　　D. 仓储成本

8. ERP 的核心思想是（　　）。

A. 生产计划与物料需求管理　　　B. 供应链管理

C. 企业合作与市场需求　　　D. 采购与销售管理

9. ERP 的发展历史中，（　　）是最早的阶段。

A. ERP　　　B. MRP　　　C. MRP Ⅱ　　　D. 云 ERP

10. 定量订购控制法的目的是（　　）。

A. 最大化库存成本　　　B. 提高库存周转率

C. 增加物料浪费　　　D. 降低资金利用率

11. 在库管理中，（　　）不是在库管理的内涵？

A. 商品库存管理　　　B. 库存订购控制

C. 安全库存管理　　　D. 库存数据分析

12. 定量订购控制法的优点之一是（　　）。

A. 减少库存成本　　　B. 增加库存积压

C. 提高库存准确性　　　D. 延长供应周期

13. 定量订购控制法的缺点之一是（　　）。

A. 对需求预测的依赖　　　B. 简化库存管理流程

C. 降低库存成本　　　D. 不需要数据支持

14. 定量订购控制法的计算步骤包括（　　）。

A. 确定经济订购量　　　B. 确定补充点

C. 计算安全库存　　　D. 确定供应商

15. ABC 分类法的核心思想是（　　）。

A. 对库存品进行重点管理　　　B. 根据品名对库存品进行分类

C. 根据销售额对库存品进行分类

D. 根据资金占用额对库存品进行分类

16. ABC 分类法的一般步骤中，（　　）是需要综合考虑品目累计百分比和分类指标？

A. 收集数据　　　B. 处理数据

C. 绘制 ABC 分析表　　　D. 根据 ABC 分析表确定分类

17. ABC 分类法中，A 类库存品的品目数和分类指标值分别占总库存的范围是（　　）。

A. 品目数占总库存的 5%～15%，分类指标值占总库存的 60%～80%
B. 品目数占总库存的 20%～30%，分类指标值占总库存的 20%～30%
C. 品目数占总库存的 60%～80%，分类指标值占总库存的 5%～15%
D. 品目数占总库存的 0%～5%，分类指标值占总库存的 0%～20%

18. 若要根据出库量分类，解题步骤中的第一步是（　　）。
    A. 计算累计出库量占比　　　　B. 完成题目要求的时间段汇总表制作
    C. 计算每种商品出库量占总出库量的比例
    D. 根据题目给定的 ABC 分类条件进行 ABC 分类

19. 若要根据多条件判断 ABC 分类，需要同时满足（　　）。
    A. 出库量所占百分比和资金占用额所占百分比
    B. 出库量所占百分比和销售额所占百分比
    C. 资金占用额所占百分比和销售额所占百分比
    D. 出库量所占百分比和入库量所占百分比

20. 全年出入库存量统计与分析中的第一步是（　　）。
    A. 定义报表目标和范围　　　　B. 收集出入库数据
    C. 整理和清洗数据　　　　　　D. 计算全年每种货品的总出入库数量

21. 在全年出入库存量统计与分析中，可以通过（　　）对数据进行可视化分析。
    A. 柱状图　　　　　　　　　　B. 折线图
    C. 饼图　　　　　　　　　　　D. 所有选项都正确

22. 在制作出入库统计表时，需要从（　　）获取出入库数据。
    A. 库存管理系统或物料管理系统　B. 数据透视表
    C. 用户提供的任务材料　　　　D. Google 搜索对应数据

23. 在可视化分析中，甘特图适用于展示（　　）。
    A. 不同时间点或类别的出入库数量　B. 出入库数量的趋势变化
    C. 不同类别的出入库比例　　　D. 两个变量之间的关系

24. ERP 的核心思想是（　　）。
    A. 信息共享和协同工作　　　　B. 供应链管理
    C. 客户需求制造　　　　　　　D. 数据分析和决策支持

25. ERP 最初被称为（　　）。
    A. 企业资源计划　　　　　　　B. 物料需求计划
    C. 制造资源计划　　　　　　　D. 采购管理系统

26. 企业物流是指在（　　）过程中对货物、信息和资金的流动进行管理。
    A. 供应链管理　　B. 仓库管理　　C. 生产制造　　　D. 销售过程

27. 企业物流的信息化支持主要包括（　　）。
   A. 物流伙伴关系模式　　　　　　B. 企业资源规划系统
   C. 电子商务平台的应用　　　　　D. 轨迹追踪与监控系统
28. 基于ERP的企业物流典型采购模式中，物流服务外包模式的优势是（　　）。
   A. 良好的合作关系与协同管理　　B. 降低非核心物流运营的管理负担
   C. 选择供应商的决策局限性低　　D. 提供更科学、精确的数据依据

二、多项选择题（以下各题，有2个或2个以上的答案，请将正确答案的代号填在括号里）

1. 定量订购控制法的内涵包括（　　）。
   A. 商品库存管理　B. 定期订购　C. 库存监测和盘点　D. 库存数据分析
2. 定量订购控制法的缺点包括（　　）。
   A. 需要准确的需求预测　　　　　B. 对数据的依赖性较高
   C. 缺乏灵活性　　　　　　　　　D. 需要呈现复杂的图表
3. 定量订购控制法的计算和应用方法包括（　　）。
   A. 确定经济订购量　　　　　　　B. 确定订购周期
   C. 计算补充点　　　　　　　　　D. 计算安全库存
4. ABC分类法的应用包括（　　）。
   A. 识别关键库存品　　　　　　　B. 进行重点管理
   C. 通过分类指标确定分类　　　　D. 绘制ABC曲线
5. ABC分类法的步骤是（　　）。
   A. 收集数据　　　　　　　　　　B. 处理数据
   C. 绘制ABC分析表　　　　　　　D. 根据ABC分析表确定分类
6. 出入库统计表制作的一般步骤包括（　　）。
   A. 定义报表目标和范围　　　　　B. 收集出入库数据
   C. 整理和清洗数据　　　　　　　D. 制作报表
8. 经济订货批量法通过平衡（　　）来实现最低总库存成本相对应的最佳订货量。
   A. 进货（订货）成本　　　　　　B. 机会成本
   C. 保管仓储成本　　　　　　　　D. 平均成本
9. 经济订货基本模型假设包括货物是一种独立需求的物品，不受其他货物影响，库存储存成本与库存水平呈线性关系和（　　）。
   A. 订货提前期和存货总需求量是已知常数
   B. 货物是一次性入库
   C. 单位货物成本为常数，无批量折扣

D. 不允许缺货，即无缺货成本

10. ERP 系统在企业物流中的信息化支持包括（　　）。
   A. 信息系统的应用　　　　　　　B. 仓储管理系统的应用
   C. 数据分析与决策支持　　　　　D. 移动电话和电子邮件的使用

11. 基于 ERP 的企业物流典型采购模式包括（　　）。
   A. 自主采购模式　　　　　　　　B. 物流服务外包模式
   C. 物流伙伴关系模式　　　　　　D. 供应链协同采购模式

12. 选择物流采购模式时，企业应考虑的因素有（　　）。
   A. 物流成本　　　B. 供应链协同　　　C. 可追溯性和透明度
   D. 供应商管理　　E. 数据分析和决策支持

13. 在库管理中，（　　）属于库存管理。
   A. 入库　　　　　B. 出库　　　　　C. 盘点
   D. 采购　　　　　E. 分类

14. 定量订购控制法可帮助企业实现（　　）。
   A. 降低库存成本　　　　　　　　B. 提高资金利用率
   C. 提高库存周转率　　　　　　　D. 最大限度地降低库存
   E. 保证库存的准确性

15. 定量订购控制法需要（　　）支持。
   A. 库存数据　　　B. 需求数据　　　C. 订购数据　　　D. 供应商数据

16. （　　）会影响订购周期的确定。
   A. 商品的销售速度　　　　　　　B. 库存管理目标
   C. 客户需求的不确定性　　　　　D. 供应周期

17. 定量订购控制法的计算中，安全库存的水平取决于（　　）。
   A. 需求标准差　　B. 订购补充点　　C. 供应周期　　　D. 客户满意度

18. ABC 分类法的一般步骤包括（　　）。
   A. 收集数据　　　　　　　　　　B. 处理数据
   C. 绘制 ABC 分析图　　　　　　 D. 根据 ABC 分析表确定分类

19. ABC 分类法中，通过（　　）计算累计分类指标值所占比例。
   A. 将分类指标的值依次相加
   B. 将每个分类指标的值除以总分类指标的值
   C. 将每个分类指标的值除以最大分类指标的值
   D. 将每个分类指标的值除以总库存的值

20. 全年出入库存量统计与分析的步骤包括（　　）。
   A. 定义报表目标和范围　　　　　B. 收集出入库数据
   C. 整理和清洗数据　　　　　　　D. 制作可视化图表

21. 下列关于ERP系统的说法（　　）正确的。
  A. ERP系统可以帮助企业实现供应链的信息共享和协同。
  B. ERP系统仅包括物料需求计划和财务管理功能。
  C. ERP系统可以提供全面、准确的数据支持。
  D. ERP系统可以提供实时的决策支持。
22. 企业选择物流采购模式时，需要考虑（　　）。
  A. 物流成本　　　　　　　　　B. 供应链协同能力
  C. 供应商绩效评估和管理　　　D. 可追溯性和透明度
  E. 企业资源规划功能
23. （　　）是基于ERP的企业物流典型采购模式。
  A. 自主采购模式　　　　　　　B. 物流服务外包模式
  C. 供应商管理模式　　　　　　D. 招投标采购模式
  E. 物流伙伴关系模式

三、判断题（正确的在前面括号里打"√"，错误的打"×"）

（　　）1. 在库存管理中，定量订购控制法是一种用于管理商品库存的方法。

（　　）2. 定量订购控制法可以帮助企业避免库存过剩和不足的问题，提高库存管理的效率和准确性。

（　　）3. 在定量订购控制法中，补充点是指当库存低于该点时进行订购操作。

（　　）4. ABC分类法是一种根据货品的进出库量进行分类的方法。

（　　）5. 绘制出入库统计图可帮助快速了解整体的出入库情况和库存变化趋势。

（　　）6. 热力图可以清晰地展示不同类别的出入库比例。

（　　）7. 在年需求一定的情况下，订货次数越多，则每次订货量越小，而全年订货成本越大，分摊到每次的订货费用也越大。

（　　）8. 最佳订货次数等于存货年需要量除以经济订货批量。

（　　）9. 保管成本是指保管存储物资而发生的费用，包括存储设施的成本，搬运费、保险费、折旧费、税金以及货物变质损坏等产生的费用，这些费用随库存量的增加而减少。

（　　）10. ERP最初被称为MRP。

（　　）11. ERP系统在企业物流中的信息化支持可以提高企业的物流效率和降低成本。

（　　）12. 基于ERP的企业物流典型采购模式只有一种，即物流服务外包模式。

(　　) 13. 定量订购控制法是一种用于管理商品库存的方法。

(　　) 14. 库存监测和盘点可以帮助保证库存的准确性和安全性。

(　　) 15. 定量订购控制法的优点之一是提高库存成本。

(　　) 16. 定量订购控制法需要准确的库存数据和需求数据的支持。

(　　) 17. 定量订购控制法的计算步骤包括确定经济订购量、确定订购周期和计算安全库存。

(　　) 18. ABC 分类法的核心思想是将库存品按销售额区按重要性程度不同进行分类。

(　　) 19. 在 ABC 分类法的一般步骤中，根据分类指标数值对所有库存品进行降序排序，绘制 ABC 分析表。

(　　) 20. ABC 分类法的分类标准为：A 类库存品，品目数占总库存的 20%～30%，分类指标值占总库存的 20%～30%。

(　　) 21. 在全年出入库存量统计与分析中，需要根据题目给定的分类条件进行 ABC 分类。

(　　) 22. 在可视化分析中，折线图和热力图都可以用来展示出入库数量的趋势变化。

(　　) 23. ERP 起源于 20 世纪 80 年代。

(　　) 24. 企业物流的信息化支持主要包括数据分析与决策支持。

(　　) 25. 物流采购模式的选择应根据企业的具体情况和需求进行评估和选择。

(　　) 26. 基于 ERP 的企业物流典型采购模式包括自主采购模式和物流服务外包模式。

(　　) 27. 自主采购模式下，企业需要与专业的第三方物流服务供应商合作。

四、简答题

1. 定量订购控制法的优点和缺点分别是什么？
2. 简要描述定量订购控制法的计算和应用步骤。
3. ABC 分类法的步骤及其应用范围是什么？
4. 全年出入库存量统计与分析的步骤是什么？请简要介绍每个步骤的内容。
5. 简要描述 ERP 的起源和发展历史。
6. 说明企业物流的概念及其在供应链中的作用。

五、计算题

1. 某商品的年销售量为 1800 件，订购成本为 60 元，单位持有成本为每件商品每年 8 元，需求和供应都具有稳定和可预测的特性。可以根据历史数据、市场需求的波动以及供应周期等因素来确定安全库存水平。经验数据表明需求的标准差为每月30件,安全系数为1.5。请计算该商品的定量订购点为多少件?

2. 某厂生产摄影机,年产量1000台,每台成本800元,每一季度每台摄影机的库存费是成本的5%;工厂分批生产,每批生产准备费为5000元;市场对产品一致需求,不许缺货,产品整批存入仓库。试确定经济批量及一年最小存货总费用。

六、案例分析题

某职业中学考虑引入智能校园管理系统来支持学校物流管理。该职业中学有1000名学生,涉及教材采购、学生订餐、教师办公用品申领等多个物流环节。由于传统的物流管理方式存在信息不对称、效率低下等问题,该中学考虑引入智能校园管理系统,希望提高物流管理的准确性、效率和服务质量。

请你分析该中学引入智能校园管理系统对其物流管理的影响,并提出相关建议。

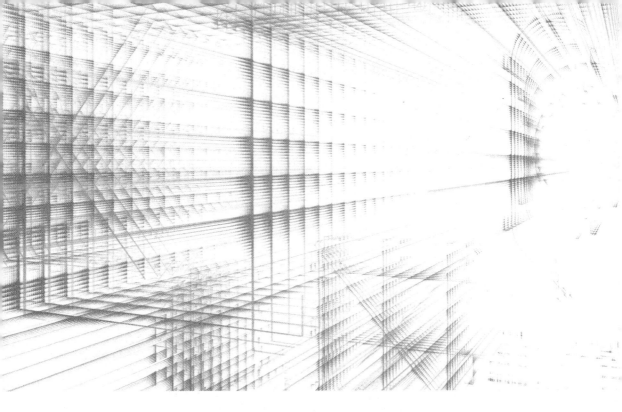

技 能 篇

技能训练一

认知智慧仓配实训平台

本篇依托智能仓配中心运营及管理实训平台进行介绍,该平台首页如图2-1-1所示。

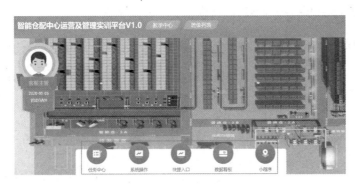

图 2-1-1　智能仓配中心运营及管理实训平台首页

为了更好地认识和使用该平台,现在对该平台的按键进行说明。

(1) 任务中心:对学生要做的任务进行介绍,每个任务配备对应的知识点课件 PPT/视频/任务用单据等。

(2) 系统操作:模拟物流仓储企业 WMS 系统,其中包括仓库规划与设计、线体平衡配置、定量订购控制和 ABC 库存分析等。

(3) 快捷入口:对关键功能进行快速查找,关键数据快速查看。

(4) 数据看板:各种经营数据看板查看,包括入库业务的预约看板、各个仓库的库容看板、出库业务的运营看板、电商订单数据看板和库存明细看板。

(5) 小程序:使用微信扫描小程序的二维码,小程序模拟 PDA 工具,配合任务完成各项仓储操作,如收货、上架、拣货、分拣、复核等。

提示:操作过程中涉及的单号、商品编码等内容为系统随机产生,以实际操作为准。

任务一　登录实训平台

【任务描述】

请打开网址，进入系统，注册智能仓配中心运营及管理实训平台账号，登录实训平台，加入班级，熟悉平台整体布局及功能。

视频扫一扫

登入实训平台

【操作步骤】

步骤一：使用手机号注册账号，输入验证码，设置密码，点击同意协议注册。见图2-1-2登录页面1。

步骤二：注册后，输入手机号及密码，点击登录。已有账号，可直接登录，见图2-1-3登录页面2。

图2-1-2　登录页面1　　　　图2-1-3　登录页面2

步骤三：点击"加入班级"。见图2-1-4加入班级页面1。

步骤四：输入班级邀请码，点击"加入"。见图2-1-5加入班级页面2。

图2-1-4　加入班级页面1　　　　图2-1-5　加入班级页面2

步骤五：点击"进入班级"。见图2-1-6进入班级页面。

步骤六：点击选择"组织类型"，点击选择"岗位名称"（注意：文字背景为灰色不可选），点击"上岗"。见图2-1-7上岗页面。

 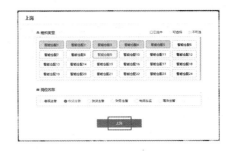

图 2-1-6 进入班级页面　　　　图 2-1-7 上岗页面

步骤七：点击"确定"，见图 2-1-8 上岗信息核对页面。

图 1-1-8 上岗信息核对页面

步骤八：上岗成功。见图 2-1-9 实训平台首页。

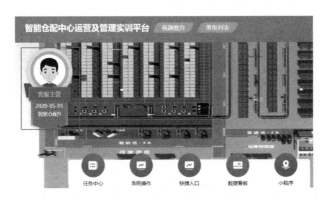

图 2-1-9 实训平台首页

任务二 智慧物流企业组织介绍

【任务描述】

请查看智能仓配中心运营及管理实训平台任务中心课程导入视频,了解物流企业真实的业务流程。

智慧物流企业组织介绍

【操作步骤】

步骤一:打开智能仓配中心运营及管理实训平台,在平台首页点击页面下方菜单"任务中心"按钮,点击"课程导入"按钮。见图 2-1-10 PC 端任务中心课程导入页面 1。

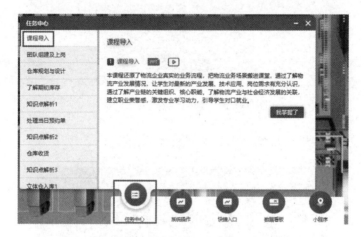

图 2-1-10 PC 端任务中心课程导入页面 1

步骤二:点击"课程导入"旁,视频插件。见图 2-1-11 PC 端任务中心课程导入页面 2。

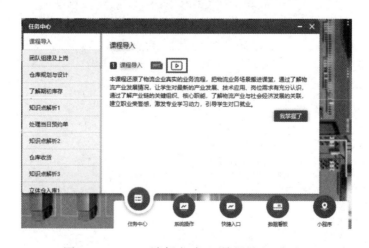

图 2-1-11 PC 端任务中心课程导入页面 2

步骤三：查看 3D 视频，了解智慧物流企业的产业发展、技术应用。智慧物流仓库 3D 布局图，见图 2-1-12 课程导入视频截图。

图 2-1-12　课程导入视频截图

任务三 仓库规划与设计

【任务描述】

(1)通过对课程导入的学习,对仓储中心的布局规划有了一定的了解,作为仓储管理人员,需要具备仓储设施布局、设计及仓储作业所进行的计划安排、组织协调、运营的整体掌控能力。

(2)请对即将建设的 15000m² 仓库,进行规划及设计,要求布局合理,设计美观。请向大家展示完成的仓库规划设计成果,并介绍规划与设计方案的思路和想法,大家对仓库规划设计方案进行点评,并提出改进建议。

【操作步骤】

步骤一:打开智能仓配中心运营及管理实训平台,在平台首页点击页面下方菜单"系统操作"按钮,点击"仓库规划与设计"。见图 2-1-13 PC 端系统操作页面 1。

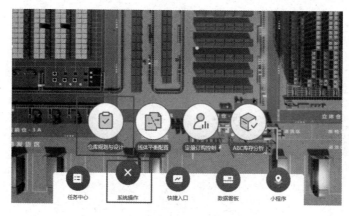

图 2-1-13 PC 端系统操作页面 1

技能训练二

智慧仓配入库

任务一　到货预约

一、获取预约单

视频扫一扫

到货预约

【任务描述】

根据供应商向"客服主管"发来的具体信息内容，查看"预约看板"是否有相关预约信息。信息称上个月预约的商品已经发出，预计在 5 月 1 日到达仓库，并已经在系统中发出送货预约，请查看"预约看板"是否有 5 月 1 日的预约到货申请。

【操作步骤】

步骤一：打开智能仓配中心运营及管理实训平台，在平台首页点击页面下方菜单"数据看板"按钮，点击"预约看板"按钮。见图 2-2-1 PC 端数据看板页面 1。

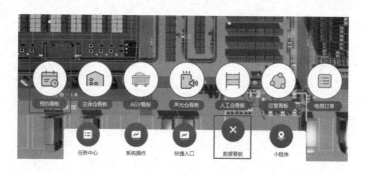

图 2-2-1　PC 端数据看板页面 1

步骤二：查看预约看板信息，主要查看信息是否有 ASN 号，预计到货日期，预计到货时间。见图 2-2-2 预约看板页面 1。

序号	ASN号	ASN状态	供应商名称	预计到货日期	预计到货时间	收货月台	应收数量（件）
1	ASN202005016581	已分配	云娜服饰有限公司	2020/5/1	10:00-12:00	617	1008
2	ASN202005016574	已预约	天目飞行科技有限公司	2020/5/1	08:00-10:00	无	480
3	ASN202005016578	已预约	飙洋电器有限公司	2020/5/1	10:00-12:00	无	130
4	ASN202005016575	已预约	海信电器股份有限公司	2020/5/1	12:00-14:00	无	140
5	ASN202005016579	已预约	中川美聚有限公司	2020/5/1	14:00-16:00	无	420
6	ASN202005016580	已预约	启腾数码有限公司	2020/5/1	12:00-14:00	无	352
7	ASN202005016582	已预约	雅戈尔服饰有限公司	2020/5/1	10:00-12:00	无	768
8	ASN202005016583	已预约	云娜服饰有限公司	2020/5/1	14:00-16:00	无	144
9	ASN202005016598	已预约	启腾数码有限公司	2020/5/1	10:00-12:00	无	96
10	ASN202005016599	已预约	天目飞行科技有限公司	2020/5/1	12:00-14:00	无	48

图 2-2-2　预约看板页面 1

二、分配月台

【任务描述】

根据"预约看板"上的送货预约信息，匹配相应时间段内处于闲置状态的月台（合理分配月台可有效的缩短送货车等待时间）。当前需要分配月台的送货单号如下。

送货单号1：ASN202005016574；

送货单号2：ASN202005016578。

请打开微信小程序，系统操作后找到闲置月台对这两个送货单进行月台分配。

【操作步骤】

步骤一：在平台首页点击页面下方菜单"小程序"按钮，使用微信扫描二维码。见图2-2-3 PC端小程序二维码页面1。

图2-2-3　PC端小程序二维码页面1

步骤二：登录微信小程序首页，选择训练班级对应的"邀请码"，点击"进入训练"。见图2-2-4微信小程序班级列表页面1。

步骤三：如果此页面没有训练班级对应邀请码，则点击"＋加入班级"。见图2-2-5微信小程序班级列表页面2。

图2-2-4　微信小程序班级　　　　图2-2-5　微信小程序班级
　　　列表页面1　　　　　　　　　　　列表页面2

技能篇　　239

步骤四：输入"邀请码"编号，点击"确定"。重复步骤二操作，选择训练班级对应的"邀请码"，点击"进入训练"。见图 2-2-6 微信小程序加入班级页面。

步骤五：进入训练后，点击"收货"。见图 2-1-7 小程序对应训练班级首页 1。

图 2-2-6　微信小程序加入　　　图 2-2-7　小程序对应训练
　　　　　班级页面　　　　　　　　　　　　班级首页 1

步骤六：在页面跳出弹窗后，点击"分配月台"。见图 2-2-8 小程序弹窗页面 1。

步骤七：找到送货单号 ASN202005016574、ASN202005016578，分别点击【分配月台】按钮。见图 2-2-9 分配月台页面 1。

图 2-2-8　小程序弹窗页面 1　　　图 2-2-9　分配月台页面 1

步骤八：分别点击【分配月台】按钮，选择月台编号后，点击【确定分配】按钮。见图 2-2-10 分配月台页面 2。

步骤九：页面右上角点开下拉框，选择【已分配】。见图 2-2-11 分配月台页面 3。

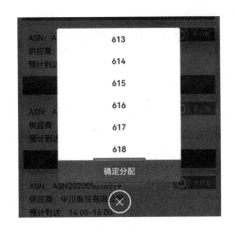

图 2-2-10　分配月台页面 2

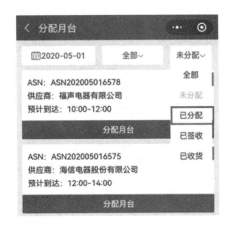

图 2-2-11　分配月台页面 3

步骤十：可以查询到 ASN202005016574 分配的月台编号为 615，ASN202005016578 分配月台为 614。见图 2-2-12 分配月台页面 4。

三、更改分配月台

【任务描述】

已分配完成的月台，会因为一些突发事件导致无法在预约时间内使用，为了能完成到货卸货工作，需要操作更改已分配的月台。现由于送货单号 ASN202005016581 预先分配的月台卸货设备发生故障，暂时无法使用，预计维修完成时间在 12:00 左右，请你登录微信小程序系统操作更改分配月台。

图 2-2-12　分配月台页面 4

【操作步骤】

步骤一：重复操作"分配月台"内容的步骤一至步骤六，页面右上角点开下拉框，选择"已分配"。图 2-2-13 分配月台页面 5。

步骤二：查询到 ASN202005016581 分配的月台编号为 617，点击"重新分配"按钮。见图 2-2-14 分配月台页面 6。

技能篇　241

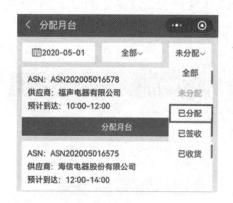

图 2-2-13　分配月台页面 5　　　　图 2-2-14　分配月台页面 6

步骤三：选择一个闲置月台编号，点击"确认分配"。见图 2-2-15 分配月台页面 7。

步骤四：ASN202005016581 变更分配月台为 618。见图 2-2-16 分配月台页面 8。

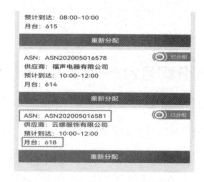

图 2-2-15　分配月台页面 7　　　　图 2-2-16　分配月台页面 8

四、更新预约看板

【任务描述】

月台分配的操作已完成，相应在 PC 端"预约看板"的数据也会发生变化，请你前往 PC 端"预约看板"查看预约数据更新情况，并检查预约数据是否准确。

【操作步骤】

步骤一：打开智能仓配中心运营及管理实训平台，在平台首页点击页面下方菜单"数据看板"按钮，点击"预约看板"按钮。见图 2-2-17 PC 端数据看板页面 2。

步骤二：查看预约看板信息，主要查看 ASN202005016581、ASN202005016574、

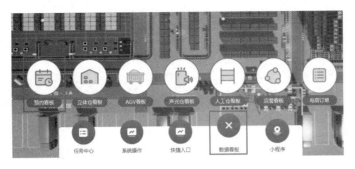

图 2-2-17　PC 端数据看板页面 2

ASN202005016578 的 ASN 状态是否为已分配及分配收货月台是否正确。见图 2-2-18 预约看板页面 2。

图 2-2-18　预约看板页面 2

任务二 仓库收货

一、货物送达

【任务描述】

货物已于 5 月 1 日安全送达仓库，请"客服主管"接收同货物一同送达的纸质送货单，核验送货单信息是否与系统送货预约信息一致，并进行单据签收。

单据签收后，请通知"收货主管"及时安排收货。

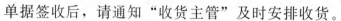

【操作步骤】

步骤一：打开智能仓配中心运营及管理实训平台，在平台首页点击页面下方菜单"任务中心"按钮，点击"仓库收货1"。见图 2-2-19 PC 端任务中心仓库收货1页面1。

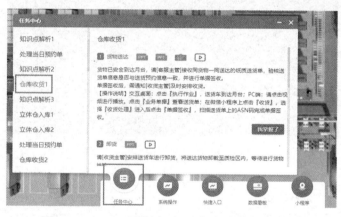

图 2-2-19　PC 端任务中心仓库收货1页面1

步骤二：点击"货物送达"旁，方框中的单据插件。见图 2-2-20 PC 端任务中心仓库收货1页面2。

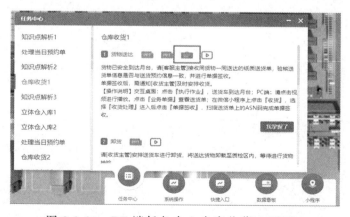

图 2-2-20　PC 端任务中心仓库收货1页面2

步骤三：显示纸质送货单 ASN202005016578。见图 2-2-21 纸质送货单 1。

图 2-2-21　纸质送货单 1

步骤四：登录微信小程序，点击"收货"。见图 2-2-22 小程序对应训练班级首页 2。

步骤五：在页面跳出弹窗后，点击"收货处理"。见图 2-2-23 小程序弹窗页面 2。

图 2-2-22　小程序对应训练班级首页 2　　　图 2-2-23　小程序弹窗页面 2

步骤六：点击"单据签收"按钮。见图 2-2-24 单据签收页面 1。

步骤七：在页面跳出弹窗后，核对 ASN、供应商信息、预计到达时间及预约的月台信息是否准确，无误，点击"确认签收"按钮。见图 2-2-25 小程序弹窗页面 3。

图 2-2-24　单据签收页面 1　　　图图 2-2-25　小程序弹窗页面 3

技能篇　245

步骤八：ASN202005016578 显示"已签收"。见图 2-2-26 单据完成签收页面 1。

图 2-2-26 单据完成签收页面 1

步骤九：返回 PC 端，重复操作步骤一至步骤二，显示纸质送货单 ASN202005016574。见图 2-2-27 纸质送货单 2。

图 2-2-27 纸质送货单 2

步骤十：返回微信小程序，重复操作步骤六至步骤七，ASN202005016574 显示"已签收"。见图 2-2-28 单据完成签收页面 2。

二、卸货

【任务描述】

货物已完成签收，请"收货主管"安排送货车进行卸货，需将货物卸载至质检区内，等待进行货物抽检。

【操作步骤】

步骤一：打开智能仓配中心运营及管理实训平台，在平台首页点击页面下方菜单"任务中心"按钮，点击"仓库收货1"。见图 2-2-29 PC 端任务中

图 2-2-28 单据完成签收页面 2

心仓库收货1页面3。

图 2-2-29　PC 端任务中心仓库收货 1 页面 3

步骤二：点击"卸货"旁，视频播放按键。见图 2-2-30 PC 端任务中心仓库收货 1 页面 4。

图 2-2-30　PC 端任务中心仓库收货 1 页面 4

步骤三：查看 3D 卸货视频，了解卸货过程。见图 2-2-31 卸货视频截图。

图 2-2-31　卸货视频截图

三、单箱抽检

【任务描述】

货物送达至质检区,请"收货主管"安排质检人员进行货物抽检。根据供应商的不同,抽检比例也不同,优质的供应商抽检比例远小于一般供应商,甚至可免检。抽检后需向收货主管反馈抽检结果。

【操作步骤】

步骤一:登录微信小程序,点击"收货"。见图 2-2-32 小程序对应训练班级首页 3。

步骤二:在页面跳出弹窗后,点击"收货处理"。见图 2-2-33 小程序弹窗页面 4。

图 2-2-32　小程序对应训练班级首页 3　　图 2-2-33　小程序弹窗页面 4

步骤三:查看 ASN 号及"是否抽检"的状态,状态为"否",点击"抽检"按钮。见图 2-2-34 单据签收页面 2。

步骤四:核对 ASN 号,查看"抽检比例",点击"开始抽检"按钮。见图 2-2-35 抽检页面 1。

图 2-2-34　单据签收页面 2　　图 2-2-35　抽检页面 1

步骤五：打开智能仓配中心运营及管理实训平台，在平台首页点击页面下方菜单"任务中心"按钮，点击"仓库收货1"。见图2-2-36 PC端任务中心仓库收货1页面5。

图2-2-36　PC端任务中心仓库收货1页面5

步骤六：点击"单箱抽检"旁，方框中的单据插件。见图2-2-37 PC端任务中心仓库收货1页面6。

步骤七：找到ASN202005016574的对应商品条码，902002816-1，使用微信小程序，抽检页面扫描商品条码。见图2-2-38商品条码。

图2-2-37　PC端任务中心仓库收货1页面6　　　图2-2-38　商品条码

步骤八：查看到ASN202005016574中商品抽检数量为48，合格率为94%，不合格商品数量为3，点击"确定"按钮。见图2-2-39小程序弹窗页面5。

步骤九：ASN202005016574显示"已抽检"，点击页面左上角返回上级操作页面。见图2-2-40抽检页面2。

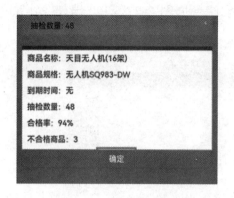

图 2-2-39　小程序弹窗页面 5　　　　图 22-2-40　抽检页面 2

步骤十：查看 ASN202005016574"是否抽检"已经显示"是"，继续点击 ASN202005016578 下方的"抽检"按钮，重复步骤三的操作。见图 2-2-41 单据签收页面 3。

步骤十一：ASN202005016578 抽检比例处显示"免检"，说明这批商品不用进行抽检。见图 2-2-42 抽检页面 3。

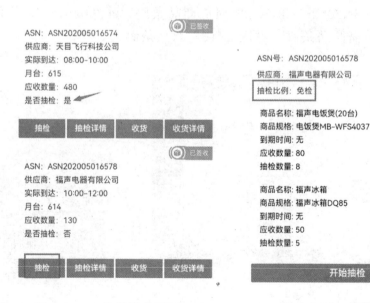

图 2-2-41　单据签收页面 3　　　　图 2-2-42　抽检页面 3

步骤十二：点击页面左上角返回上一级操作页面，见图 2-2-43 抽检页面 4。

步骤十三：查看单据签收页面，ASN202005016574 已完成抽检，ASN202005016578 未进行抽检。见图 2-2-44 单据签收页面 4。

图 2-2-43　抽检页面 4　　　　图 2-2-44　单据签收页面 4

四、整托收货

【任务描述】

抽检完成的货物已送至待上架区，请"收货主管"安排收货人员进行整托收货操作。需确认待上架货品的预分配待上架区，并按标准化的装箱标准和 Ti/Hi 规则完成货品的码托（装盘），记录货品对应的容器编码后完成整托收货。

【操作步骤】

步骤一：登录微信小程序，点击"收货"。见图 2-2-45 小程序对应训练班级首页 4。

步骤二：在页面跳出弹窗后，点击"收货处理"。见图 2-2-46 小程序弹窗页面 6。

图 2-2-45　小程序对应训练班级首页 4　　图 2-2-46　小程序弹窗页面 6

步骤三：选择需要收货的 ASN202005016574，点击"收货"按钮。见图 2-2-47 单据签收页面 5。

步骤四：小程序进入执行收货页面。见图 2-2-48 执行收货页面 1。

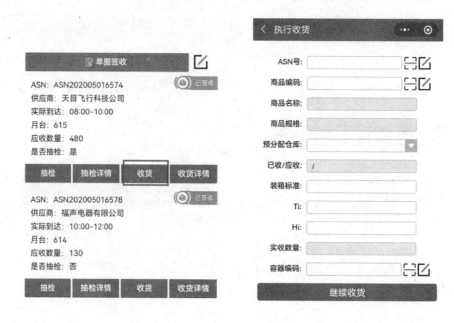

图 2-2-47　单据签收页面 5　　　　图 2-2-48　执行收货页面 1

步骤五：打开智能仓配中心运营及管理实训平台，在平台首页点击页面下方菜单"任务中心"按钮，点击"仓库收货"。见图 2-2-49 PC 端任务中心仓库收货 1 页面 7。

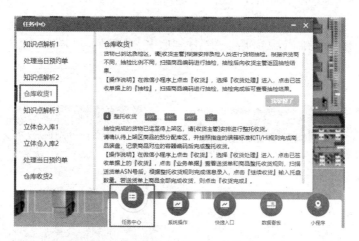

图 2-2-49　PC 端任务中心仓库收货 1 页面 7

步骤六：点击"整托收货"旁，方框中的单据插件。见图 2-2-50 PC 端任务中心仓库收货 1 页面 8。

步骤七：显示纸质送货单 ASN202005016574。见图 2-2-51 纸质送货单 3。

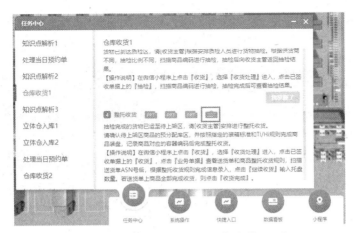

图 2-2-50　PC 端任务中心仓库收货 1 页面 8

图 2-2-51　纸质送货单 3

步骤八：找到对应货品信息。见图 2-2-52 货品信息。

图 2-2-52　货品信息

步骤九：使用微信小程序在执行收货页面依次扫描对应 ASN 号、商品编码，程序自动识别出商品名称、商品规格、应收数量信息。点击"预分配仓库"下拉框，根据货品的类型选择对应的仓库，根据图 2-2-52 货品条码信息，输入装箱标准、Ti 规格、Hi 规格，程序自动计算实收数量。扫描容器编码，点击"继续收货"按钮。见图 2-2-53 执行收货页面 2。

步骤十：输入托盘总数量（程序会提示这个 ASN 号的货品在质检环节有数量为 3 的不合格品），点击"确认"。见图 2-2-54 小程序弹窗页面 7。

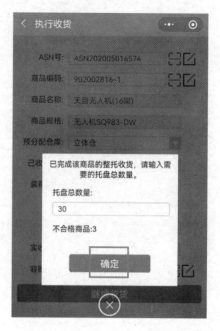

图 2-2-53　执行收货页面 2　　　　图 2-2-54　小程序弹窗页面 7

步骤十一：核对收货数量无误，点击"确认"。见图 2-2-55 小程序弹窗页面 8。

步骤十二："已收/应收"数据更新，并已扣减不合格品数量。见图 2-2-56 执行收货页面 3。

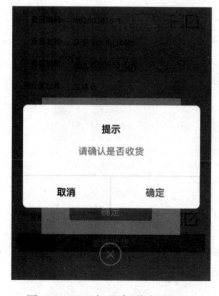
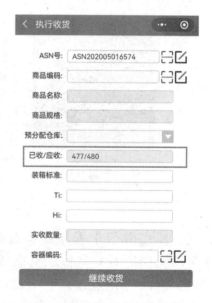

图 2-2-55　小程序弹窗页面 8　　　　图 2-2-56　执行收货页面 3

步骤十三：返回PC端智能仓配中心运营及管理实训平台，重复操作步骤七找到对应纸质送货单ASN202005016578。见图2-2-57纸质送货单4。

图2-2-57　纸质送货单4

步骤十四：重复操作步骤八至步骤十二，直至完成ASN202005016578整托收货。见图2-2-58执行收货页面4。

五、收货完成

【任务描述】

收货已完成，请"收货主管"查看"收货看板"，检查收货数据是否准确。

【操作步骤】

步骤一：打开智能仓配中心运营及管理实训平台，在平台首页点击页面下方菜单"快捷入口"按钮，点击"收货看板"。见图2-2-59 PC端快捷入口页面1。

图2-2-58　执行收货页面4

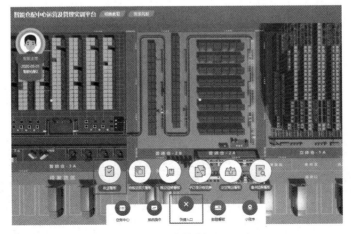

图2-2-59　PC端快捷入口页面1

技能篇　255

步骤二：查看收货信息，包括商品名称、商品规格、数量、库存及收货时间。见图 2-2-60 PC 端收货看板页面。

图 2-2-60　PC 端收货看板页面

任务三 入库上架

一、立体仓入库

【任务描述】

入库上架

请"收货主管"对已完成收货的商品，将预分配库区为立体仓的商品，进行上架准备工作，完成 ASN202005016578、ASN202005016574 的商品上架。因福声冰箱、福声电饭煲、天目无人机为整托收货商品，请将以上商品上架至立体仓。

【操作步骤】

步骤一：打开智能仓配中心运营及管理实训平台，在平台首页点击页面下方菜单"任务中心"按钮，点击"立体仓入库1"。见图 2-2-61 PC 端任务中心立体仓入库 1 页面 1。

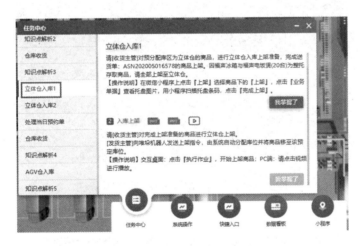

图 2-2-61　PC 端任务中心立体仓入库 1 页面 1

步骤二：点击"入库上架"旁，视频播放按键。见图 2-2-62 PC 端任务中心立体仓入库 1 页面 2。

步骤三：查看 3D 视频，了解立体仓入库上架过程。见图 2-2-63 立体仓入库上架视频截图。

步骤四：点击 PC 端任务中心立体仓入库 1 页面"上架准备"旁，方框中的单据插件。见图 2-2-64 PC 端任务中心立体仓入库 1 页面 3。

步骤五：找到 ASN202005016578 对应商品信息页面。见图 2-2-65 商品图 1。

步骤六：找到 ASN202005016578 对应商品信息页面。见图 2-2-66 商品图 2。

步骤七：登录微信小程序，点击"上架"。见图 2-2-67 小程序对应训练班级首页 5。

技能篇　　257

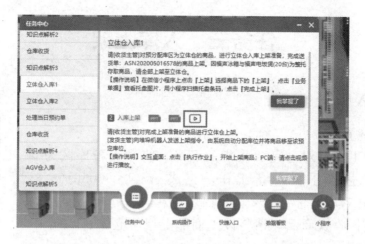

图 2-2-62　PC 端任务中心立体仓入库 1 页面 2

图 2-2-63　立体仓入库上架视频截图

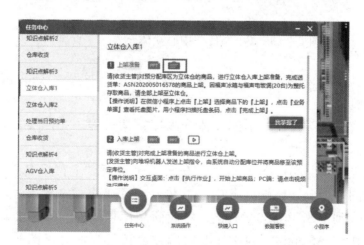

图 2-2-64　PC 端任务中心立体仓入库 1 页面 3

图 2-2-65　商品图 1

图 2-2-66　商品图 2

步骤八：找到对应商品福声电饭煲，点击"上架"。见图 2-2-68 上架页面 1。

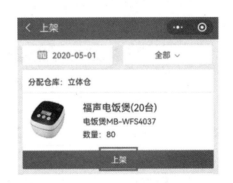

图 2-2-67　小程序对应训练班级首页 5　　　图 2-2-68　上架页面 1

步骤九：扫描步骤八对应商品图 1 当中的托盘条码，点击"完成上架"。见图 2-2-69 整托上架页面 1。

技能篇　259

步骤十：点击"确定"。见图2-2-70小程序弹窗页面9。

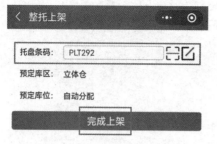
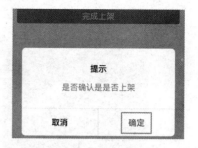

图2-2-69 整托上架页面1　　图2-2-70 小程序弹窗页面9

步骤十一：上架的对应商品福声电饭煲显示"已上架"。见图2-2-71上架页面2。

步骤十二：重复操作步骤十一，完成商品福声冰箱的上架操作。见图2-2-72上架页面3。

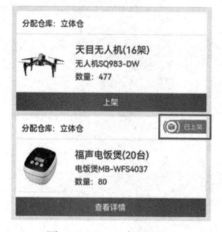
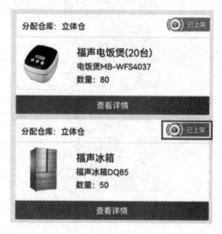

图2-2-71 上架页面2　　图2-2-72 上架页面3

步骤十三：返回智能仓配中心运营及管理实训平台，在平台首页点击页面下方菜单"任务中心"按钮，点击"立体仓入库2"。见图2-2-73 PC端任务中心立体仓入库2页面1。

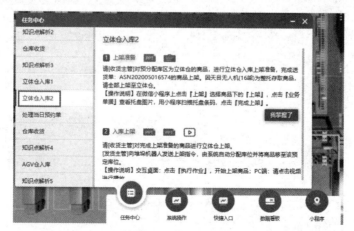

图2-2-73 PC端任务中心立体仓入库2页面1

步骤十四：点击 PC 端任务中心立体仓入库 2 页面"上架准备"旁，方框中的单据插件。见图 2-2-74 PC 端任务中心立体仓入库 2 页面 2。

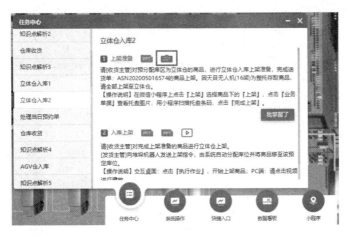

图 2-2-74　PC 端任务中心立体仓入库 2 页面 2

步骤十五：找到 ASN202005016574 对应商品信息页面。见图 2-2-75 商品图 3。

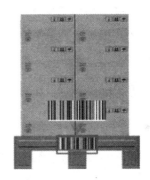

图 2-2-75　商品图 3

步骤十六：重复操作步骤十至步骤十三，完成商品天目无人机的上架操作。见图 2-2-76 上架页面 4。

图 2-2-76　上架页面 4

二、AGV 仓入库

【任务描述】

供应商向"客服主管"发来的信息称，5 月 2 日预约的商品已经发出，预计在 5 月 5 日到达仓库，根据任务一、任务二的学习，独立完成处理当日预约单、仓库收货 2 等操作。送货单号：ASN202005056585、ASN202005056589、ASN202005056590。

"收货主管"对预分配库区为 AGV 智能仓的商品，进行 AGV 智能仓的上架操作。

技能篇　261

【操作步骤】

步骤一：打开智能仓配中心运营及管理实训平台，在平台首页点击页面下方菜单"任务中心"按钮，点击"AGV 入库"。见图 2-2-77 PC 端任务中心 AGV 仓入库页面 1。

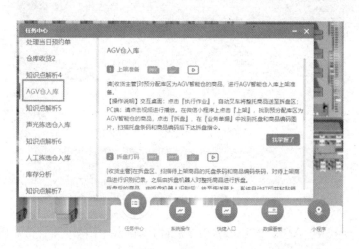

图 2-2-77　PC 端任务中心 AGV 仓入库页面 1

步骤二：点击"上架准备"旁，视频播放按键。见图 2-2-78 PC 端任务中心 AGV 仓入库页面 2。

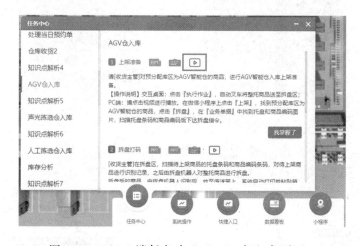

图 2-2-78　PC 端任务中心 AGV 仓入库页面 2

步骤三：查看 3D 视频，了解 AGV 仓上架准备过程。自动叉车将商品由待上架区运送至拆盘区。见图 2-2-79 AGV 仓上架准备视频截图。

步骤四：点击"拆盘打码"旁，视频播放按键。见图 2-2-80 PC 端任务中心 AGV 仓入库页面 3。

步骤五：查看 3D 视频，了解 AGV 仓拆盘打码过程。见图 2-2-81 AGV 仓拆盘打码视频截图。

图 2-2-79　AGV 仓上架准备视频截图

图 2-2-80　PC 端任务中心 AGV 仓入库页面 3

图 2-2-81　AGV 仓拆盘打码视频截图

步骤六：点击"入库上架"旁，视频播放按键。见图 2-2-82 PC 端任务中心 AGV 仓入库页面 4。

步骤七：查看 3D 视频，了解 AGV 仓上架过程。AGV 小车接收到上架指

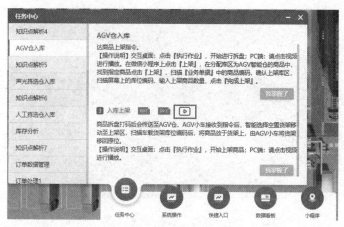

图 2-2-82 PC 端任务中心 AGV 仓入库页面 4

令,到达指定货位,将可移动货位运送至上架区,机器人将商品逐个从传送带上抓取放置可移动货位上。见图 2-2-83 AGV 仓上架视频截图。

图 2-2-83 AGV 仓上架视频截图

步骤八:点击 PC 端任务中心 AGV 仓入库页面"拆盘打码"旁,方框中的单据插件。见图 2-2-84 PC 端任务中心 AGV 仓入库页面 5。

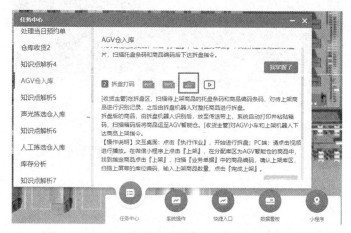

图 2-2-84 PC 端任务中心 AGV 仓入库页面 5

步骤九：在"仓库收货2"下"整托收货"中的单据及商品明细查看待拆盘上架至AGV仓的商品。见图2-2-85商品图4。

图2-2-85　商品图4

步骤十：登录微信小程序，点击"上架"。见图2-2-86小程序对应训练班级首页6。

步骤十一：找到分配仓库是AGV仓的商品硬盘，点击"拆盘"。见图2-2-87上架页面5。

图2-2-86　小程序对应训练班级首页6　　　图2-2-87　上架页面5

步骤十二：扫描图2-2-85商品图4上对应条码，点击"拆盘"。见图2-2-88拆盘页面1。

步骤十三：拆盘后的商品，点击"上架"。见图2-2-89上架页面6。

图2-2-88　拆盘页面1　　　图2-2-89　上架页面6

步骤十四：扫描图 2-2-85 商品图 4 上对应条码，选择库区，点击下拉框选择"AGV 智能仓"，系统分配仓库通道，扫描库存编码，在商品数量处填入需上架数量，点击"完成上架"按钮。见图 2-2-90 上架页面 7。

步骤十五：重复操作步骤十一至步骤十四，完成所有预分配库区为 AGV 智能仓的商品上架操作。完成上架的商品右上角显示"已上架"标签。见图 2-2-91 上架页面 8。

图 2-2-90　上架页面 7

图 2-2-91　上架页面 8

三、声光拣选仓入库

【任务描述】

供应商向"客服主管"发来的信息称，5 月 2 日预约的商品已经发出，预计在 5 月 5 日到达仓库，根据任务一、任务二的学习，独立完成处理当日预约单、仓库收货 2 等操作。送货单号：ASN202005056585、ASN202005056589、ASN202005056590。

请"收货主管"对预分配库区为声光拣选仓的商品，进行声光拣选仓的上架操作。

【操作步骤】

步骤一：打开智能仓配中心运营及管理实训平台，在平台首页点击页面下方菜单"任务中心"按钮，点击"声光拣选仓入库"。见图 2-2-92 PC 端任务中心

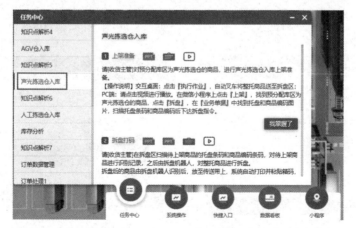

图 2-2-92　PC 端任务中心声光拣选仓入库页面 1

声光拣选仓入库页面 1。

步骤二：点击"入库上架"旁，视频播放按键。见图 2-2-93 PC 端任务中心声光拣选仓入库页面 2。

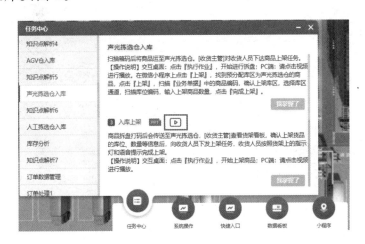

图 2-2-93　PC 端任务中心声光拣选仓入库页面 2

步骤三：查看 3D 视频，了解声光拣选仓上架过程。指示灯亮起货位为空货位/未满库存货位，可将商品上架至此。见图 2-2-94 声光拣选仓上架视频截图。

图 2-2-94　声光拣选仓上架视频截图

步骤四：点击 PC 端任务中心声光拣选仓入库页面"拆盘打码"旁，方框中的单据插件。见图 2-2-95 PC 端任务中心声光拣选仓入库页面 3。

步骤五：查看待拆盘上架至声光拣选仓的商品。见图 2-2-96 商品图 5。

步骤六：登录微信小程序，点击"上架"。见图 2-2-97 小程序对应训练班级首页 7。

步骤七：找到分配仓库是声光拣选仓的商品乐高积木，点击"拆盘"。见图 2-2-98 上架页面 9。

技能篇　267

图 2-2-95　PC 端任务中心声光拣选仓入库页面 3

2-2-96　商品图 5

图 2-2-97　小程序对应训练班级首页 7　　　图 2-2-98　上架页面 9

步骤八：扫描图 2-2-96 商品图 5 上对应条码，点击"拆盘"。见图 2-2-99 拆盘页面 2。

步骤九：拆盘后的商品，点击"上架"。见图 2-2-100 上架页面 10。

图 2-2-99　拆盘页面 2

图 2-2-100　上架页面 10

步骤十：扫描图 2-2-96 商品图 5 上对应条码，选择库区，点击下拉框选择"声光拣选仓"，系统分配仓库通道，扫描库存编码，在商品数量处填入需上架数量，点击"完成上架"按钮。见图 2-2-101 上架页面 11。

步骤十一：完成上架的商品右上角显示"已上架"标签。见图 2-2-102 上架页面 12。

图 2-2-101　上架页面 11

图 2-2-102　上架页面 12

四、人工拣选仓入库

【任务描述】

供应商向"客服主管"发来的信息称，5 月 2 日预约的商品已经发出，预计在 5 月 5 日到达仓库，根据任务一、任务二的学习，独立完成处理当日预约单、仓库收货 2 等操作。送货单号：ASN202005056585、ASN202005056589、ASN202005056590。

请"收货主管"对预分配库区为人工拣选仓的商品，进行人工拣选仓的上架操作。

【操作步骤】

步骤一：打开智能仓配中心运营及管理实训平台，在平台首页点击页面下方菜单"任务中心"按钮，点击"人工拣选仓入库"。见图 2-2-103 PC 端任务中心人工拣选仓入库页面1。

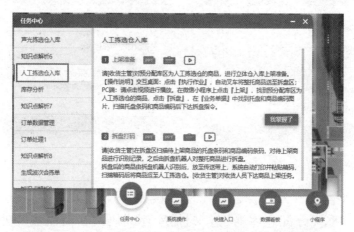

图 2-2-103　PC 端任务中心人工拣选仓入库页面 1

步骤二：点击"入库上架"旁，视频播放按键。见图 2-2-104 PC 端任务中心人工拣选仓入库页面 2。

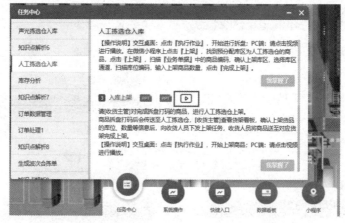

图 2-2-104　PC 端任务中心人工拣选仓入库页面 2

步骤三：查看 3D 视频，了解人工拣选仓上架过程。操作员查看空货位/未满库存货位，可将商品上架至此。见图 2-2-105 人工拣选仓上架视频截图。

图 2-2-105　人工拣选仓上架视频截图

步骤四：点击 PC 端任务中心人工拣选仓入库页面"拆盘打码"旁，方框中的单据插件。见图 2-2-106 PC 端任务中心人工拣选仓入库页面 3。

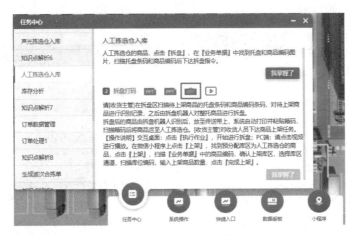

图 2-2-106　PC 端任务中心人工拣选仓入库页面 3

步骤五：查看待拆盘上架至人工拣选仓的商品。见图 2-2-107 商品图 6。

图 2-2-107　商品图 6

步骤六：登录微信小程序，点击"上架"。见图 2-2-108 小程序对应训练班级首页 8。

步骤七：找到分配仓库是人工拣选仓的商品雅戈尔西裤，点击"拆盘"。见图 2-2-109 上架页面 13。

图 2-2-108　小程序对应训练班级首页 8　　图 2-2-109　上架页面 13

步骤八：扫描图 2-2-107 商品图 6 上对应条码，点击"拆盘"。见图 2-2-110 拆盘页面 3。

步骤九：拆盘后的商品，点击"上架"。见图 2-2-111 上架页面 14。

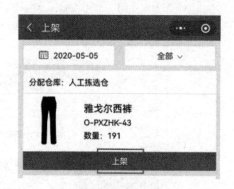

图 2-2-110　拆盘页面 3　　　　图 2-2-111　上架页面 14

步骤十：扫描图 2-2-107 商品图 6 上对应条码，选择库区，点击下拉框选择"人工拣选仓"，系统分配仓库通道，扫描库存编码，在商品数量处填入需上架数量，点击"完成上架"按钮。见图 2-2-112 上架页面 15。

步骤十一：重复操作步骤七至步骤十，完成所有预分配库区为人工拣选仓的商品上架操作。完成上架的商品右上角显示"已上架"标签。见图 2-2-113 上架页面 16。

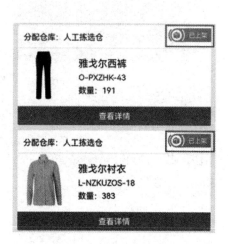

图 2-2-112　上架页面 15　　　　图 2-2-113　上架页面 16

技能训练三

智慧仓配出库

任务一　出库拣货

一、订单处理

视频扫一扫

出库拣货

【任务描述】

请“客服主管”查看“电商订单看板”，查看订单情况。根据已获取的实时订单信息表，查看订单详情，操作系统对订单进行拆分。请拆分以下三张客户订单。

客户订单 1：701765571045150647；

客户订单 2：700685856830150648；

客户订单 3：624798146549150650。

【操作步骤】

步骤一：打开已下载的实时订单信息表，查看“订单商品详信息”页签，分别找到订单号 701765571045150647、700685856830150648、624798146549150650 的对应明细。见图 2-3-1 实时订单信息表 1。

序号	订单编号	商品编码	商品名称	商品规格	价格（元）	数量
1	331709506366150185	27172057132	恺米切运动鞋	W-OELNSYT-19	639	1
2	331709506366150185	6952124201824	乐高积木	经典跑车系列001	419	1
3	331709506366150185	27172057127	阿玛尼腰带	W-IYQSH-30	1889	1
4	658658913969150649	6958862710901	硬盘	ITS硬盘	299	2
5	624798146549150650	14177001	福声冰箱	福声冰箱DQ85	2299	1
6	624798146549150650	902001310	福声电饭煲	电饭煲MB-WFS4037	299	1
7	577127105574150347	902002968	男式长袖衬衣	MW42L	99	2
8	577127105574150347	33576408326	ECCO鞋	商务方头德比鞋基050144	1399	1
9	351342401110150231	27172057131	雅戈尔衬衣	L-NZKUZOS-18	299	3
10	352161792418150442	27172057130	雅戈尔西裤	O-PXZHK-43	399	1
11	352161792418150442	27172057131	雅戈尔衬衣	L-NZKUZOS-18	299	1
12	701765571045150647	14177001	福声冰箱	福声冰箱DQ85	2299	1
13	701765571045150647	14177002	海信液晶电视	LED50K320DX3D	1999	1
14	701765571045150647	902002816	天目无人机	无人机SQ983-DW	2199	1
15	700685856830150648	14177003	索奇消毒柜	索奇 RLP68-W68-10 立式消毒柜	1299	1
16	700685856830150648	902002816	天目无人机	无人机SQ983-DW	2199	1
17	700685856830150648	27172057126	阿玛尼领带	M-DTYOQ-39	1199	2
18	440263200857150231	27172057128	阿玛尼衬衣	B-DKSTSS-32	1680	1
19	440263200857150231	27172057131	雅戈尔衬衣	L-NZKUZOS-18	299	1
20	440263200857150231	27172057127	阿玛尼腰带	W-IYQSH-30	1889	1
21	268455584179150186	1109759	伊利纯牛奶	250ml24盒/箱	72	1
22	268455584179150186	6952124201824	乐高积木	经典跑车系列001	419	1
23	462526753092150642	54729019782	POLO衫	HYD962	79	1
24	462526753092150642	27172057130	雅戈尔西裤	O-PXZHK-43	399	1

订单配送信息　订单商品详信息

图 2-3-1　实时订单信息表 1

步骤二：在平台首页点击页面下方菜单“小程序”按钮，使用微信扫描二维码。见图 2-3-2 PC 端小程序二维码页面 2。

图 2-3-2　PC 端小程序二维码页面 2

步骤三：登录微信小程序首页，选择训练班级对应的"邀请码"，点击"进入训练"。见图2-3-3微信小程序班级列表页面3。

步骤四：进入训练后，点击"客户订单"。见图2-3-4小程序对应训练班级首页9。

图2-3-3　微信小程序班级列表页面3　　图2-3-4　小程序对应训练班级首页9

步骤五：下单时间选择5月5日，订单状态选择"未拆分"。见图2-3-5订单拆分页面1。

步骤六：找到订单编号6247981465491500650，订单编号右上角勾选，点击"订单拆分"按钮。见图2-3-6订单拆分页面2。

图2-3-5　订单拆分页面1　　　　图2-3-6　订单拆分页面2

步骤七：查看订单详情，点击"自动拆分"按钮。见图2-3-7自动拆分页面。

步骤八：订单状态选择"已拆分"，可以查看到订单编号6247981465491500650，显示已拆分。点击"查看子订单"按钮。见图2-3-8订单拆分页面3。

图 2-3-7　自动拆分页面　　　　图 2-3-8　订单拆分页面 3

步骤九：查看到订单编号 624798146549150650 被拆分为 2 个子订单。见图 2-3-9 子订单详情页。

步骤十：重复操作步骤五至步骤八，完成订单编号 701765571045150647、700685856830150648 的订单拆分操作。见图 2-3-10 订单拆分页面 4。

图 2-3-9　子订单详情页　　　　图 2-3-10　订单拆分页面 4

二、生成波次合拣单

【任务描述】

请"客服主管"根据实际工作情况，按照一定的时间间隔，选取全部或多个已拆分出来的客户子订单生成波次合拣单，并确认波次合拣单信息。

请将选取商品为福声冰箱、索奇消毒柜和海信电视机的子订单合成波次合拣单。

【操作步骤】

步骤一：登录微信小程序，进入训练后，点击"拣货"。见图 2-3-11 小程序对应训练班级首页 10。

步骤二：点击"波次管理"按钮。见图 2-3-12 小程序弹窗页面 10。

图 2-3-11　小程序对应训练班级首页 10　　图 2-3-12 小程序弹窗页面 10

步骤三：点击"创建波次合拣单"按钮。见图 2-3-13 波次管理页面 1。

步骤四：找到包含商品为福声冰箱、索奇消毒柜和海信电视机的子订单，点击勾选。见图 2-3-14 创建波次合拣单页面 1。

步骤五："已选数量"为 4，说明选中 4 个子订单。点击"确定"按钮。见图 2-3-15 创建波次合拣单页面 2。

图 2-3-13　波次管理页面 1

图 2-3-14　创建波次合拣单页面 1　　图 2-3-15 创建波次合拣单页面 2

技能篇　277

步骤六：确认提示信息，无误点击"确定"。见图 2-3-16 小程序弹窗页面 11。

步骤七：生成波次单号。点击"查看详情"按钮。见图 2-3-17 波次管理页面 2。

图 2-3-16　小程序弹窗页面 11

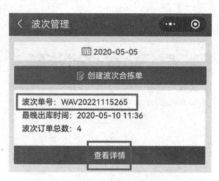

图 2-3-17　波次管理页面 2

图 2-3-18　波次详情页面 1

步骤八：可以查询到波次单号、下单时间、子订单总数、商品存储仓库、商品信息等信息。见图 2-3-18 波次详情页面 1。

三、拣货路径选择

【任务描述】

拣货路径是指拣货员在仓库内拣选商品时的行走路径。合理规划与管理拣货作业，对仓配中心作业效率的提高具有决定性的影响，请完成拣货路径的选择。

【操作步骤】

步骤一：打开智能仓配中心运营及管理实训平台，在平台首页点击页面下方菜单"任务中心"按钮，点击"拣货路径选择"。见图 2-3-19 PC 端任务中心页面 1。

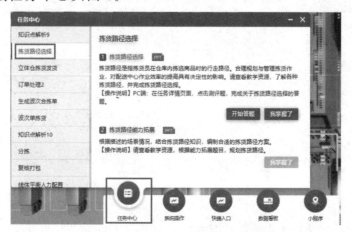

图 2-3-19　PC 端任务中心页面 1

步骤二：点击拣货路径选择下方"开始答题"按钮。见图 2-3-20 PC 端任务中心页面 2。

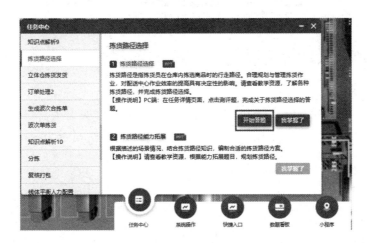

图 2-3-20　PC 端任务中心页面 2

步骤三：答题后点击"提交"按钮。直至所有题目答题完毕。见图 2-3-21 答题页面。

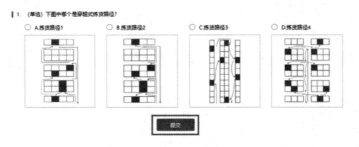

图 2-3-21　答题页面

任务二　立体仓拣货发货

一、查看拣货任务

【任务描述】

请"发货主管"查看"待拣货波次看板",查看需要在立体仓拣货的波次合拣单,使用微信小程序,扫描波次单条码,获取拣货任务。

立体仓拣货发货

【操作步骤】

步骤一:打开智能仓配中心运营及管理实训平台,在平台首页点击页面下方菜单"快捷入口"按钮,点击"待拣货波次看板"按钮。见图 2-3-22 PC 端快捷入口页面 2。

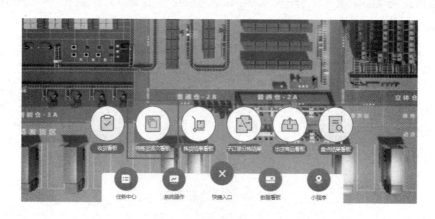

图 2-3-22　PC 端快捷入口页面 2

步骤二:查看待拣货波次看板,找到立体仓波次单号/条码。见图 2-3-23 待拣货波次看板页面 1。

图 2-3-23　待拣货波次看板页面 1

步骤三:登录微信小程序,进入训练后,点击"拣货"。见图 2-3-24 小程序对应训练班级首页 11。

步骤四:点击"波次拣货"按钮。见图 2-3-25 小程序弹窗页面 12。

图 2-3-24　小程序对应训练班级首页 11　　图 2-3-25　小程序弹窗页面 12

步骤五：扫描 PC 端待拣货波次看板立体仓对应波次单号条码，"拣货区域"选择"立体仓"。见图 2-3-26 开始拣货页面 1。

步骤六：查看波次单号商品信息无误后，点击"开始拣货"按钮。见图 2-3-27 开始拣货页面 2。

图 2-3-26　开始拣货页面 1　　　　图 2-3-27 开始拣货页面 2

二、下达拣货任务并拣货

【任务描述】

请"发货主管"根据波次合拣单上需要在立体仓拣货的商品信息，向堆垛机器人发出指令，堆垛机器人自动扫描相应商品的托盘条码，并将商品从货位上取出。请在小程序上完成立体仓的拣货操作。

技能篇　281

【操作步骤】

步骤一：打开智能仓配中心运营及管理实训平台，在平台首页点击页面下方菜单"任务中心"按钮，点击"立体仓拣货发货"。见图2-3-28 PC端任务中心立体仓拣货发货页面1。

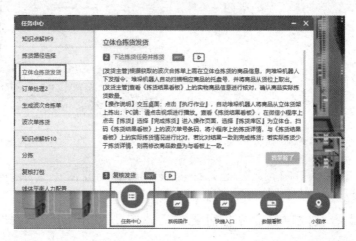

图2-3-28　PC端任务中心立体仓拣货发货页面1

步骤二：点击"下达拣货任务并拣货"旁的视频播放按键。见图2-3-29 PC端任务中心立体仓拣货发货页面2。

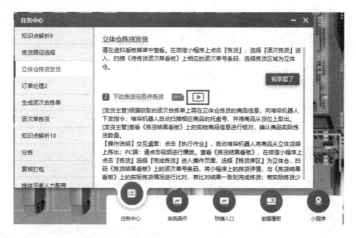

图2-3-29　PC端任务中心立体仓拣货发货页面2

步骤三：查看3D视频，了解立体仓拣货过程。堆垛机器人拣货。见图2-3-30立体仓拣货视频截图1。

步骤四：堆垛机器人将商品放置传送带上，扫描商品条码及托盘条码。见图2-3-31立体仓拣货视频截图2。

步骤五：登录微信小程序，进入训练后，点击"拣货"。见图2-3-32小程序对应训练班级首页12。

步骤六：点击"完成拣货"按钮。见图2-3-33小程序弹窗页面13。

图 2-3-30　立体仓拣货视频截图 1

图 2-3-31　立体仓拣货视频截图 2

图 2-3-32　小程序对应训练班级首页 12　　图 2-3-33　小程序弹窗页面 13

步骤七：选择"拣货区域"为"立体仓"，扫描 PC 端待拣货波次看板上的波次单号，核对商品信息及拣货数量，确认无误，点击"完成拣货"按钮。见图 2-3-34 完成拣货页面 1。

步骤八：确认提示信息，无误点击"确定"按钮。完成此波次拣货操作。见图 2-3-35 小程序弹窗页面 14。

技能篇　283

图 2-3-34　完成拣货页面 1　　　　图 2-3-35　小程序弹窗页面 14

三、复核发货

【任务描述】

立体仓的商品为整存整取模式，可直接打印单据，复核无误后发货。

请"发货主管"打印客户出货单，扫描出货单条码，与实际商品信息进行比对，如有差异属于复核异常，提交问题组。无差异，则完成复核。将出库单、商品发票及商品放入包装箱进行打包，将面单贴在包装箱上进行发货。

【操作步骤】

步骤一：打开智能仓配中心运营及管理实训平台，在平台首页点击页面下方菜单"任务中心"按钮，点击"立体仓拣货发货"。点击"复核发货"旁，视频播放按键。见图 2-3-36 PC 端任务中心立体仓拣货发货页面 3。

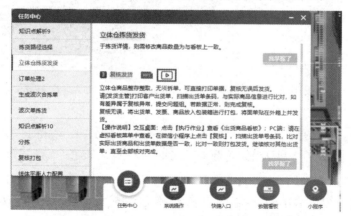

图 2-3-36　PC 端任务中心立体仓拣货发货页面 3

步骤二：查看 3D 视频，了解立体仓复核发货过程。打印面单。见图 2-3-37 立体仓复核发货视频截图。

图 2-3-37　立体仓复核发货视频截图

步骤三：在平台首页点击页面下方菜单"快捷入口"按钮，点击"出货商品看板"按钮。见图 2-3-38 PC 端快捷入口页面 3。

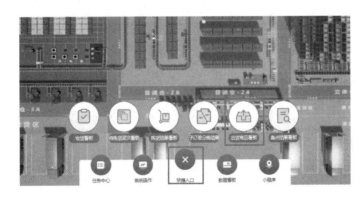

图 2-3-38　PC 端快捷入口页面 3

步骤四：查看出货商品看板信息。见图 2-3-39 出货商品看板页面 1。

图 2-3-39　出货商品看板页面 1

步骤五：登录微信小程序，进入训练后，点击"复核"。见图 2-3-40 小程序对应训练班级首页 13。

步骤六：扫描 PC 端出货商品看板上的出货单号，点击"完成复核"按钮。见图 2-3-41 复核页面 1。

图 2-3-40　小程序对应训练班级首页 13　　　图 2-3-41　复核页面 1

步骤七：重复操作步骤六直至所有商品复核完成。见图 2-3-42 出货商品看板页面 2。

图 2-3-42　出货商品看板页面 2

任务三 波次拣货

一、订单处理

【任务描述】

请"客服主管"查看"电商订单看板",查看订单情况。根据已获取的实时订单信息表,查看订单详情,操作系统对订单进行拆分。请拆分以下两张客户订单。

客户订单1:658658913969150649;

客户订单2:577127105574150347。

视频扫一扫

波次拣货

【操作步骤】

步骤一:打开已下载的实时订单信息表,查看"订单商品详信息"页签,分别找到订单号658658913969150649、577127105574150347的对应明细。见图2-3-43 实时订单信息表2。

图2-3-43 实时订单信息表2

步骤二:参考任务一订单处理的操作步骤二至步骤十,完成订单编号658658913969150649、577127105574150347的订单拆分操作。见图2-3-44 订单拆分页面5。

步骤三:在订单拆分页面勾选"选择全部",点击"批量拆分"。见图2-3-45 订单拆分页面6。

步骤四:确认提示信息,无误点击"确

图2-3-44 订单拆分页面5

技能篇　　287

定"。完成5月5日剩余所有订单的拆分操作。见图2-3-46小程序弹窗页面15。

图 2-3-45　订单拆分页面 6　　　图 2-3-46　小程序弹窗页面 15

二、生成波次合拣单

【任务描述】

请"客服主管"根据实际工作情况，按照一定的时间间隔，选取全部已拆分出来的客户子订单生成波次合拣单，并确认波次合拣单信息。

【操作步骤】

步骤一：参考任务一生成波次合拣单的操作步骤一至步骤三，勾选"选择全部"，点击"确定"按钮。见图2-3-47创建波次合拣单页面3。

步骤二：确认提示信息，无误点击"确定"。见图2-3-48创建波次合拣单页面4。

 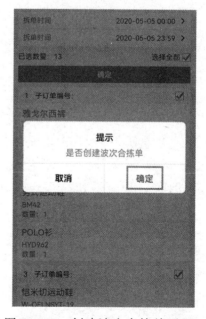

图 2-3-47　创建波次合拣单页面 3　　　图 2-3-48　创建波次合拣单页面 4

步骤三：生成波次单号，点击"查看详情"。见图 2-3-49 波次管理页面 3。

步骤四：查看波次详情，了解波次内 AGV 智能仓、声光拣选仓需要拣货的商品信息。见图 2-3-50 波次详情页面 2。

步骤五：查看波次详情，了解波次内人工拣选仓需要拣货的商品信息。见图 2-3-51 波次详情页面 3。

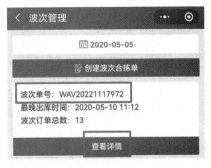

图 2-3-49　波次管理页面 3

图 2-3-50　波次详情页面 2

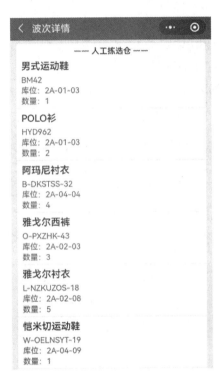

图 2-3-51　波次详情页面 3

三、AGV 智能仓拣货

【任务描述】

请"发货主管"查看"待拣货波次看板"，使用微信小程序，扫描波次单条码，依次选择 AGV 智能仓、声光拣选仓、人工拣选仓获取波次合拣单上各库区需拣货商品信息。

"发货主管"根据获取的波次合拣单上需要在 AGV 智能仓拣货的商品信息，向 AGV 小车下发指令，由 AGV 小车完成拣货任务。请在小程序上完成 AGV 智能仓的拣货操作。

【操作步骤】

步骤一：参考任务二查看拣货任务的操作步骤一至步骤二，查看待拣货波次看板。见图2-3-52待拣货波次看板页面2。

图2-3-52　待拣货波次看板页面2

步骤二：参考任务二查看拣货任务的操作步骤三至步骤四，扫描PC端待拣货波次看板对应波次单号条码，"拣货区域"选择"AGV智能仓"。见图2-3-53开始拣货页面3。

步骤三：查看波次单号商品信息无误后，点击"开始拣货"按钮。见图2-3-54开始拣货页面4。

图2-3-53　开始拣货页面3　　　　图2-3-54　开始拣货页面4

步骤四：打开智能仓配中心运营及管理实训平台，在平台首页点击页面下方菜单"任务中心"按钮，点击"波次单拣货"。见图2-3-55 PC端任务中心波次单拣货页面1。

步骤五：点击"AGV智能仓拣货"旁，视频播放按键。见图2-3-56 PC端任务中心波次单拣货页面2。

步骤六：查看3D视频，了解AGV智能仓拣货过程。AGV小车将存放商品的货架运送至拣货台。见图2-3-57 AGV智能仓拣货视频截图1。

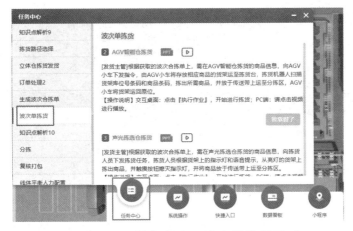

图 2-3-55　PC 端任务中心波次单拣货页面 1

图 2-3-56　PC 端任务中心波次单拣货页面 2

图 2-3-57　AGV 智能仓拣货视频截图 1

步骤七：拣货机器人扫描货架库位号条码和商品条码，拣出对应商品，并放于传送带上。见图 2-3-58 AGV 智能仓拣货视频截图 2。

步骤八：AGV 小车将货架送回原位。见图 2-3-59 AGV 智能仓拣货视频截图 3。

步骤九：参考任务二下达拣货任务并拣货的操作步骤五至步骤六。选择"拣货区域"为"AGV 智能仓"，扫描 PC 端待拣货波次看板上的波次单号，核对商品信息及拣货数量，确认无误，点击"完成拣货"按钮。见图 2-3-60 完成拣货页面 2。

技能篇　291

图 2-3-58　AGV 智能仓拣货视频截图 2

图 2-3-59　AGV 智能仓拣货视频截图 3

步骤十：确认提示信息，无误点击"确定"按钮。完成此波次拣货操作。见图 2-3-61 小程序弹窗页面 16。

图 2-3-60　完成拣货页面 2

图 2-3-61　小程序弹窗页面 16

四、声光拣选仓拣货

【任务描述】

"发货主管"根据获取的波次合拣单上需要在声光拣选仓拣货的商品信息，向拣货人员下发拣货任务，拣货人员根据货架上的指示灯和语音提示，从亮灯的货架上拣出商品并触摸按钮关闭指示灯。将商品放于传送带上运至分拣区。请在小程序上完成声光拣选仓的拣货操作。

【操作步骤】

步骤一：参考任务二查看拣货任务的操作步骤一至步骤二，查看待拣货波次看板。见图 2-3-62 待拣货波次看板页面 3。

图 2-3-62　待拣货波次看板页面 3

步骤二：参考任务二查看拣货任务的操作步骤三至步骤四，扫描 PC 端待拣货波次看板对应波次单号条码，"拣货区域"选择"声光拣选仓"。见图 2-3-63 开始拣货页面 5。

步骤三：查看波次单号商品信息无误后，点击"开始拣货"按钮。见图 2-3-64 开始拣货页面 6。

图 2-3-63　开始拣货页面 5

图 2-3-64　开始拣货页面 6

步骤四：打开智能仓配中心运营及管理实训平台，在平台首页点击页面下方菜单"任务中心"按钮，点击"波次单拣货"。见图 2-3-65 PC 端任务中心波次单拣货页面 3。

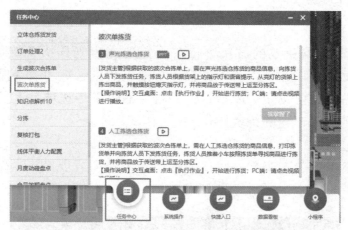

图 2-3-65　PC 端任务中心波次单拣货页面 3

步骤五：点击"声光拣选仓拣货"旁，视频播放按键。见图 2-3-66 PC 端任务中心波次单拣货页面 4。

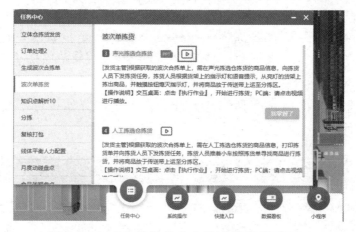

图 2-3-66　PC 端任务中心波次单拣货页面 4

步骤六：查看 3D 视频，了解声光拣选仓拣货过程。根据声光提示在指定货位进行商品拣取。见图 2-3-67 声光拣选仓拣货视频截图 1。

图 2-3-67　声光拣选仓拣货视频截图 1

步骤七：商品拣出后，提示灯熄灭。见图 2-3-68 声光拣选仓拣货视频截图 2。

图 2-3-68　声光拣选仓拣货视频截图 2

步骤八：拣货员将商品放置在传送带上，运至分拣区。见图 2-3-69 声光拣选仓拣货视频截图 3。

图 2-3-69　声光拣选仓拣货视频截图 3

步骤九：参考任务二下达拣货任务并拣货的操作步骤五至步骤六。选择"拣货区域"为"声光拣选仓"，扫描 PC 端待拣货波次看板上的波次单号，核对商品信息及拣货数量，确认无误，点击"完成拣货"按钮。见图 2-3-70 完成拣货页面 3。

步骤十：确认提示信息，无误点击"确定"按钮。完成此波次拣货操作。见图 2-3-71 小程序弹窗页面 17。

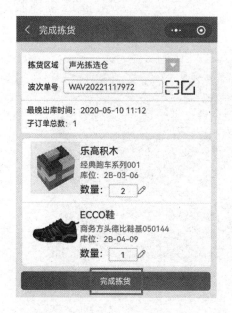 

图 2-3-70 完成拣货页面 3　　　图 2-3-71 小程序弹窗页面 17

五、人工拣选仓拣货

【任务描述】

"发货主管"根据获取的波次合拣单上需要在人工拣选仓拣货的商品信息，打印拣货单并向拣货人员下发拣货任务，拣货人员推着拣货车按照拣货单信息，寻找商品进行拣货并将商品放于传送带上运至分拣区。请在小程序上完成声光拣选仓的拣货操作。

【操作步骤】

步骤一：参考任务二查看拣货任务的操作步骤一至步骤二，查看待拣货波次看板。见图 2-3-72 待拣货波次看板页面 4。

图 2-3-72 待拣货波次看板页面 4

步骤二：参考任务二查看拣货任务的操作步骤三至步骤四，扫描 PC 端待拣货波次看板对应波次单号条码，"拣货区域"选择"人工拣选仓"。见图 2-3-73 开始拣货页面 7。

步骤三：查看波次单号商品信息无误后，点击"开始拣货"按钮。见图 2-3-74 开始拣货页面 8。

图 2-3-73　开始拣货页面 7　　　　图 2-3-74　开始拣货页面 8

步骤四：打开智能仓配中心运营及管理实训平台，在平台首页点击页面下方菜单"任务中心"按钮，点击"波次单拣货"。见图 2-3-75 PC 端任务中心波次单拣货页面 5。

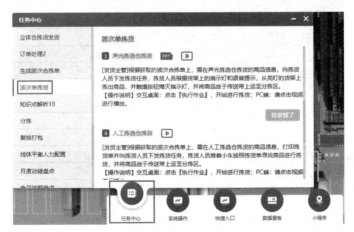

图 2-3-75　PC 端任务中心波次单拣货页面 5

步骤五：点击"人工拣选仓拣货"旁，视频播放按键。见图 2-3-76 PC 端任务中心波次单拣货页面 6。

步骤六：查看 3D 视频，了解人工拣选仓拣货过程。根据拣货单提示在指定货位进行商品拣取。见图 2-3-77 人工拣选仓拣货视频截图。

步骤七：参考任务二下达拣货任务并拣货的操作步骤五至步骤六。选择"拣货区域"为"人工拣选仓"，扫描 PC 端待拣货波次看板上的波次单号，核对商品信息及拣货数量，确认无误，点击"完成拣货"按钮。见图 2-3-78 完成拣货页面 4。

步骤八：确认提示信息，无误点击"确定"按钮。完成此波次拣货操作。见图 2-3-79 小程序弹窗页面 18。

步骤九：在 PC 端，点击"快捷入口"，再点击"待拣货波次看板"，见图 2-3-80 PC 端快捷入口页面 4。

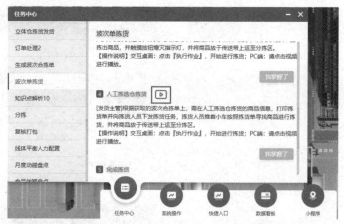

图 2-3-76　PC 端任务中心波次单拣货页面 6

图 2-3-77　人工拣选仓拣货视频截图

图 2-3-78　完成拣货页面 4

图 2-3-79　小程序弹窗页面 18

图 2-3-80　PC 端快捷入口页面 4

任务四　复核打包

一、执行分拣

【任务描述】

波次合拣单上的商品已全部拣出并运送至分拣区，现由"发货主管"开始进行分拣。

【操作步骤】

步骤一：打开智能仓配中心运营及管理实训平台，在平台首页点击页面下方菜单"任务中心"按钮，点击"分拣"，点击"执行分拣"旁的视频播放按键。见图2-3-81 PC端任务中心分拣页面1。

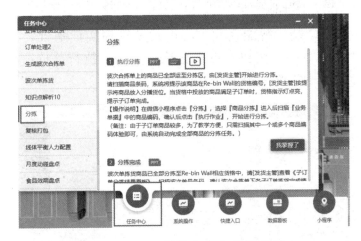

图2-3-81　PC端任务中心分拣页面1

步骤二：查看3D视频，了解分拣的操作过程。扫描商品条码，系统将提示该商品在Re-bin Wall的货格编号，"发货主管"按提示将商品放入分播货位，当货格中投放的商品满足订单时，货格指示灯亮起，提示订单分播完成。见图2-3-82分拣视频截图。

图2-3-82　分拣视频截图

步骤三：登录微信小程序，进入训练后，点击"分拣"。见图 2-3-83 小程序对应训练班级首页 14。

步骤四：点击"商品分拣"按钮。见图 2-3-84 小程序弹窗页面 19。

图 2-3-83　小程序对应训练班级首页 14　　图 2-3-84　小程序弹窗页面 19

步骤五：返回 PC 端，智能仓配中心运营及管理实训平台，在平台首页点击页面下方菜单"任务中心"按钮，点击分拣，点击"执行分拣"旁，方框中的单据插件。见图 2-3-85 PC 端任务中心分拣页面 2。

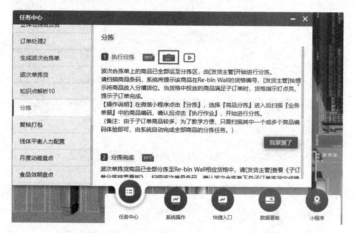

图 2-3-85　PC 端任务中心分拣页面 2

步骤六：根据商品图获知商品信息。见图 2-3-86 商品图 7。

步骤七：返回微信小程序，扫描商品编码。见图 2-3-87 商品分拣页面 1。

图 2-3-86　商品图 7　　图 2-3-87　商品分拣页面 1

步骤八：核对商品信息无误，点击"确定"按钮。见图 2-3-88 商品分拣页面 2。

步骤九：继续根据商品图获知商品信息。见图 2-3-89 商品图 8。

图 2-3-88　商品分拣页面 2

图 2-3-89　商品图 8

步骤十：继续使用小程序扫描商品编码。由于子订单商品较多，避免重复操作，提高教学效率，核对商品信息无误后，点击"批量分拣"按钮，系统默认完成所有商品分拣操作。见图 2-3-90 商品分拣页面 3。

步骤十一：返回 PC 端，智能仓配中心运营及管理实训平台，在平台首页点击页面下方菜单"快捷入口"按钮，点击"子订单分拣结果"按钮。见图 2-3-91 PC 端快捷入口页面 5。

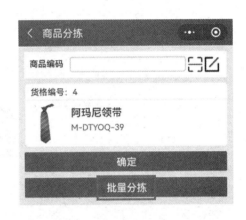

图 2-3-90　商品分拣页面 3

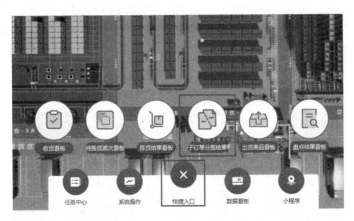

图 2-3-91　PC 端快捷入口页面 5

步骤十二：查看子订单分拣结果信息。见图 2-3-92 子订单分拣结果页面 1。

技能篇　　301

步骤十三：返回微信小程序，重复操作步骤三，点击"分拣详情"按钮。见图 2-3-93 小程序弹窗页面 20。

图 2-3-92 子订单分拣结果页面 1

图 2-3-93 小程序弹窗页面 20

步骤十四：扫描 PC 端子订单分拣结果页面的波次单号 WAV 20221117972，点击"完成分拣"按钮，完成此波次单号的分拣操作。见图 2-3-94 分拣详情页面。

步骤十五：重复操作步骤十一至步骤十二，查看子订单分拣结果看板。显示当前拣货完成的波次单均已完成分拣。见图 2-3-95 子订单分拣结果页面 2。

图 2-3-94 分拣详情页面

图 2-3-95 子订单分拣结果页面 2

二、商品复核

【任务描述】

请"发货主管"对出货商品进行复核，比对出货商品实物和出货单信息是否一致，如不一致属于复核异常，需提交问题组处理；一致则完成复核操作。

【操作步骤】

步骤一：打开智能仓配中心运营及管理实训平台，在平台首页点击页面下方菜单"快捷入口"按钮，点击"出货商品看板"按钮。见图 2-3-96 PC 端快捷入口页面 6。

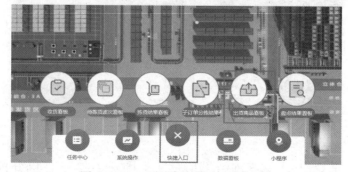

图 2-3-96 PC 端快捷入口页面 6

步骤二：查看出货商品看板信息。见图2-3-97出货商品看板页面3。

图 2-3-97　出货商品看板页面 3

步骤三：登录微信小程序，进入训练后，点击"复核"。见图 2-3-98 小程序对应训练班级首页 15。

步骤四：扫描 PC 端出货商品看板上的出货单号条码，核对商品信息无误后，点击"完成复核"按钮。见图 2-3-99 复核页面 2。

图 2-3-98　小程序对应训练班级首页 15　　图 2-3-99　复核页面 2

步骤五：返回 PC 端，重复操作步骤二，查看出货商品看板信息。见图 2-3-100 出货商品看板页面 4。

图 2-3-100　出货商品看板页面 4

步骤六：返回微信小程序，重复操作步骤三，扫描 PC 端出货商品看板上的出货单号条码，由于出货单较多，避免重复操作，提高教学效率，核对商品信息无误后，点击"批量复核"按钮，系统默认完成所有出货单商品的复核

技能篇　303

操作。见图 2-3-101 复核页面 3。

图 2-3-101　复核页面 3

步骤七：返回 PC 端，重复操作步骤二，查看出货商品看板信息，显示所有出货商品已完成复核。见图 2-3-102 出货商品看板页面 5。

图 2-3-102　出货商品看板页面 5

技能训练四

线体平衡人力配置

【任务描述】

线体平衡指构成物流生产线各道工序所需要的时间处于平衡状态，作业人员的作业时间保持一致，从而消除各道工序间的时间浪费，根据订单数量进行人员及称重机配置，对线体的全部工序进行平衡，消除工时浪费，实现效率与经济性最优。

视频扫一扫

线体平衡
人力配置

【操作步骤】

步骤一：打开智能仓配中心运营及管理实训平台，在平台首页点击页面下方菜单"系统操作"按钮，点击"线体平衡配置"按钮。见图2-4-1 PC端系统操作页面2。

图2-4-1　PC端系统操作页面2

步骤二：点击"人力配置"旁"?"图标，查看各环节人员的最大作业效率及生产线传送带的速度计算信息。见图2-4-2 线体平衡人力配置页面1。

图2-4-2　线体平衡人力配置页面1

技能篇　305

步骤三：填写人力配置及称重机速度设置，点击"提交"按钮。见图 2-4-3 线体平衡人力配置页面 2。

图 2-4-3　线体平衡人力配置页面 2

步骤四：核对填入信息，确认无误后，点击"确认"按钮。完成线体平衡人力配置操作。见图 2-4-4 线体平衡人力配置页面 3。

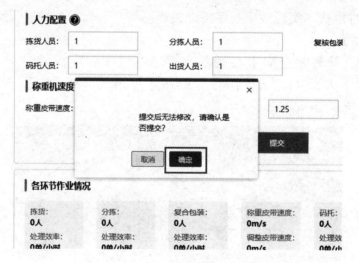

图 2-4-4　线体平衡人力配置页面 3

技能训练五

TOB 订单业务认知

任务 TOB 订单业务认知

一、TOB 业务处理准备

任务描述:
通过自主探究,在系统中提前完成 TOB 业务的描述性学习。
操作步骤:
点击"TOB 业务整体介绍",即可查看 TOB 业务概述资料,了解 TOB 业务详情。如图 2-5-1 TOB 业务整体概述资料页面。

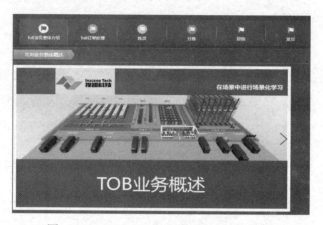

图 2-5-1 TOB 业务整体概述资料页面

二、TOB 订单处理

任务描述:
请根据客户订单详情,对订单进行分类,判断哪些订单可合并处理。
操作步骤:
步骤一:可根据"下单时间""SKU""订单类型"等查询条件分别或者联合查询订单信息。如图 2-5-2 TOB 订单处理页面 1。

图 2-5-2 TOB 订单处理页面 1

步骤二：根据业务处理规则，结合订单详情判断订单类型，完成判断后，根据判断结果，勾选订单生成"大客户订单拣货"或"批量订单拣货"的类型拣货单。如图 2-5-3 TOB 订单处理页面 2。

图 2-5-3　TOB 订单处理页面 2

三、TOB 拣货单处理

任务描述：

请根据拣货单类型，了解如何设置拣货路径并下达拣货任务，如何完成大客户订单拣货及批量订单拣货。

操作步骤：

步骤一：查看拣货路径规则。如图 2-5-4 拣货路径规则页面 1。

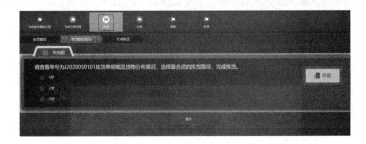

图 2-5-4　拣货路径规则页面 1

步骤二：点击"单据"答题，点击"提交"。如图 2-5-5 拣货路径规则页面 2。

图 2-5-5　拣货路径规则页面 2

步骤三：下达拣货单。如图 2-5-6 TOB 拣货页面 1。

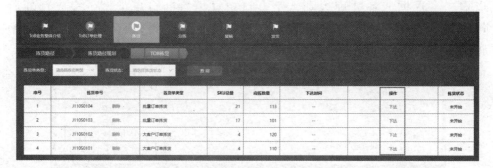

图 2-5-6 TOB 拣货页面 1

步骤四：查看拣货类型为大客户订单拣货的订单 J11050102。如图 2-5-7 TOB 拣货页面 2。

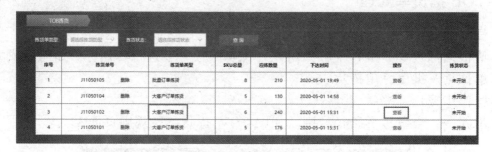

图 2-5-7 TOB 拣货页面 2

步骤五：查看拣货类型为大客户订单拣货的订单 J11050102。如图 2-5-8 拣货单页面 1。

图 2-5-8 拣货单页面 1

步骤六：在微信小程序上进入对应班级，选择 TOB 订单，大客户订单。如图 2-5-9 小程序首页 1。

步骤七：选择拣货。如图 2-5-10 小程序弹窗首页 1。

图 2-5-9　小程序首页 1　　　　图 2-5-10　小程序弹窗首页 1

步骤八：扫描/输入拣货单号。如图 2-5-11 拣货页面 1。

步骤九：查看拣货单内货物信息，拣货数量"正常"，如图 2-5-12 拣货页面 2。

图 2-5-11　拣货页面 1　　　　图 2-5-12　拣货页面 2

步骤十：点击"完成拣货"。如图 2-5-13 拣货页面 3。

步骤十一：对应大客户订单，拣货状态"已完成"。如图 2-5-14 TOB 拣货页面 3。

步骤十二：查看拣货类型为批量订单拣货的订单 J11050103。如图 2-5-15 TOB 拣货页面 4。

图 2-5-13　拣货页面 3

序号	拣货单号		拣货单类型	SKU总量	应拣数量	下达时间	操作	拣货状态
1	J11050104	删除	批量订单拣货	21	113	2020-05-01 12:20	查看	未开始
2	J11050103	删除	批量订单拣货	17	101	2020-05-01 12:20	查看	未开始
3	J11050102	删除	大客户订单拣货	4	120	2020-05-01 12:20	查看	已完成
4	J11050101	删除	大客户订单拣货	4	110	2020-05-01 12:20	查看	未开始

图 2-5-14　TOB 拣货页面 3

图 2-5-15　TOB 拣货页面 4

步骤十三：查看拣货类型为批量订单拣货的订单 J11050103。如图 2-5-16 拣货单页面 2。

图 2-5-16　拣货单页面 2

步骤十四：在微信小程序上，根据班级编号进入对应班级，选择"TOB 订单"，点击"批量订单"。如图 2-5-17 小程序首页 2。

步骤十五：选择拣货。如图 2-5-18 小程序弹窗首页 2。

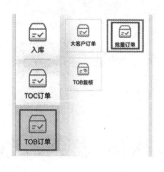 

图 2-5-17　小程序首页 2　　　　图 2-5-18　小程序弹窗首页 2

步骤十六：扫描/输入拣货单号。如图 2-5-19 拣货页面 4。

步骤十七：查看拣货单内货物信息，拣货数量"正常"，如图 2-5-20 拣货页面 5。

图 2-5-19 拣货页面 4

图 2-5-20 拣货页面 5

步骤十八：点击"完成拣货"。如图 2-5-21 拣货页面 6。

步骤十九：对应批量订单，拣货状态变为"已完成"。如图 2-5-22 TOB 拣货页面 5。

备注：【大客户订单】，一个拣货单仅对应一个客户订单，无须分拣。【批量订单】，一个拣货单对应多个客户订单，需进行分拣。

图 2-5-21 拣货页面 6

图 2-5-22 TOB 拣货页面 5

四、分拣异常处理

任务描述：

分拣，是指根据拣货单类型，如批量拣货单，一个拣货单对应多个客户订单，所有货物需要在分拣环节将货物和客户订单进行一一匹配的过程。分拣是仓库的重要作业环节，是货物出库的基础。

在分拣环节，会出现多货、少货、残品等订单问题，需要对订单异常进行处理。

操作步骤：

步骤一：在微信小程序上进入对应班级，选择 TOB 订单，批量订单。如图 2-5-23 小程序首页 3。

步骤二：选择分拣。如图 2-5-24 小程序弹窗首页 3。

图 2-5-23　小程序首页 3　　　　图 2-5-24　小程序弹窗首页 3

步骤三：扫描/输入 PC 端批量订单拣货 J11050103 拣货单号，点击"查看"，查看异常明细，点击"分拣完成"。如图 2-5-25 分拣页面。

步骤四：查看异常处理资料，了解 TOB 异常处理详情。如图 2-5-26 TOB 异常处理概述资料页面。

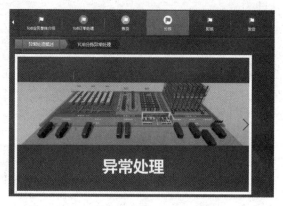

图 2-5-25　分拣页面　　　　图 2-5-26　TOB 异常处理概述资料页面

五、TOB 复核

任务描述：

请了解 TOB 批量订单商品复核过程，比对实际出货商品和出货单数据是否一致，不一致则属于复核异常，需提交问题组处理，一致则完成复核。

操作步骤：

步骤一：TOB 复核页面可查询到商品信息。如图 2-5-27 TOB 复核页面 1。

图 2-5-27　TOB 复核页面 1

步骤二：点击页面右侧订单号条码，可放大条码。如图 2-5-28 TOB 复核页面 2。

图 2-5-28　TOB 复核页面 2

步骤三：在微信小程序上进入对应班级，选择"TOB 订单""TOB 复核"。如图 2-5-29 小程序首页 4。

步骤四：扫描/输入 TOB 订单号。如图 2-5-30 小程序弹窗首页 4。

图 2-5-29　小程序首页 4

图 2-5-30　小程序弹窗首页 4

步骤五：点击"完成复核"。如图 2-5-31 复核页面 4。

六、TOB 发货

任务描述：

发货，仓储作业环节出库最后一环，所有的订单将根据发货时间节点、发货地等不同维度选择合适的货运公司进行发货。

操作步骤：

步骤一：可根据城市、下单时间等信息查询订单详情。勾选订单后分配订单。如图 2-5-32 TOB 发货页面。

图 2-5-31　复核页面 4

技能篇　315

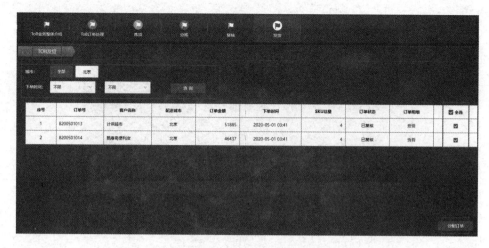

图 2-5-32　TOB 发货页面

步骤二：分析货运公司的各项信息，选择合适的货运公司合作，点击"交接发货"，即可完成 TOB 订单发货。如图 2-5-33 TOB 分配订单页面。

图 2-5-33　TOB 分配订单页面

技能训练六

仓库盘点

任务一　月度动碰盘点

一、创建盘点

【任务描述】

请"理货主管"对立体仓进行动碰盘点，该盘点任务需要在 5 月 5 日当天完成，起始时间为当前就近时间，盘点时长为 20 分钟。

【操作步骤】

步骤一：在平台首页点击页面下方菜单"小程序"按钮，使用微信扫描二维码。见图 2-6-1 PC 端小程序二维码页面 3。

图 2-6-1　PC 端小程序二维码页面 3

步骤二：登录微信小程序首页，选择训练班级对应的"邀请码"，点击"进入训练"。见图 2-6-2 微信小程序班级列表页面 3。

步骤三：进入训练后，点击"盘点"。见图 2-6-3 小程序对应训练班级首页 16。

图 2-6-2　微信小程序班级列表页面 3　　图 2-6-3　小程序对应训练班级首页 16

步骤四：在页面跳出弹窗后，点击"创建盘点任务"。见图 2-6-4 小程序弹窗页面 21。

步骤五：点击"创建盘点任务"。见图 2-6-5 盘点页面 1。

图 2-6-4　小程序弹窗页面 21

图 2-6-5　盘点页面 1

步骤六：选择盘点任务开始时间和结束时间，选择盘点方式为"动碰盘点"，选择盘点区域为"立体仓"，选择动碰时间及动碰方式，点击"生成盘点任务"。见图 2-6-6 创建盘点任务页面 1。

步骤七：在页面跳出弹窗后，提示"是否确认创建盘点任务"，点击"确定"。见图 2-6-7 小程序弹窗页面 22。

图 2-6-6　创建盘点任务页面 1

图 2-6-7　小程序弹窗页面 22

步骤八：生成盘点任务，盘点单号为 PD202005054045。见图 2-6-8 盘点页面 2。

二、记录实盘数据

【任务描述】

请"理货主管"将商品的实际盘点数据进行记录，与商品系统库存数据进行比对，生成盘点报告。

【操作步骤】

步骤一：打开智能仓配中心运营及管理实训平台，在平台首页点击页面下方菜单"任务

图 2-6-8　盘点页面 2

技能篇　319

中心"按钮,点击"月度动碰盘点",点击"记录实盘数据"旁,视频播放按键。见图2-6-9 PC端任务中心月度动碰盘点页面。

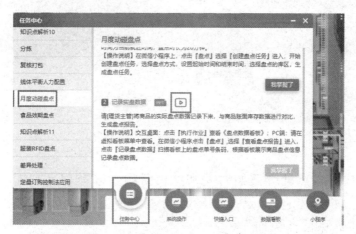

图2-6-9　PC端任务中心月度动碰盘点页面

步骤二:查看3D视频,了解立体仓动碰盘点过程。堆垛机将商品由立体仓货位运送至传送带上,盘点商品。见图2-6-10动碰盘点视频截图1。

图2-6-10　动碰盘点视频截图1

步骤三:自动叉车将盘点后的商品送至传送带入库端,堆垛机将商品上架至立体仓货位。见图2-6-11动碰盘点视频截图2。

图2-6-11　动碰盘点视频截图2

步骤四：重复操作创建盘点步骤一至步骤三，点击"查看盘点报告"。见图 2-6-12 小程序弹窗页面 23。

步骤五：点击"记录实盘数据"，见图 2-6-13 获取盘点报告页面 1。

图 2-6-12　小程序弹窗页面 23　　图 2-6-13　获取盘点报告页面 1

步骤六：返回智能仓配中心运营及管理实训平台，在平台首页点击页面下方菜单"快捷入口"按钮，点击"盘点结果看板"。见图 2-6-14 PC 端快捷入口页面 7。

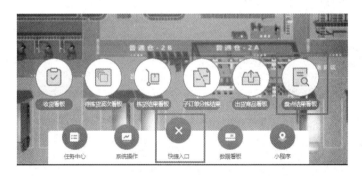

图 2-6-14　PC 端快捷入口页面 7

步骤七：使用微信小程序，扫描盘点数据看板上的盘点单号。见图 2-6-15 盘点数据看板页面 1。

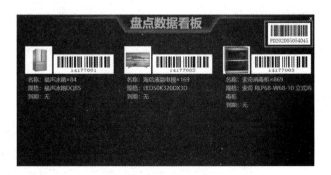

图 2-6-15　盘点数据看板页面 1

步骤八：查看盘点单号、盘点方式等信息，确认无误，点击"盘点"。见

图 2-6-16 记录实盘数据页面 1。

步骤九：扫描 PC 端商品条码，根据实际盘点商品数量，填入"实盘数"，点击"确定"。见图 2-6-17 小程序弹窗页面 24。

图 2-6-16　记录实盘数据页面 1　　　图 2-6-17　小程序弹窗页面 24

步骤十：继续点击"盘点"，重复操作步骤八至步骤九，直至全部盘点单内所有商品盘点完成。见图 2-6-18 记录实盘数据页面 2。

步骤十一：点击"提交"。见图 2-6-19 记录实盘数据页面 3。

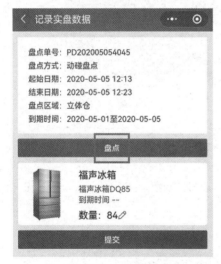 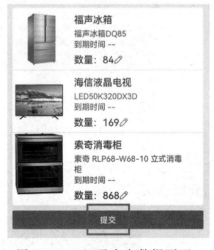

图 2-6-18　记录实盘数据页面 2　　　图 2-6-19　记录实盘数据页面 3

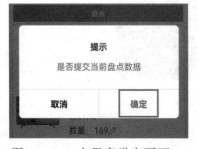

步骤十二：在页面跳出弹窗后，提示"是否提交当前盘点数据"，点击"确定"。完成月度动碰盘点任务。见图 2-6-20 小程序弹窗页面 25。

步骤十三：返回智能仓配中心运营及管理实训平台，在平台首页点击页面下方菜单"快捷入口"按钮，点击"盘点结果看板"，查看"盘点数据看板"。见图 2-6-21 盘点数据看板页面 2。

图 2-6-20　小程序弹窗页面 25

图 2-6-21　盘点数据看板页面 2

三、查看盘点报告

【任务描述】

盘点任务已完成,请查看盘点明细报告。

【操作步骤】

步骤一:重复操作创建盘点步骤一至步骤三,点击"查看盘点报告"。见图 2-6-22 小程序弹窗页面 26。

步骤二:点击"查看明细报告",见图 2-6-23 获取盘点报告页面 2。

图 2-6-22　小程序弹窗页面 26

图 2-6-23　获取盘点报告页面 2

图 2-6-24　查看明细报告页面 1

步骤三:查看盘点单号 PD202005054045 的盘点结果,盘点结果显示异常,异常数据是索奇消毒柜差异-1(盘亏1)。见图 2-6-24 查看明细报告页面 1。

技能篇　323

任务二 食品效期盘点

一、创建盘点

【任务描述】

请"理货主管"对人工拣选仓进行效期盘点，该盘点任务需要在5月5日当天完成，起始时间为当前就近时间，盘点时长为20分钟。

食品效期盘点

【操作步骤】

步骤一：重复操作任务一创建盘点步骤一至步骤五，选择盘点任务开始时间和结束时间，选择盘点方式为"效期盘点"，选择盘点区域为"人工拣选仓"，选择到期时间，点击"生成盘点任务"。见图2-6-25创建盘点任务页面2。

步骤二：在页面跳出弹窗后，提示"是否确认创建盘点任务"，点击"确定"。见图2-6-26小程序弹窗页面27。

图2-6-25 创建盘点任务页面2

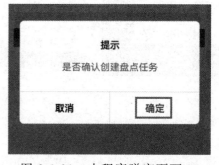

图2-6-26 小程序弹窗页面27

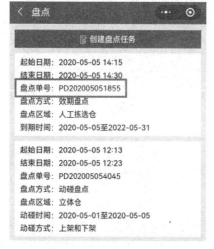

图2-6-27 盘点页面3

步骤三：生成盘点任务，盘点单号为PD202005051855。见图2-6-27盘点页面3。

二、记录实盘数据

【任务描述】

请"理货主管"将商品的实际盘点数据进行记录，与商品系统库存数据进行比对，生成盘点报告。

【操作步骤】

步骤一：打开智能仓配中心运营及管理实训平台，在平台首页点击页面下方菜单"任务中心"按钮，点击"食品效期盘点"，点击"记录实盘数据"旁，视频播放按键。见图2-6-28 PC端任务中心食品效期盘点页面。

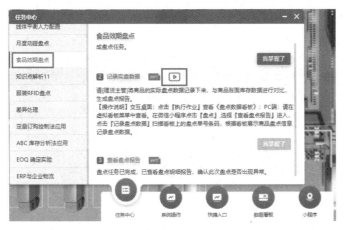

图2-6-28　PC端任务中心食品效期盘点页面

步骤二：查看3D视频，了解人工拣选仓效期盘点过程。拣货员来到指定货位，对货位内商品进行盘点。见图2-6-29效期盘点视频截图。

图2-6-29　效期盘点视频截图

步骤三：重复操作任务一创建盘点步骤一至步骤三，点击"查看盘点报告"。见图2-6-30小程序弹窗页面28。

步骤四：点击"记录实盘数据"，见图2-6-31获取盘点报告页面3。

图2-6-30　小程序弹窗页面28　　图2-6-31　获取盘点报告页面3

技能篇　325

步骤五：返回智能仓配中心运营及管理实训平台，在平台首页点击页面下方菜单"快捷入口"按钮，点击"盘点结果看板"。见图2-6-32 PC端快捷入口页面8。

图2-6-32　PC端快捷入口页面8

步骤六：使用微信小程序，扫描盘点数据看板上的盘点单号。见图2-6-33盘点数据看板页面3。

图2-6-33　盘点数据看板页面3

步骤七：查看盘点单号、盘点方式等信息，确认无误，点击"盘点"。见图2-6-34记录实盘数据页面4。

步骤八：扫描PC端商品条码，根据实际盘点商品数量，填入"实盘数"，点击"确定"。见图2-6-35小程序弹窗页面29。

图2-6-34　记录实盘数据页面4

图2-6-35　小程序弹窗页面29

步骤九：继续点击"盘点"，重复操作步骤七至步骤八，直至全部盘点单内所有商品盘点完成。见图2-6-36记录实盘数据页面5。

步骤十：点击"提交"。见图2-6-37记录实盘数据页面6。

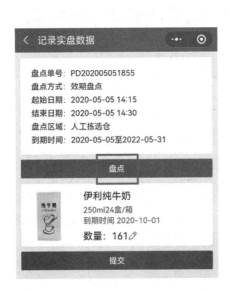

图2-6-36　记录实盘数据页面5

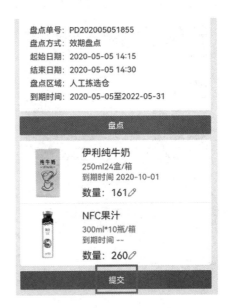

图2-6-37　记录实盘数据页面6

步骤十一：在页面跳出弹窗后，提示"是否提交当前盘点数据"，点击"确定"。完成食品效期盘点任务。见图2-6-38小程序弹窗页面30。

步骤十二：返回智能仓配中心运营及管理实训平台，在平台首页点击页面下方菜单"快捷入口"按钮，点击"盘点结果看板"，查看"盘点数据看板"。见图2-6-39盘点数据看板页面4。

图2-6-38　小程序弹窗页面30

图2-6-39　盘点数据看板页面4

三、查看盘点报告

【任务描述】

盘点任务已完成，请查看盘点明细报告。

【操作步骤】

步骤一：重复操作任务一创建盘点步骤一至步骤三，点击"查看盘点报告"。见图2-6-40小程序弹窗页面31。

步骤二：点击"查看明细报告"，见图2-6-41获取盘点报告页面4。

图2-6-40　小程序弹窗页面31

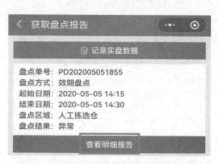

图2-6-41　获取盘点报告页面4

步骤三：查看盘点单号PD202005051855的盘点结果，盘点结果显示异常，异常数据是伊利纯牛奶差异1（盘盈1），NFC果汁临期。见图2-6-42查看明细报告页面2。

四、临期食品下架

【任务描述】

请"理货主管"查看盘点明细报告，确认是否有临期或过期商品。如有临期或过期商品，需将商品进行下架处理，下达出库单后报废出库。

【操作步骤】

步骤一：重复操作任务一创建盘点步骤一至步骤三，点击"处理盘点异常"。见图2-6-43小程序弹窗页面32。

步骤二：点击"处理差异"，见图2-6-44处理差异页面1。

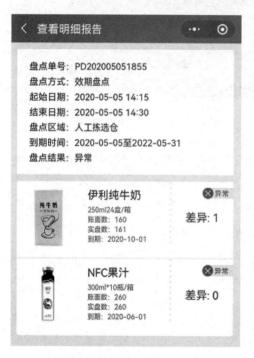

图2-6-42　查看明细报告页面2

图2-6-43　小程序弹窗页面32

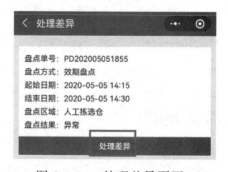

图2-6-44　处理差异页面1

步骤三：点击"生成出库单"，见图 2-6-45 处理差异页面 2。

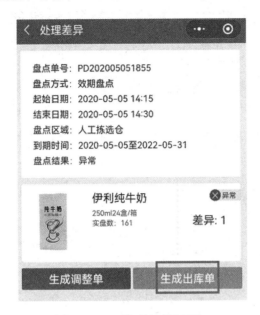

图 2-6-45　处理差异页面 2

步骤四：确认出库单明细及出库数量，点击"确定"。见图 2-6-46 出库单页面。

步骤五：提示"是否保存调整单"，点击"确定"。见图 2-6-47 小程序弹窗页面 33。

图 2-6-46　出库单页面　　　图 2-6-47　小程序弹窗页面 33

任务三　服装 RFID 盘点

一、创建盘点

【任务描述】

服装RFID盘点

请"理货主管"对人工拣选仓进行 RFID 盘点，该盘点任务需要在 5 月 5 日当天完成，起始时间为当前就近时间，盘点时长为 20 分钟。

【操作步骤】

步骤一：重复操作任务一创建盘点步骤一至步骤五，选择盘点任务开始时间和结束时间，选择盘点方式为"RFID 盘点"，选择盘点区域为"人工拣选仓"，点击"生成盘点任务"。见图 2-6-48 创建盘点任务页面 3。

步骤二：在页面跳出弹窗后，提示"是否确认创建盘点任务"，点击"确定"。见图 2-6-49 小程序弹窗页面 34。

步骤三：生成盘点任务，盘点单号为 PD202005059464。见图 2-6-50 盘点页面 4。

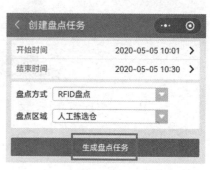

图 2-6-48　创建盘点任务页面 3

图 2-6-49　小程序弹窗页面 34

图 2-6-50　盘点页面 4

二、记录实盘数据

【任务描述】

请"理货主管"将商品的实际盘点数据进行记录,与商品系统库存数据进行比对,生成盘点报告。

【操作步骤】

步骤一:打开智能仓配中心运营及管理实训平台,在平台首页点击页面下方菜单"任务中心"按钮,点击"服装 RFID 盘点",点击"记录实盘数据"旁,视频播放按键。见图 2-6-51 PC 端任务中心服装 RFID 盘点页面。

图 2-6-51　PC 端任务中心服装 RFID 盘点页面

步骤二:查看 3D 视频,了解人工拣选仓 RFID 盘点过程。机器人来到指定货位,对货位内商品进行盘点。见图 2-6-52 RFID 盘点视频截图。

图 2-6-52　RFID 盘点视频截图

步骤三:重复操作任务一创建盘点步骤一至步骤三,点击"查看盘点报告"。见图 2-6-53 小程序弹窗页面 35。

步骤四:点击"记录实盘数据",见图 2-6-54 获取盘点报告页面 5。

图 2-6-53　小程序弹窗页面 35　　　图 2-6-54　获取盘点报告页面 5

步骤五：返回智能仓配中心运营及管理实训平台，在平台首页点击页面下方菜单"快捷入口"按钮，点击"盘点结果看板"。见图 2-6-55 PC 端快捷入口页面 9。

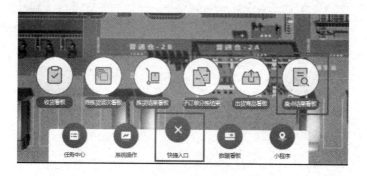

图 2-6-55　PC 端快捷入口页面 9

步骤六：使用微信小程序，扫描盘点数据看板上的盘点单号。见图 2-6-56 盘点数据看板页面 5。

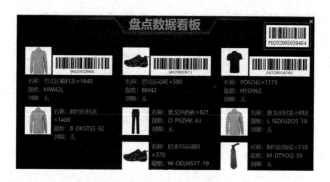

图 2-6-56　盘点数据看板页面 5

步骤七：查看盘点单号、盘点方式等信息，确认无误，点击"盘点"。见图 2-6-57记录实盘数据页面 7。

步骤八：扫描 PC 端商品条码，根据实际盘点商品数量，填入"实盘数"，点击"确定"。见图 2-6-58 小程序弹窗页面 36。

图 2-6-57　记录实盘数据页面 7　　　　图 2-6-58　小程序弹窗页面 36

步骤九：继续点击"盘点"，重复操作步骤七至步骤八，直至全部盘点单内所有商品盘点完成。见图 2-6-59 记录实盘数据页面 8。

步骤十：点击"提交"。见图 2-6-60 记录实盘数据页面 9。

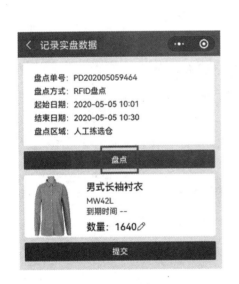
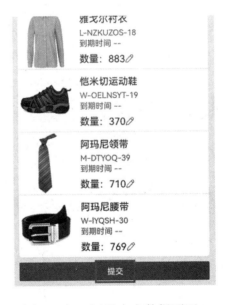

图 2-6-59　记录实盘数据页面 8　　　　图 2-6-60　记录实盘数据页面 9

步骤十一：在页面跳出弹窗后，提示"是否提交当前盘点数据"，点击"确定"。完成食品效期盘点任务。见图 2-6-61 小程序弹窗页面 37。

步骤十二：返回智能仓配中心运营及管理实训平台，在平台首页点击页面下方菜单"快捷入口"按钮，点击"盘点结果看板"，查看"盘点数据看板"。见图 2-6-62 盘点数据看板页面 6。

技能篇　333

图 2-6-61　小程序弹窗页面 37　　　图 2-6-62　盘点数据看板页面 6

三、查看盘点报告

【任务描述】

盘点任务已完成，请查看盘点明细报告。

【操作步骤】

步骤一：重复操作任务一创建盘点步骤一至步骤三，点击"查看盘点报告"。见图 2-6-63 小程序弹窗页面 38。

步骤二：点击"查看明细报告"，见图 2-6-64 获取盘点报告页面 6。

步骤三：查看盘点单号 PD202005059464 的盘点结果，盘点结果显示异常，异常数据是 POLO 衫差异 6（盘盈 6）。见图 2-6-65 查看明细报告页面 3。

图 2-6-63　小程序弹窗页面 38　　　图 2-6-64　获取盘点报告页面 6　　　图 2-6-65　查看明细报告页面 3

任务四　盘点差异处理

【任务描述】

目前已完成了月度动碰盘点、食品效期盘点、服装 RFID 盘点任务，请查看盘点报告，盘点结果为异常情况下，则需【财务主管】进行账面库存数据调整；如盘点结果为正常，则无须任何操作。

【操作步骤】

步骤一：重复操作任务一创建盘点步骤一至步骤三，点击"处理盘点异常"。见图 2-6-66 小程序弹窗页面 39。

步骤二：逐条处理盘点差异，选择其中一个盘点单号，点击"处理差异"，见图 2-6-67 处理差异页面 3。

图 2-6-66　小程序弹窗页面 39

图 2-6-67　处理差异页面 3

步骤三：确认盘点差异信息无误后，点击"生成调整单"。见图 2-6-68 处理差异页面 4。

步骤四：确认调整单信息无误后，点击"确定"。见图 2-6-69 小程序弹窗页面 40。

图 2-6-68　处理差异页面 4

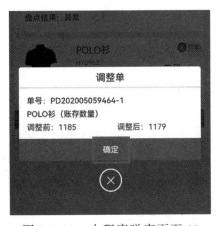

图 2-6-69　小程序弹窗页面 40

步骤五：提示"是否保存调整单"，点击"确定"。见图 2-6-70 小程序弹窗页面 41。重复操作步骤二至步骤五直至完成所有盘点差异处理。

图 2-6-70　小程序弹窗页面 41

参 考 文 献

[1] 杨秀琴．仓储管理．北京：中央广播电视大学出版社，2022．
[2] 林珍平．仓储作业实务．北京：化学工业出版社，2010．
[3] 北京中联物流采购培训中心．物流管理职业技能等级认证教材（职业基础）．南京：江苏凤凰教育出版社，2021．
[4] 北京中联物流采购培训中心．物流管理职业技能等级认证教材（初级）．南京：江苏凤凰教育出版社，2021．
[5] 柳荣．智能仓储物流配送精细化管理实务．北京：人民邮电出版社，2020．
[6] 刘庭翠．仓储与配送实务．重庆：重庆大学出版社，2022．
[7] 沈文天．配送作业管理．北京：高等教育出版社，2021．
[8] 任豪祥．物流管理职业技能等级认证教材（初级）．2版．南京：江苏凤凰教育出版社，2021．
[9] 邵婧霖，王依杰．物流配送中货物配载问题研究．当代教育实践与教学研究：电子版，2017（10）：266．
[10] 王猛．智慧物流装备与应用．北京：机械工业出版社，2021．
[11] 张宇．智慧物流与供应链．北京：电子工业出版社，2016．
[12] 刘大成．数字化时代的智慧物流与供应链管理变革．供应链管理，2021，2（3）：10．
[13] 蔡颖，鲍立威．商业智能原理与应用．杭州：浙江大学出版社，2011．
[14] 刘宝红．采购与供应链管理：一个实践者的角度．北京：机械工业出版社，2015．
[15] 高晓亮，伊俊敏，甘卫华．仓储与配送管理．北京：清华大学出版社，北京交通大学出版社，2006．
[16] 何庆斌．仓储与配送管理．2版．上海：复旦大学出版社，2015．
[17] 申纲领．仓储管理实务．北京：北京理工大学出版社，2019．
[18] 胡玉洁．仓储与配送管理．北京：北京理工大学出版社，2020．
[19] 操露．智慧仓储实务．北京：机械工业出版社，2023．
[20] 郭妍，杨高英，李墨溪．智慧仓配运营管理．北京：化学工业出版社，2023．